구원을 확인하는 길

정금 지음

이 책을 읽으면 내 존재를 알게 되고
예수 그리스도가 누구인지 알게 됩니다.
더불어 성도들을 이단으로부터 지킬 수 있습니다.

✣ ✣ ✣

✞ 이 책에 인용된 성경 말씀은 개역한글판(KRV)을 기준으로 수록한 것입니다.

구원으로 확인하는 길

초판 1쇄 발행 2022년 8월 31일

지은이 정금
펴낸이 장현수
펴낸곳 메이킹북스
출판등록 제 2019-000010호

디자인 박단비
편집 박단비
교정 안지은
마케팅 장윤정

주소 서울특별시 구로구 경인로 661, 핀포인트타워 912-914호
전화 02-2135-5086
팩스 02-2135-5087
이메일 making_books@naver.com
홈페이지 www.makingbooks.co.kr

ISBN 979-11-6791-224-4(03230)
값 18,000원

ⓒ 정금 2022 Printed in Korea

잘못된 책은 구입하신 곳에서 바꾸어 드립니다.
이 책의 전부 또는 일부 내용을 재사용하려면 사전에 저작권자와 펴낸곳의 동의를 받아야 합니다.

메이킹북스는 저자님의 소중한 투고 원고를 기다립니다.
출간에 대한 관심이 있으신 분은 making_books@naver.com로 보내 주세요.

구원을 확인하는 길

정금 지음

메이킹북스

간행사

✝유년 주일학교 때부터 교회를 다녔습니다. 여전도 회장으로서 열심히 헌신 봉사 전도하였고 구역장으로 구역을 이끌며 배가시켰습니다. 또한 전도사로서 각 교회에 간증 집회를 헌신하였지요. 하나님 말씀대로 살아보려고 신학을 배워서 마침내 목사가 되었습니다. 성도들을 양육시켜 인도하고 귀신을 쫓아내고 병들을 고치며 영성원과 기도원 원장으로, 부흥회 강사로 각 교회와 기도원에 초대받아 말씀과 은사를 행했습니다. 참으로 감사한 나날이지만 때로는 마음속이 공허하고 답답했습니다. 흑암이 깊음 위에 있을 때면 땅의 일을 생각하며 영육간에 기갈을 맞이했습니다.**(암8장11절)**이때마다 내가 믿는 하나님을 만나보고자 장기 금식하고 성전에 엎드려 밤마다 철야하고 매시간 작정기도 하고 욥처럼**(욥23:8-9)**앞으로 가도 그가 아니계시고 뒤로 가도 보이지 아니하며 그가 왼편에서 일하시나 내가 만날 수 없고 그가 오른편으로 돌이키시나 뵈올 수 없구나.

하나님을 섬기는 기독교인이라면 누구나 할 것 없이 내가 믿고 섬기는 하나님이 누구신지에 대해, 구원관에 대하여 깊이 생각을 하게 됩니다.

신앙생활은 내가 믿는 하나님을 바르게 알고 구원을 받으려면 어떠한 조건을 갖추어야 되는 것인지 확증할 수 있는 증거의 말씀으로**(요1서5:10-12)**하나님의 아들을 믿는 자는 자기 안에 증거가 있어야 합니다.

(행16장31절)가로되 주 예수를 믿으라 그리하면 너와 네 집이 구원을 얻

으리라(주와 그리스도가 되는 방법도 바르게 알고 믿어야 합니다.)

(행2:36)너희가 십자가에 못 박은 이 예수를 하나님이 주와 그리스도가 되게 하셨느니라. **(갈2:20)**내가 그리스도와 함께 십자가에 못 박혔나니 이제는 내 안에 그리스도께서 사신 것이라

✝ 내가 구원을 받았는지 받지 못했는지 확인을 해보고 신앙생활을 해야만이 내 인생에 만족을 누리게 됩니다. **(요14:7-11절)**에 빌립의 신앙은 족함이 없다고 했는데 그 이유는 아버지와 아들이 따로 떨어져 믿기 때문입니다. **(창1:26-28)**하나님의 형상을 따라 하나님의 모양대로 하나님이 사람을 만드시고 모든 것을 하나님으로 다스려야 합니다.

그러기 위해서는 나를 만드신**(사43:10~11)**너희는 나의 증인, 나의 종으로 택함을 입었나니 이는 너희로 나를 알고 믿으며 내가 그인 줄 깨닫게 하려 함이라 나의 전에 지음을 받은 신이 없었느니라 나의 후에도 없으리라 11. 나 곧 나는 여호와라 나 외에 구원자가 없느니라.

✝ 천지창조의 목적도 예수를 그리스도로 믿게 하여 종이 아니라 우리로 하나님 아들 되게 하심입니다.

(엡1:3~5)우리 주 예수 그리스도의 아버지께서 그리스도 안에서 하늘에 속한 모든 신령한 복으로 우리에게 복 주시되 4. 곧 창세 전에 그리스도 안에서 우리를 택하사 우리로 사랑 안에서 그 앞에 거룩하고 흠이 없게 하시려고 5. 그 기쁘신 뜻대로 우리를 예정하사 예수 그리스도로 말미암아 자기의 아들들이 되게 하셨으니

하나님의 경륜대로 믿으면 삶과 신앙의 일치를 이루게 되는 것이 하나님의 뜻입니다. **(엡3:1~4)**2. 너희를 위하여 내게 주신 하나님의 그 은혜의 경륜을 너희가 들었을 터이라 3. 곧 계시로 내게 비밀을 알게 하신 것은 내가

이미 대강 기록함과 같으니 4. 이것을 읽으면 그리스도의 비밀을 내가 깨달은 것을 너희가 알 수 있으리라

(마7:21~23)주여 주여 하는 자마다 천국에 다 들어갈 것이 아니요 다만 하늘에 계신 내 아버지의 뜻대로 행하는 자라야 들어가리라 22. 그날에 많은 사람이 나더러 이르되 주여 주여 우리가 주의 이름으로 선지자 노릇하며 주의 이름으로 귀신을 쫓아내며 주의 이름으로 많은 권능을 행치 아니하였나이까 23. 그때에 내가 저희에게 밝히 말하되 내가 너희를 도무지 알지 못하니 불법을 행하는 자들아 내게서 떠나가라

† 이와 같이 불법(육신의 죄)을 행하면 내게서 떠나가라 말씀하시는데 죄를 처리하지 않고는 하나님의 나라에 들어가지도 못합니다. **(눅17:20-21)**바리새인들이 하나님의 나라가 어느 때에 임하나이까 묻거늘 예수께서 대답하여 가라사대 하나님의 나라는 볼 수 있게 임하는 것이 아니요 21. 또 여기 있다 저기 있다고도 못하리니 하나님의 나라는 너희 안에 있느니라.

† 구원관에 대하여 바르게 알고 내가 믿고 섬기는 예수 그리스도를 바르게 배워서 살아서 천국의 상태를 실상으로 다스리고 정복하고 이기는 자가 되어 신앙인으로서 성경 말씀대로 삶과 신앙의 일치를 이루어야 합니다.

예수님은 누구십니까?

　하나님은 한 분이시며 사람의 형상을 하고 계시고 전능하셔서 천지 만물을 창조하신 분입니다. 그러므로 예수님은 여호와 하나님 아버지 전체가 다 하늘에서 이 땅에 내려오시어 마리아의 뱃속에서 사람이 되신 분이기 때문에 곧 아들이요 영존하신 아버지요 성령이십니다.

　예수님이 하나님이시면서 사람이신 이유는 여호와 하나님이 직접 오셔서 사람이 되셨기 때문에 예수님과 아버지는 하나이시고 하나이신 예수 안에서 아버지는 하나님이시고 예수님은 하나님의 아들이십니다.

　하나님이 사람이 되셔서 전 인류의 죄를 담당하시기 위해 십자가에 못 박혀 죽으시고 삼 일 만에 부활하셨기 때문에 내가 예수님과 함께 죽었다고 믿는 자들의 죄가 깨끗하게 되는 것이요, 그 깨끗하게 된 자들에게 승천하시어 보좌에 앉으신 그리스도께서 그리스도의 영으로 믿는 자들 속에 들어오시어 믿는 자를 대신하여 사시므로 믿는 자들로 믿는 자 속에 계시는 그리스도의 영 때문에 하나님의 아들들이 되게 하시는 분이 예수 그리스도입니다. 아멘.

기독교 용어의 정리

♣ 성경 속의 숫자 개념 정리

- 1은 한 분 하나님(고전8:6 우리에게는 한 하나님 아버지가 계시니)
- 2와 4는 하나님의 선에 대한 모든 것(롬10:2-4 사람의 의와 하나님의 의, 하나님의 의를 모르고 자기 의를 세우려고 힘써 하나님의 의를 복종치 아니함)
- 3은 진리에 대한 모든 것, 삼위 하나님의 일하심
- 5는 하나님의 부족수(욥1:3 욥의 소유물은 소가 오백겨리요, 암나귀가 오백이며)
- 6은 하나님의 구원의 수(유대인의 결례에 따라 돌 항아리 여섯)
- 7은 완전 수(계1:20 일곱 별, 일곱 금 촛대, 일곱 교회의 사자, 일곱 촛대는 일곱 교회)
- 8은 부활의 수(창6장 노아의 8가족은 의인으로서 완전한 자)
- 9는 하나님의 부족수(창17:1~11 부족한 사람이 할례 받고, 계명 받아 언약 세워 양피 끝을 베어 하나님과 사람 사이에 표징이라)
- 10은 많은 수, 충만한 수
- 12는 하나님의 선과 진리에 대한 수
- 24장로는 구약의 12제자, 신약의 12사도. 12+12=24장로 생명의 상태
- 144천은 12×12=144 (계14:1 그 이마에 어린양의 이름과 그 아버지의 이름 쓴 자)

♣ 하나님의 아들이 되는 믿음의 5대 원칙

1. 하나님은 사람의 형체(형상)로 계십니다.
2. 하나님은 한 분이십니다.
3. 일위일체(一位一體)로 계신 하나님께서 하나님의 한 본질 곧 생명을 분배하시기 위해 삼위(三位)로 일하십니다. 그러므로 예수님은 여호와 하나님 아버지 전체가 다 하늘에서 이 땅에 내려오시어 마리아 배 속에서 사람이 되신 하나님의 아들이십니다.
4. 사람이신 예수님이 십자가에서 죽으실 때 나도 함께 죽었다고 믿어야 합니다.
5. 이상에서 언급한 하나님을 시인하고 믿음으로 그리스도가 두 번째 오셔서 내 안에 들어와 사시므로 내 안에 사시는 예수 그리스도로 말미암아 나는 하나님의 아들이 되었습니다.

♣ 하나님을 쉽게 알 수 있는 용어에 대한 정의

1. 아버지? 사람의 형체(형상)를 하고 계시며 창조되지 않고 스스로 계시면서 속에 생명과 생각을 가지고 계신 분을 아버지라고 합니다.

2. 하나님? 아버지 속에 있는 생명으로서 어떠한 인격과도 비교할 수 없

고 유일무이하고 천상천하에 유아독존이요, 최고며 최상인 아버지의 생명을 하나님이라고 합니다.

3. 믿음? 나에게 없는 하나님을 믿음으로 나에게 실제가 되게 하는 것입니다.

4. 성령? 사람의 형체(형상)를 하고 있는 아버지 하나님의 생명이 활동을 하면 성령입니다.

5. 말씀? 사람의 형체(형상)를 하고 있는 아버지 속에 있는 생명이 생명 안에 있는 생각을 통하여 입으로 말하면 이것을 말씀이라고 합니다.

6. 영생? 창조되지 않은 아버지 하나님의 생명을 영생이라고 합니다.
※ 천사도 영원히 살지만 피조되었기 때문에 영생이라고 하지 않고 사람도 영원히 살지만 피조되었기 때문에 영생이라고 하지 않습니다.

7. 세례란? 그 존재 안으로 잠기는 것입니다.

8. 교회? 하나님의 생명의 성분으로만 채워지는 것입니다.

9. 신령한 예배? 아버지 하나님의 아들들이 되는 것이 예배입니다.
※ 하나님을 최고로 기쁘게 하는 것이 예배입니다.

10. 복음? 첫 사람 아담이 둘째 사람 예수 그리스도로 존재가 바뀌어 믿는 자들이 주 예수가 되는 것입니다.

11. 그리스도? 성령이 사람이신 예수 속에 들어가 일곱 가지 과정을 거쳐서 나온 영으로 ① 본체이신 하나님이 ② 성 육신을 하시고 ③ 고난의 인생을 사시고 ④ 죽으시고 ⑤ 부활하시고 ⑥ 승천하셔서 보좌에 앉으셨다가 ⑦ 영으로 믿는 사람들에게 들어오는 영이 그리스도의 영입니다.

12. 아버지와 아들?
  ① 형체(형상)가 같고 ② 피가 같고 ③ 생명이 같고
  ④ 본질이 같고 ⑤ 속성이 같아야 합니다.
※ 모든 것이 아버지와 똑같은 것이 아들입니다.

13. 예수 그리스도? 마리아가 낳은 원조 예수 그리스도를 지칭하는 것입니다.

14. 그리스도 예수? 부활하신 예수 그리스도께서 믿는 사람들 속에 들어와 그 사람의 존재가 되고 실제가 되고 내용이 된 그 그리스도를 지칭하는 것입니다.

15. 구원? 첫 사람 아담이 두 번째 아담인 예수 그리스도로 존재가 바뀌는 것이 구원입니다.

16. 주 예수의 정의? 육체를 가지고 있는 사람 안에서 주 하나님이 다스리는 사람이 주 예수입니다.

17. 여호와 하나님의 아내란? 하나님의 영이 들어가 있는 땅에 있는 사람이 여호와 하나님의 아내입니다. (사62:4 /고후11:2 /롬8:9)
※ 첫 사람 아담은 하나님의 영이 들어가 있지 않으므로 하나님의 아내가 아닙니다.

♣ 기독교란? 하나님이 하나님의 아들이 되고 아내가 되고 또 아들들이 되는 것입니다.
♣ 하나님의 경륜이란? 하나님의 행정과 경영하심인데 하나님이 자신의 형상과 모양대로 지으신 사람들에게 자신의 생명을 주어 분배하심으로 경영하십니다.
♣ 주예수로 부요하게 되는 법? 주 예수님을 찬양합니다. 주께 감사드립니다. 나는 주 예수님으로 말미암아 주 예수의 생명을 받고 주 예수가 된 하나님의 아들이라고 항상 부르고 고백하는 것입니다.

《아타나시우스 44개 신조 전문》

1) 누구든지 구원을 받고자 하는 사람은 모든 것 이전에 먼저 이 신앙을 소유해야 한다.
2) 누구든지 이 신앙을, 완전하고 순결하게 지키지 않으면, 틀림없이 영원한 멸망을 받을 것이다.
3) 이 신앙이란 다음의 것들이다. 삼위(三位) 자체가 일체(一體)이시고, 일체(一體) 자체가 삼위이신, 유일하신 하나님을 믿는 것이다.
4) 이 삼위는 혼합한 것도 아니요, 그 본질을 나눈 것도 아니다.
5) 왜냐하면 아버지의 한 인격(위)과 아들의 다른 인격(위), 또한 성령의 또 다른 인격(위)이 계시기 때문이다.
6) 그러나 성부와 성자와 성령의 신격은 모두가 다 하나요 그 영광도 동일하며 그 위엄도 함께 영원한 것이다.
7) 성부와 성자와 성령은 그 자체로 존재한다.
8) 성부께서 창조함 받지 않으신 것 같이, 성자도 창조함 받지 않으셨으며, 성령도 창조함 받지 않았다.
9) 성부께서 다 이해할 수 없는 분이신 것 같이, 성자도 다 이해할 수 없는 분이시고, 성령도 다 이해할 수 없는 분이시다.
10) 성부께서 영원하신 것같이, 성자도 영원하시며, 성령도 영원하시다.
11) 그럼에도 불구하고 그들은 세 영원한 분들이 아니시며, 한 영원한 분이시다.

12) 창조되지도 않았고 우리의 이해를 초월한 세 하나님이 있는 것이 아니라, 창조되지도 않고 인간의 이해를 초월한 단 한 하나님만이 계실 뿐이다.
13) 성부께서 전능하시듯이 성자와 성령도 전능하시다.
14) 그러나 세 하나님의 전능자가 계신 것이 아니요, 오직 한 하나님의 전능자가 있을 뿐이다.
15) 성부가 하나님이시듯이 성자도 성령도 하나님이시다.
16) 그럼에도 세 하나님이 계신 것이 아니라 한 하나님만이 계실 뿐이다.
17) 성부께서 주님이시듯이 성자도 성령도 주님이시다.
18) 그럼에도 주님이 세 주가 아니라 한 주이실 뿐이다.
19) 우리는 이 각각의 삼위(三位)께서 그 스스로 하나님이시오, 주님이시라는 사실을 기독교의 진리로 받는 바이다.
20) 따라서 세 하나님이 계시며 세 분 주님이 계시다는 말은 참 기독교인으로서 금한다.
21) 성부는 그 무엇에서 만들어지지 않으셨으니, 곧 창조함 받지도 않으시고, 나지도 않으셨다.
22) 성자는 성부에게서만 나시며, 지음을 받았거나, 창조되신 것이 아니다.
23) 성령은 성부와 성자에게서 보내지셨으나 지음을 받았거나 창조되었거나 발생된 분이 아니시고, 나오신 것이다.
24) 따라서 세 분 성부가 아닌 한 성부, 세 분 성자가 아닌 한 분 성자, 세 분 성령이 아닌 한 성령만이 계실 뿐이다.
25) 이 삼위에 있어서 그 어느 한 위가 다른 한 위에 앞서거나 뒤에 계신 것이 아니며, 어느 한 위가 다른 위보다 크거나 작을 수도 없다.
26) 다만 삼위가 함께 영원하며 동등하다는 것이다.
27) 따라서 앞서 말한 대로, 이 모든 것에서 삼위(三位)가 일체(一體)이시

며, 일체(一體)가 삼위(三位)인 하나님께서 경배를 받으셔야 할 것이다.

28) 그러므로 구원을 받으려는 이는, 삼위일체에 관하여 이와 같이 믿지 않으면 안 될 것이다.

29) 동시에, 영원한 구원을 얻는 데에는 우리 주 예수 그리스도의 성육에 대하여 올바로 믿어야 한다.

30) 올바른 믿음이란 하나님의 아들이신 우리 주 예수 그리스도께서는 하나님이시오 동시에 인간이라는 사실을 믿고 고백하는 것이다.

31) 그는 성부의 본질에서 나신 신이시며, 이 세상이 생기기 전에 나신 자요, 동시에 인간으로서는 그 어머니의 본질로부터 이 세상에서 나신 분이시다.

32) 완전한 하나님이시오 또한 완전한 인간으로서 이성 있는 영과, 인간의 육신으로서 생존하신다.

33) 신성으로서는 성부와 동등하나 그의 인성으로서는 성부보다 낮으신 분이시다.

34) 비록 그는 하나님이시며 인간이 되시긴 하나 둘이 아니요, 한 분 그리스도이실 뿐이다.

35) 하나됨에 있어서는 그의 신성이 육신으로 전환된 것이 아니라(육신화함으로써가 아니며) 인간의 몸을 취한(그의 인성을 신성 안에 받음으로써) 하나님이 되시는 분이시다.

36) 온전히 하나인데, 그 본질이 혼합된 분이 아니라 품격의 통일성으로 하나되신 분이시다.

37) 한 인간이 영혼과 육신을 가졌듯이, 한 그리스도께서는 하나님이시오 동시에 인간이 되신다.

38) 그분은 우리를 위해 고난 받으시고 음부에 내려가셨다가 삼 일 만에 죽은 자 가운데서 다시 사셨다.

39) 그는 하늘에 오르사 전능하신 하나님, 곧 성부의 오른편에 앉아 계시며

40) 거기로서 산 자와 죽은 자를 심판하러 오실 것이다.

41) 그가 오실 때에 모든 사람들은 육체로 부활할 것이며,

42) 자신들의 행위에 따라 판단을 받을 것이다.

43) 그리고 선한 일을 행한 자는 영생으로 나가고 악을 행한 자는 영원한 불에 들어갈 것이다.

44) 이것이 교회의 참 신앙이며, 이를 신실하게 믿지 않는 자는 구원을 얻지 못하는 것이다. 아멘.

목차

† 간행사   4
† 예수님은 누구십니까?   7
† 기독교 용어의 정의   8
† 《아타나시우스 44개 신조 전문》   14

제1강	하나님의 말씀은 하나님만 지킬 수 있다	22
제2강	믿는 자들은 죄를 지을 수 없다	29
제3강	1년 만에 그리스도인이라 칭함 받는 법	36
제4강	성경말씀은 하나님의 생명 분배	43
제5강	하나님의 의와 자기의 의	52
제6강	선한 분은 오직 하나님 한 분뿐이다	58
제7강	하나님의 온전하심과 같이 온전한 자가 되라	65
제8강	예수보다 더 큰일 하는 자	74
제9강	선지자, 목사, 교사, 복음 전하는 자를 세운 이유	82
제10강	죄 사함의 회개(悔改)와 생명 얻는 회개(悔改)	89
제11강	성경은 하나님의 아들 얻는 이야기	96
제12강	사람의 몸은 밭. 집. 하나님의 성전	101
제13강	빌립의 신앙은 족함이 없다	108
제14강	하나님은 사람의 형상이시다	114

제15강	하나님의 우편에 대하여	120
제16강	삼위일체 하나님은 어떻게 일하시는가	126
제17강	성령이란? 하나님의 생명의 활동	131
제18강	한 분 하나님이 두 분, 세 분으로 나뉜 이유	142
제19강	하나님의 말씀은? 하나님의 생각	148
제20강	아버지, 아들은 독자적 인격 있고 성령은 없다	156
제21강	죄를 100% 다스리고 해방 받는 길	162
제22강	죄를 다스리려면 반드시 죄의 자백이 필요	170
제23강	십자가의 도가 하나님의 능력, 지혜	179
제24강	성경 안에 있는 많은 함정들	186
제25강	초림, 재림, 강림 예수에 대한 정의	192
제26강	부활에 대한 정의	199
제27강	구약에나 신약에나 아버지와 아들은 하나다	206
제28강	삼위일체에 대한 정의	212

제29강	복음을 악용하면 방종하게 된다	219
제30강	성경은 하나님과 사람과 천사 이야기	228
제31강	내가 구원을 받았는가 확인하는 길	234
제32강	《계20:2~3》 옛 뱀을 잡으니 용, 사탄, 마귀	244
제33강	귀신론	252
제34강	은사론(하나님이 계시는데 내 밖에서)	260
제35강	군대장관	267
제36강	하나님의 일하시는 목적은 엘로힘	274
제37강	예수님이 우리들에게 가르쳐준 기도의 의미	280
제38강	영이란 사람의 형체라는 성경적 근거	286
제39강	영생의 정의	294
제40강	복음의 정의	300
제41강	하나님의 형체와 영체	306
제42강	이신칭의와 이신득의	312

제43강	만든 자와 창조된 자	321
제44강	너희 앞서 행하시는 하나님	327
제45강	예수님은 영원 전부터 계신 아들이 오신 것인가	332
제46강	두 증인의 증거는? 두 감람나무, 두 촛대	339
제47강	아마겟돈 전쟁의 의미	344
제48강	천국복음은 살아서 내 안에서 이룬다	350
제49강	네 생물의 교회	355
제50강	교회란? 3번 창조된 자. 어린양, 예수	362
제51강	하늘과 하늘들과 하늘 위의 하늘	370
제52강	봉함된 말씀이 열리는 시기와 때	374
제53강	예수 그리스도의 계시의 말씀(계시록 강해)	380

제1강
하나님의 말씀은 하나님만 지킬 수 있다

제1강
하나님의 말씀은 하나님만 지킬 수 있다

1. 율법을 주신 목적은? 죄인임을 깨닫기 위함입니다.

✝ 하나님이 믿는 신자 안에 사시면서 율법을 예수 그리스도께서 지키시는 것이다.

(롬3:20) 그러므로 율법의 행위로 그의 앞에 의롭다 하심을 얻을 육체가 없나니 율법으로는 죄를 깨달음이니라.

✝ 성경 말씀은 하나님 법이 기록된 책입니다. 그러므로 성경 말씀은 하나님 말씀은 하나님 한 분만 지킬 수 있습니다. 많은 사람들이 이것을 모르고 사람이 지키려고 합니다. 그러나 예수님 오실 때까지 단 한 사람이라도 성경 말씀을 온전히 지키는 자들이 없습니다. 율법을 주신 목적은 지키라고 준 것이 아니라 율법을 통해서 죄를 깨닫기 위함입니다. 그런데 이스라엘 백성들은 율법을 주신 목적을 몰랐기 때문에 모세가 시내산에서 40주 40야를 금식하면서 하나님께 받은 율법을 선포하자 **(출24:7)** 언약서를 가져 백성에게 낭독하여 들리매 그들이 가로되 여호와 모든 말씀을 우리가 준행하리이다 약속했지만 단 한 사람도 지키는 사람이 없었습니다. 그 이유는 성경에 기록된 말씀들은 하나님의 입에서 나온 하나님의 생각, 말씀이기 때문에 사람으로서는 한 사람도 지킬 수 없는 것입니다. 어떤 신자

들은 생각하기를 하나님의 계명 중 몇 개를 지키고 우리가 하나님의 계명을 지켰다고 할 수도 있으나 성경은 이렇게 지키는 것이 율법을 지켜 행하는 것이 아니라고 했습니다.

(약2:10)누구든지 온 율법을 지키다가 그 하나에 거치면 모두 범한 자가 되나니

(창6:3~8)하나님의 신이 육체의 사람과는 함께 하지 않습니다. 5. 여호와께서 사람의 죄악이 세상에 관영함과 그 마음의 생각의 모든 계획이 항상 악할 뿐임을 보시고 6. 땅 위에 사람 지으셨음을 한탄하사 마음에 근심하시고 7. 가라사대 나의 창조한 사람을 내가 지면에서 쓸어버리되 사람으로부터 육축과 기는 것과 공중의 새까지 그리하리니 이는 내가 그것을 지었음을 한탄함이니라 하시니라 8. 그러나 노아는 여호와께 은혜를 입었더라

(창19:14)롯이 나가서 그 딸들과 정혼한 사위들에게 고하여 이르되 여호와께서 이 성을 멸하실 터이니 너희는 일어나 이곳에서 떠나라 하되 그 사위들이 농담으로 여겼더라

(창19:26)롯의 아내는 뒤를 돌아 본고로 소금 기둥이 되었더라

✞ 소돔, 고모라성에도 여호와께서 뽑은 의인 롯 하나만 구원받고 다 불벼락 맞았습니다. 그 이유는 말씀을 나에게 주신 하나님의 말씀으로 믿고 받지 못하고 농담으로 여겼기 때문입니다.

(롬3:10~15)기록한바 의인은 없나니 하나도 없으며 11. 깨닫는 자도 없고 하나님을 찾는 자도 없고 12. 다 치우쳐 한 가지로 무익하게 되고 선을 행하는 자는 없나니 하나도 없도다 13. 저희 목구멍은 열린 무덤이요 그 혀로는 속임을 베풀며 그 입술에는 독사의 독이 있고 14. 그 입에는 저주

와 악독이 가득하고 15. 그 발은 피 흘리는데 빠른지라.

(사1:2~3)하늘이여 들으라 땅이여 귀를 기울이라 여호와께서 말씀하시기를 내가 자식을 양육하였거늘 그들이 나를 거역하였도다 3. 소는 그 임자를 알고 나귀는 주인의 구유를 알건마는 이스라엘은 알지 못하고 나의 백성은 깨닫지 못하는도다

(시14:1~5)어리석은 자는 그 마음에 이르기를 하나님이 없다 하도다 저희는 부패하고 소행이 가증하여 선을 행하는 자가 없도다 2. 여호와께서 하늘에서 인생을 굽어 살피사 지각이 있어 하나님을 찾는 자가 있는가 보려 하신즉 3. 다 치우쳤으며 함께 더러운 자가 되고 선을 행하는 자가 없으니 하나도 없도다

2. 예수님이 믿는 신자 안에 사시면서 율법을 예수 그리스도께서 지키게 하신다.

(롬3:31)그런즉 우리가 믿음으로 말미암아 율법을 폐하느뇨 그럴 수 없느니라 도리어 율법을 굳게 세우느니라

(마5:17)내가 율법이나 선지자나 폐하러 온 줄로 생각지 말라 폐하러 온 것이 아니요 완전케 하려 함이로라

(엡3:17)믿음으로 말미암아 그리스도께서 너희 마음에 계시게 하옵시고 너희가 사랑 가운데서 뿌리가 박히고 터가 굳어져서

(고후13:5)너희가 믿음에 있는가 너희 자신을 시험하고 너희 자신을 확증하라 예수 그리스도께서 너희 안에 계신 줄을 너희가 스스로 알지 못하느냐 그렇지 않으면 너희가 버리운 자니라

(출4:2~4)여호와께서 그에게 이르시되 네 손에 있는 것이 무엇이냐 그가

가로되 지팡이니이다 3. 여호와께서 가라사대 그것을 땅에 던지라 곧 땅에 던지니 그것이 뱀이 된지라 모세가 뱀 앞에서 피하매 4. 여호와께서 모세에게 이르시되 네 손을 내밀어 그 꼬리를 잡으라 그가 손을 내밀어 잡으니 그 손에서 지팡이가 된지라

(마19:17) 예수께서 가라사대 어찌하여 선한 일을 내게 묻느냐 선한 이는 오직 한 분이시니라 네가 생명에 들어가려면 계명들을 지키라

(롬8:3-4) 율법이 육신으로 말미암아 연약하여 할 수 없는 그것을 하나님은 하시나니 곧 죄를 인하여 자기 아들을 죄 있는 육신의 모양으로 보내어 육신에 죄를 정하사 4. 육신을 좇지 않고 그 영을 좇아 행하는 우리에게 율법의 요구를 이루어지게 하려 하심이니라

(마11:28-30) 수고하고 무거운 짐진 자들아 다 내게로 오라 내가 너희를 쉬게 하리라 29. 나는 마음이 온유하고 겸손하니 나의 멍에를 메고 내게 배우라 그러면 너희 마음이 쉼을 얻으리니 30. 이는 내 멍에는 쉽고 내 짐은 가벼움이라 하시니라

✝ 성경 말씀을 지킬 수 없는 사람들이 지키려고 하니 얼마나 무겁고 힘이 들겠습니까? 그러나 성경 말씀을 지킬 수 있는 예수 그리스도께서 지키면 너무나 쉽습니다. 그래서 예수 그리스도께서 믿는 자 속에 들어와 사시겠다고 하셨고 믿는 자가 이 말씀대로 믿으면 너무 쉽고 가볍습니다.

(갈4:6) 너희가 아들인고로 하나님이 그 아들의 영을 우리 마음 가운데 보내사 아바 아버지라 부르게 하셨느니라

(롬9:5) 조상들도 저희 것이요 육신으로 하면 그리스도가 저희에게서 나셨으니 저는 만물 위에 계셔 세세에 찬양을 받으실 하나님이시니라

(갈2:20) 내가 그리스도와 함께 십자가에 못 박혔나니 그런즉 이제는 내가

산 것이 아니요 오직 내 안에 그리스도께서 사신 것이라 이제 내가 하나님의 아들을 믿는 믿음 안에서 사는 것이라

✞ 많은 기독교인들은 믿음에 대하여 예수 그리스도께서 날 대신하여 죽으시고 부활하시고 승천하셔서 하나님 보좌 우편에 앉아 계시다가 장차 재림 때 오신다는 예수님만 믿고 있지 지금 현재 영으로 **(갈4:6,롬9:5)**믿는 자 곧 내 안에 계신 것을 믿는 것이 믿음이요, 구원이라는 사실을 모릅니다. **(갈2:20)**그리스도께서 믿는 자 안에 사시는 이후로부터는 믿는 자는 살아 있으나 모든 생각으로 예수 그리스도는 내 안에 산다고 성경은 말씀합니다.

(골3:3-4)이는 너희가 죽었고 너희 생명이 그리스도와 함께 하나님 안에 감추었음이니라 4. 우리 생명이신 그리스도께서 나타나실 그 때에 너희도 그와 함께 영광 중에 나타나리라

(빌1:20-21)나의 간절한 기대와 소망을 따라 아무 일에든지 부끄럽지 아니하고 오직 전과 같이 이제도 온전히 담대하여 살든지 죽든지 내 몸에서 그리스도가 존귀히 되게 하려 하나니 21. 이는 내게 사는 것이 그리스도니 죽는 것도 유익함이니라

(롬8:9)만일 너희 속에 하나님의 영이 거하시면 너희가 육신에 있지 아니하고 영에 있나니 누구든지 그리스도의 영이 없으면 그리스도의 사람이 아니라

3. 내 안에 사시면서 행하시는 하나님.

(행2:13)너희 안에서 행하시는 이는 하나님이시니 자기의 기쁘신 뜻을 위

하여 너희로 소원을 두고 행하게 하시나니

(요일2:3-6)우리가 그의 계명을 지키면 이로써 우리가 저를 아는 줄로 알 것이요 4. 저를 아노라 하고 그의 계명을 지키지 아니하는 자는 거짓말하는 자요 진리가 그 속에 있지 아니하되 5. 누구든지 그의 말씀을 지키는 자는 하나님의 사랑이 참으로 그 속에서 온전케 되었나니 이로써 우리가 저 안에 있는 줄을 아노라 6. 저 안에 거한다 하는 자는 그의 행하시는 대로 자기도 행할찌니라

(벧전1:15)오직 너희를 부르신 거룩한 자처럼 너희도 모든 행실에 거룩한 자가 되라

(딤후2:11-12)미쁘다 이 말이여, 우리가 주와 함께 죽었으면 또한 함께 살 것이요 12. 참으면 또한 함께 왕 노릇할 것이요 우리가 주를 부인하면 주도 우리를 부인하실 것이라

(살전5:10)예수께서 우리를 위하여 죽으사 우리로 하여금 깨든지 자든지 자기와 함께 살게 하려 하셨느니라

(겔36:26-27)또 새 영을 너희 속에 두고 새 마음을 너희에게 주되 너희 육신에서 굳은 마음을 제하고 부드러운 마음을 줄 것이며 27. 또 내 신을 너희 속에 두어 너희로 내 율례를 행하게 하리니 너희가 내 규례를 지켜 행할찌라

제2강
믿는 자들은 죄를 지을 수 없다

제2강
믿는 자들은 죄를 지을 수 없다

1. 하나님의 경륜을 바로 알고 믿어야 삶과 신앙이 일치한다.

⇧ 죄란 무엇인가?

(요16:9)죄에 대하여라 함은 저희가 나를 믿지 아니함이요

(마7:21~23)나더러 주여 주여 하는 자마다 천국에 다 들어갈 것이 아니요 다만 하늘에 계신 내 아버지의 뜻대로 행하는 자라야 들어가리라 22. 그날에 많은 사람이 나더러 이르되 주여 주여 우리가 주의 이름으로 선지자 노릇하며 주의 이름으로 귀신을 쫓아내며 주의 이름으로 많은 권능을 행치 아니하였나이까 하리니 23. 그때에 내가 저희에게 밝히 말하되 내가 너희를 도무지 알지 못하니 불법을 행하는 자들아 내게서 떠나가라 하리라

(롬6:1~7)그런즉 우리가 무슨 말 하리요 은혜를 더하게 하려고 죄에 거하겠느뇨 2. 그럴 수 없느니라 죄에 대하여 죽은 우리가 어찌 그 가운데 더 살리요 3. 무릇 그리스도 예수와 합하여 세례를 받은 우리는 그의 죽으심과 합하여 세례'받은 줄을 알지 못하느뇨 4. 그러므로 우리가 그의 죽으심과 합하여 세례를 받음으로 그와 함께 장사되었나니 이는 아버지의 영광으로 말미암아 그리스도를 죽은 자 가운데서 살리심과 같이 우리로 또한 새 생명 가운데서 행하게 하려 함이라 5. 만일 우리가 그의 죽으심을 본받

아 연합한 자가 되었으면 또한 그의 부활을 본받아 연합한 자가 되리라 6. 우리가 알거니와 우리 옛 사람이 예수와 함께 십자가에 못 박힌 것은 죄의 몸이 멸하여 다시는 우리가 죄에게 종노릇 하지 아니하려 함이니 7. 이는 죽은 자가 죄에서 벗어나 의롭다 하심을 얻었음이니라

(롬8:1-2)그러므로 이제 그리스도 예수 안에 있는 자에게는 결코 정죄함이 없나니 2. 이는 그리스도 예수 안에 있는 생명의 성령의 법이 죄와 사망의 법에서 너를 해방하였음이라

2. 하나님의 경륜을 바로 알고 경륜대로 믿어야 합니다.

✿ 하나님의 경륜이란 무엇인가? 하나님의 형상과 모양대로 지으신 사람 속에 하나님께서 내 안에서 경영하십니다.

(엡3:1~6)이러하므로 그리스도 예수의 일로 너희 이방을 위하여 갇힌 자 된 나 바울은…… 2. 너희를 위하여 내게 주신 하나님의 그 은혜의 경륜을 너희가 들었을 터이라 3. 곧 계시로 내게 비밀을 알게 하신 것은 내가 이미 대강 기록함과 같으니 4. 이것을 읽으면 그리스도의 비밀을 내가 깨달은 것을 너희가 알 수 있으리라 5. 이제 그의 거룩한 사도들과 선지자들에게 성령으로 나타내신 것 같이 다른 세대에서는 사람의 아들들에게 알게 하지 아니하셨으니 6. 이는 이방인들이 복음으로 말미암아 그리스도 예수 안에서 함께 후사가 되고 함께 지체가 되고 함께 약속에 참예하는 자가 됨이라

(마1:23)보라 "처녀가 잉태하여 아들을 낳을 것이요 그 이름은 임마누엘이라 하리라 하셨으니 이를 번역한즉 하나님이 우리와 함께 계시다" 함이라

☦ 하나님은 한 분이시기 때문에 마리아가 낳은 예수님이 바로 여호와시라고 이사야는 말씀했습니다. **(사9:6)**그래서 사도 바울도 예수님을**(롬9:5)**"만물 위에 계셔 세세에 찬양 받을 하나님"이라고 했고, 사도 요한도 **(요1서5:20)**예수는 참 하나님이시오 영생이라고 했고, **(계1:8)**"주 하나님이 가라사대 나는 알파와 오메가 이제도 있고 전에도 있었고 장차 올 자요 전능한 자라" 했으며 **(요20:28)**도마도 "나의 주시며 나의 하나님이시다"라고 말씀했습니다.

사람이 **(마5:48)**하늘에 계신 아버지의 온전하심같이 온전한 자가 되려면 여호와께서 직접 이 땅에 오셔서 육신을 입으시고 육신 안에서 사람이 되신 예수 그리스도를 믿는 자의 생명으로 바꾸는 길밖에는 없습니다. 그래서 예수님을 믿는다는 것은 곧 예수님께서 믿는 자 속에 들어오시어 믿는 자의 내용이 되셔야 하는 것입니다.

(빌2:13)너희 안에서 행하시는 이는 하나님이시니 자기의 기쁘신 뜻을 위하여 너희로 소원을 두고 행하게 하시나니

(갈2:20)내가 그리스도와 함께 십자가에 못 박혔나니 그런즉 이제는 내가 산 것이 아니요 오직 내 안에 그리스도께서 사신 것이라 이제 내가 육체 가운데 사는 것은 나를 사랑하사 나를 위하여 자기 몸을 버리신 하나님의 아들을 믿는 믿음 안에서 사는 것이라

(갈5:24~25)그리스도 예수의 사람들은 육체와 함께 그 정과 욕심을 십자가에 못 박았느니라 25. 만일 우리가 성령으로 살면 또한 성령으로 행할찌니

(갈6:14~17)그러나 내게는 우리 주 예수 그리스도의 십자가 외에 결코 자랑할 것이 없으니 그리스도로 말미암아 세상이 나를 대하여 십자가에 못 박히고 내가 또한 세상을 대하여 그리하니라 17. 이 후로는 누구든지 나를 괴롭게 말라 내가 내 몸에 예수의 흔적을 가졌노라

3. 구원이란? 신자 속에 예수 그리스도가 들어오셔야 "구원"

✝ 구원은 아버지의 생명을 예수 그리스도를 통해서 생명을 분배받는 것이 구원이기 때문에 예수 그리스도께서 믿는 자 안으로 오셔서 그 믿는 자를 대신하여 사시지 않는다면 구원이 아닌 것입니다. 그래서 구원받은 신자는 아담으로부터 물려받은 옛 생명으로 사는 것이 아니라 예수 그리스도 안에 있는 아버지 생명으로 살기 때문에 새 생명으로 산다고 하는 것입니다.

(롬6:4) 그러므로 우리가 그의 죽으심과 합하여 세례를 받음으로 그와 함께 장사되었나니 이는 아버지의 영광으로 말미암아 그리스도를 죽은 자 가운데서 살리심과 같이 우리로 또한 새 생명 가운데서 행하게 하려 함이니라

(엡3:17) 믿음으로 말미암아 그리스도께서 너희 마음에 계시게 하옵시고 너희가 사랑 가운데서 뿌리가 박히고 터가 굳어져서

(벧전1:3) 찬송하리로다 우리 주 예수 그리스도의 아버지 하나님이 그 많으신 긍휼대로 예수 그리스도의 죽은 자 가운데서 부활하심으로 말미암아 우리를 거듭나게 하사 산 소망이 있게 하시며

(고후13:5) 너희가 믿음에 있는가 너희 자신을 시험하고 너희 자신을 확증하라 예수 그리스도께서 너희 안에 계신 줄을 너희가 스스로 알지 못하느냐 그렇지 않으면 너희가 버리운 자니라

(롬8:9~11) 만일 너희 속에 하나님의 영이 거하시면 너희가 육신에 있지 아니하고 영에 있나니 누구든지 그리스도의 영이 없으면 그리스도의 사람이 아니라 10. 또 그리스도께서 너희 안에 계시면 몸은 죄로 인하여 죽은 것이나 영은 의를 인하여 산 것이니라 11. 예수를 죽은 자 가운데서 살리신 이의 영이 너희 안에 거하시면 그리스도 예수를 죽은 자 가운데서 살리신 이가 너희 안에 거하시는 그의 영으로 말미암아 너희 죽을 몸도 살리시리라

(히9:28)이와 같이 그리스도도 많은 사람의 죄를 담당하시려고 단번에 드리신바 되셨고 구원에 이르게 하기 위하여 죄와 상관 없이 자기를 바라는 자들에게 두 번째 나타나시리라(재림예수)

4. 믿는 신자 안에 계시는 예수 그리스도는 누구신가?

(엡3:17)믿음으로 말미암아 그리스도께서 너희 마음에 계시게 하옵시고 너희가 사랑 가운데서 뿌리가 박히고 터가 굳어져서

(계5:1~5)내가 보매 보좌에 앉으신 이의 오른손에 책이 있으니 안팎으로 썼고 일곱 인으로 봉하였더라 2. 보매 힘 있는 천사가 큰 음성으로 외치기를 누가 책을 펴며 그 인을 떼기에 합당하냐 하니 3. 늘 위에나 땅 위에나 땅 아래에 능히 책을 펴거나 보거나 할 이가 없더라 4. 책을 펴거나 보거나 하기에 합당한 자가 보이지 않기로 내가 크게 울었더니 5. 장로 중에 하나가 내게 말하되 울지 말라 유대 지파의 사자 다윗의 뿌리가 이기었으니 이 책과 그 일곱 인을 떼시리라 하더라

(막16:19)주 예수께서 말씀을 마치신 후에 하늘로 올리우사 하나님 우편에 앉으시니라

(히1:13)어느 때에 천사 중 누구에게 내가 네 원수로 네 발등상 되게 하기까지 너는 내 우편에 앉았으라 하셨느뇨

(요14:19-20)조금 있으면 세상은 다시 나를 보지 못할 터이로되 너희는 나를 보리니 이는 내가 살았고 너희도 살겠음이라 20. 그 날에는 내가 아버지 안에, 너희가 내 안에, 내가 너희 안에 있는 것을 너희가 알리라

(요16:16)조금 있으면 너희가 나를 보지 못하겠고 또 조금 있으면 나를 보리라 하신대

(요14:28)내가 갔다가 너희에게로 온다 하는 말을 너희가 들었나니 나를 사랑하였더면 나의 아버지께로 감을 기뻐하였으리라 아버지는 나보다 크심이니라

(요16:28)내가 아버지께로 나와서 세상에 왔고 다시 세상을 떠나 아버지께로 가노라 하시니

(요3:31~36)위로부터 오시는 이는 만물 위에 계시고 땅에서 난 이는 땅에 속하여 땅에 속한 것을 말하느니라 하늘로서 오시는 이는 만물 위에 계시나니 32. 그가 그 보고 들은 것을 증거하되 그의 증거를 받는 이가 없도다 33. 그의 증거를 받는 이는 하나님을 참되시다 하여 인쳤느니라 35. 아버지께서 아들을 사랑하사 만물을 다 그 손에 주셨으니 36. 아들을 믿는 자는 영생이 있고 아들을 순종치 아니하는 자는 영생을 보지 못하고 도리어 하나님의 진노가 그 위에 머물러 있느니라

제3강
1년 만에 그리스도인이라 칭함 받는 법

제3강

1년 만에 그리스도인이라 칭함 받는 법

✞ 예수를 믿고 5년~10년이 되면 죄가 속에서 나오지 않아야 되고, 죄를 지배하고 다스리는 자들이 되어야 합니다. 여전히 죄 가운데 있는 것은 그 안에 하나님께서 계시지 않기 때문입니다.

1. 하나님 말씀에 선지자가 선지자를 치라 하면 쳐야 한다.

(왕상20:35~37) 선지자의 무리 중 한 사람이 여호와의 말씀으로 그 동무에게 이르되 너는 나를 치라 하였더니 그 사람이 치기를 싫어하는지라 36. 저가 그 사람에게 이르되 네가 여호와의 말씀을 듣지 아니하였으니 네가 나를 떠나갈 때에 사자가 너를 죽이리라 그 사람이 저의 곁을 떠나가더니 사자가 그를 만나 죽였더라 37. 저가 또 다른 사람을 만나 가로되 너는 나를 치라 하매 그 사람이 저를 치되 상하도록 친지라

(요21:15-17) 15. 저희가 조반 먹은 후에 예수께서 시몬 베드로에게 이르시되 요한의 아들 시몬아 네가 이 사람들보다 나를 더 사랑하느냐 하시니 가로되 주여 그러하외다 내가 주를 사랑하는 줄 주께서 아시나이다 가라사대 내 어린 양을 먹이라 하시고 16. 또 두 번째 가라사대 요한의 아들 시몬아 네가 나를 사랑하느냐 하시니 가로되 주여 그러하외다 내가 주를 사랑하는 줄 주께서 아시나이다 가라사대 내 양을 치라 하시고 17. 세 번째 가

라사대 요한의 아들 시몬아 네가 나를 사랑하느냐 하시니 주께서 세 번째 네가 나를 사랑하느냐 하시므로 베드로가 근심하여 가로되 주여 모든 것을 아시오매 내가 주를 사랑하는 줄을 주께서 아시나이다 예수께서 가라사대 내 양을 먹이라.

✞ 베드로에게(눅5:4)말씀을 마치시고 시몬에게 이르시되 깊은 데로 가서 그물을 내려 고기를 잡으라
✞ 아브라함에게(창12:1)여호와께서 아브라함에게 이르시되 너는 너의 본토 아비 집을 떠나 내가 네게 지시할 땅으로 가라
✞ 요나에게(욘1:1~2)여호와의 말씀이 요나에게 임하니라 이르시되 너는 일어나 저 큰 성읍 니느웨로 가서 그것을 외쳐라 그 악독이 네 앞에 상달하였음이니라.

(행11:22~26)안디옥까지 보내니 23. 저가 이르러 하나님의 은혜를 보고 기뻐하여 모든 사람에게 굳은 마음으로 주께 붙어 있으라 권하니 24. 바나바는 착한 사람이요 성령과 믿음이 충만한 자라 이에 큰 무리가 주께 더하더라 25. 바나바가 사울을 찾으러 다소에 가서 26. 만나매 안디옥에 데리고 와서 둘이 교회에 일 년간 모여 있어 큰 무리를 가르쳤고 제자들이 안디옥에서 비로소 그리스도인이라 일컬음을 받게 되었더라

✞ 바울에게 예수를 그리스도라 배운 제자(브리스길라와 아굴라 집사) 아볼로 목사를 찾아 가서 하나님의 도를 더 자세히 풀어 이르니 유대인의 말을 이김일러라.

(행18:24-28)24. 알렉산드리아에서 난 아볼로라 하는 유대인이 에베소

에 이르니 이 사람은 학문이 많고 성경에 능한 자라 25. 그가 일찍 주의 도를 배워 열심으로 예수에 관한 것을 자세히 말하며 가르치나 요한의 세례만 알 따름이라

2. 오늘날 예수 믿는 우리도 이러한 체험을 해야만 합니다.

(갈2:20) 내가 그리스도와 함께 십자가에 못 박혔나니 그런즉 이제는 내가 산 것 아니요 오직 내안에 그리스도께서 사신 것이라.

(갈5:24) 그리스도 예수의 사람들은 육체와 함께 그 정과 욕심을 십자가에 못 박았느니라

(갈6:14) 그러나 내게는 우리 주 예수 그리스도의 십자가 외에 결코 자랑할 것이 없으니 그리스도로 말미암아 세상이 나를 대하여 십자가에 못 박히고 내가 또한 세상을 대하여 그러하니라

(롬14:7-8) 우리 중에 누구든지 자기를 위하여 사는 자가 없고 자기를 위하여 죽는 자도 없도다 8. 우리가 살아도 주를 위하여 살고 죽어도 주를 위하여 죽나니 그러므로 사나 죽으나 우리가 주의 것이로라

(롬8:10) 또 그리스도께서 너희 안에 계시면 몸은 죄로 인하여 죽은 것이나 영은 의를 인하여 산 것이니라

(빌1:20-21) 나의 간절한 기대와 소망을 따라 아무 일에든지 부끄럽지 아니하고 오직 전과 같이 이제도 온전히 담대하여 살든지 죽든지 내 몸에서 그리스도가 존귀히 되게 하려 하나니 21. 이는 내게 사는 것이 그리스도니 죽는 것도 유익함이니라

(요일3:4~10)죄를 짓는 자마다 불법을 행하나니 죄는 불법이라 5. 그가 우리 죄를 없이 하려고 나타내신바 된 것을 너희가 아나니 그에게는 죄가 없느니라 6. 그 안에 거하는 자마다 범죄하지 아니하나니 범죄하는 자마다 그를 보지도 못하였고 그를 알지도 못하였느니라 7. 자녀들아 아무도 너희를 미혹하지 못하게 하라 의를 행하는 자는 그의 의로우심과 같이 의롭고 8. 죄를 짓는 자는 마귀에게 속하나니 마귀는 처음부터 범죄함이니라 하나님의 아들이 나타나신 것은 마귀의 일을 멸하려 하심이니라 9. 하나님께로서 난 자마다 죄를 짓지 아니하나니 이는 하나님의 씨가 그의 속에 거함이요 저도 범죄치 못하는 것은 하나님께로서 났음이라 10. 이러므로 하나님의 자녀들과 마귀의 자녀들이 나타나나니 무릇 의를 행치 아니하는 자나 또는 그 형제를 사랑치 아니하는 자는 하나님께 속하지 아니하니라

3. 예수 그리스도인이 되기 위해서는 그리스도가 산 자 안으로 들어와 사셔야 합니다. 그러기 위해서는 아래 4가지가 확실해야 합니다.

①하나님은 사람의 형상이라고 믿어야 합니다.
②예수 그리스도 그분이 바로 여호와 자신이라고 믿어야 하고(즉, 여호와 하나님이 직접 다 완전히 하늘에서 이 땅에 내려오셔서 마리아 뱃속에서 사람이 되신 분이라 믿어야 합니다.)
③예수가 신자의 과거 현재 미래의 죄까지 담당하고 죄 있는 아담은 예수와 연합하여 같이 죽었다고 믿어야 합니다. **(갈2:20)**십자가에서 몸을 버리신 예수를 믿어야 합니다.
④하나님의 경륜 안에서 예수 그리스도가 믿는 자 안에 사시는 것이 구원이기에 예수 그리스도께서 믿는 자 안에 계신다고 믿어야 합니다.

✞ 아무리 많은 일을 하고, 능력을 행하고, 기도하고, 전도하고, 귀신을 쫓아내어도 다 죄가 처리되지 않으면 천국 문에서 쫓겨나 지옥에 가게 됩니다.

(마13:11~13)대답하여 가라사대 천국의 비밀을 아는 것이 너희에게는 허락되었으나 저희에게는 아니되었나니 12. 무릇 있는 자는 받아 넉넉하게 되되 무릇 없는 자는 그 있는 것도 빼앗기리라 13. 그러므로 내가 저희에게 비유로 말하기는 저희가 보아도 보지 못하며 들어도 듣지 못하며 깨닫지 못함이니라

(마13:49 50)세상 끝에도 이러히리리 천사들이 와서 의인 중에서 악인을 갈라 내어 50. 풀무 불에 던져 넣으리니 거기서 울며 이를 갊이 있으리라

(마7:21~23)나더러 주여 주여 하는 자마다 천국에 다 들어갈 것이 아니요 다만 하늘에 계신 내 아버지의 뜻대로 행하는 자라야 들어가리라 22. 그날에 많은 사람이 나더러 이르되 주여 주여 우리가 주의 이름으로 선지자 노릇하며 주의 이름으로 귀신을 쫓아내며 주의 이름으로 많은 권능을 행치 아니하였나이까 하리니 23. 그때에 내가 저희에게 밝히 말하되 내가 너희를 도무지 알지 못하니 불법을 행하는 자들아 내게서 떠나가라 하리라

4. 성경에 기록한 대로만 믿고 일점일획도 가감하면 안 된다.

(사28:10-13)여호와께서 그들에게 말씀하시되 경계에 경계를 더하며 경계에 경계를 더하며 교훈에 교훈을 더하며 교훈에 교훈을 더하고 여기서도 조금, 저기서도 조금 하사 그들로 가다가 뒤로 넘어져 부러지며 걸리며 잡히게 하시리라

(호4:6)내 백성이 지식이 없으므로 망하는도다 네가 지식을 버렸으니 나도 너를 버려 내 제사장이 되지 못하게 할 것이요 네가 네 하나님의 율법을 잊었으니 나도 네 자녀들을 잊어버리리라

(고전4:6)형제들아 내가 너희를 위하여 이 일에 나와 아볼로를 가지고 본을 보였으니 이는 너희로 하여금 기록한 말씀 밖에 넘어가지 말라 한 것을 우리에게서 배워 서로 대적하여 교만한 마음을 먹지 말게 하려 함이라

(계22:18-19)내가 이 책의 예언의 말씀을 듣는 각인에게 증거하노니 만일 누구든지 이것들 외에 더하면 하나님이 이 책에 기록된 재앙들을 그에게 더하실 터이요 19. 만일 누구든지 이 책의 예언의 말씀에서 제하여 버리면 하나님이 이 책에 기록된 생명나무와 및 거룩한 성에 참예함을 제하여 버리시리라

제4강
성경말씀은 하나님의 생명 분배

제4강
성경말씀은 하나님의 생명 분배

⋮

1. 성경은 하나님 아버지의 생명 얻는 이야기.

♱성경은 창세기부터 계시록까지 모든 사건은 하나님 아버지의 생명을 얻는 사건에 대한 기록입니다.

(요5:39) 너희가 성경에서 영생을 얻는 줄 생각하고 성경을 상고하거니와 이 성경이 곧 내게 대하여 증거하는 것이로다
(요20:31) 너희가 성경에서 영생을 얻는 줄 생각하고 성경을 상고하거니와 이 성경이 곧 내게 대하여 증거하는 것이로다(성경 66권은 예수에 대해 증거하는 이야기. 예수님이 우리 죄를 담당하시고 죽으시고 **(요16:28)** 아버지께 가신 후 **(롬6:4~5)** 내 안에 예수가 오신 후에는 주예수가 된 우리의 이야기입니다.)

♱ 이상의 말씀을 보면 예수 그리스도를 믿는 목적이 아버지의 생명을 얻게 함이라고 말씀합니다. **(엡4:6-7)** 주도 하나요 믿음도 하나요 세례도 하나요 하나님도 한 분, 하나님께서 아버지와 아들 성령으로 일하시는 것은 아버지의 생명을 사람들에게 분배하기 위함입니다.

(요5:26) 아버지께서 자기 속에 생명이 있음 같이 아들에게도 생명을 주어 그 속에 있게 하셨고

✞ 이상의 말씀과 같이 아버지께서는 아버지 속에 있는 생명을 사람들에게 직접 주지 않으시고 아들 예수님을 거쳐서 주십니다. 만일 아버지의 생명을 직접 주면 아버지의 생명 받은 자들이 아버지 격이 되고 맙니다. 예수님은 우리와 같이 육신을 입은 사람이지만 **(롬5:15)**아버지의 생명을 직접 받았기 때문에 아버지와 동격이 됩니다. 그래서 예수님은 아버지와 하나가 되시고**(요10:30)**또 아들인 예수님이 아버지 아들 성령이 되는 것입니다. **(사9:6)**구원이란 아버지의 생명을 분배받는 것이 구원이기 때문에 사람이 구원을 받으려면 반드시 예수 그리스도에게로 나가야 합니다.

(창세기2:21~23)여호와 하나님이 아담을 깊이 잠들게 하시니 잠들매 그가 그 갈빗대 하나를 취하고 살로 대신 채우시고 22. 여호와 하나님이 아담에게서 취하신 그 갈빗대로 여자를 만드시고 그를 아담에게로 이끌어 오시니 23. 아담이 가로되 이는 내 뼈 중의 뼈요 살 중의 살이라 이것을 남자에게서 취하였은즉 여자라 칭하리라 하니라

(창세기19:30~38)롯이 소알에 거하기를 두려워하여 두 딸과 함께 소알에서 나와 산에 올라 거하되 그 두 딸과 함께 굴에 거하였더니 31. 큰딸이 작은딸에게 이르되 우리 아버지는 늙으셨고 이 땅에는 세상의 도리를 좇아 우리의 배필 될 사람이 없으니 32. 우리가 우리 아버지에게 술을 마시우고 동침하여 우리 아버지로 말미암아 인종을 전하자 하고 33. 그 밤에 그들이 아비에게 술을 마시우고 큰딸이 들어가서 그 아비와 동침하니라 그러나 그 아비는 그 딸의 눕고 일어나는 것을 깨닫지 못하였더라 34. 이튿날에 큰 딸이 작은 딸에게 이르되 어제밤에는 내가 우리 아버지와 동침하였으니 오늘밤에도 우리가 아버지에게 술을 마시우고 네가 들어가 동침하고 우리가 아버지로 말미암아 인종을 전하자 하고 35. 이 밤에도 그들이 아비에게 술을 마시우고 작은 딸이 일어나 아비와 동침하니라 그러나 아비는 그 딸의

눕고 일어나는 것을 깨닫지 못하였더라 36. 롯의 두 딸이 아비로 말미암아 잉태하고 37. 큰 딸은 아들을 낳아 이름을 모압이라 하였으니 오늘날 모압 족속의 조상이요 38. 작은 딸도 아들을 낳아 이름을 벤암미라 하였으니 오늘날 암몬 족속의 조상이었더라

(창세기38:14~39)그가 그 과부의 의복을 벗고 면박으로 얼굴을 가리고 몸을 휩싸고 딤나 길곁 에나임 문에 앉으니 이는 셀라가 장성함을 보았어도 자기를 그의 아내로 주지 않음을 인함이라 15. 그가 얼굴을 가리웠으므로 유다가 그를 보고 창녀로 여겨 16. 길곁으로 그에게 나아가 가로되 청컨대 나로 네게 들어가게 하라 하니 그 자부인 줄 알지 못하였음이라 그가 가로되 당신이 무엇을 주고 내게 들어오려느냐 17. 유다가 가로되 내가 내 떼에서 염소 새끼를 주리라 그가 가로되 당신이 그것을 줄 때까지 약조물을 주겠느냐 18. 유다가 가로되 무슨 약조물을 네게 주랴 그가 가로되 당신의 도장과 그 끈과 당신의 손에 있는 지팡이로 하라 유다가 그것들을 그에게 주고 그에게로 들어갔더니 그가 유다로 말미암아 잉태하였더라 19. 그가 일어나 떠나가서 그 면박을 벗고 과부의 의복을 도로 입으니라

2. 성경 66권은 예수에 대한 기록.

(요20:31)너희가 성경에서 영생을 얻는 줄 생각하고 성경을 상고하거니와 이 성경이 곧 내게 대하여 증거하는 것이로다

(요14:6)예수께서 가라사대 내가 곧 길이요 진리요 생명이니 나로 말미암지 않고는 아버지께로 올 자가 없느니라

(요5:24~29)내가 진실로 진실로 너희에게 이르노니 내 말을 듣고 또 나

보내신 이를 믿는 자는 영생을 얻었고 심판에 이르지 아니하나니 사망에서 생명으로 옮겼느니라 25. 진실로 진실로 너희에게 이르노니 죽은 자들이 하나님의 아들의 음성을 들을 때가 오나니 곧 이때라 듣는 자는 살아나리라 26. 아버지께서 자기 속에 생명이 있음 같이 아들에게도 생명을 주어 그 속에 있게 하셨고 27. 또 인자됨을 인하여 심판하는 권세를 주셨느니라 28. 이를 기이히 여기지 말라 무덤 속에 있는 자가 다 그의 음성을 들을 때가 오나니 29. 선한 일을 행한 자는 생명의 부활로, 악한 일을 행한 자는 심판의 부활로 나오리라

(요3:36)아들을 믿는 자는 영생이 있고 아들을 순종치 아니하는 자는 영생을 보지 못하고 도리어 하나님의 진노가 그 위에 머물러 있느니라

(요4:7-19)시미리이 여지 히느기 물을 길러 왔으매 예수께서 물을 좀 달라 하시니 9. 사마리아 여자가 가로되 당신은 유대인으로서 어찌하여 사마리아 여자 나에게 물을 달라 하나이까 하니 이는 유대인이 사마리아인과 상종치 아니함이러라 10. 예수께서 대답하여 가라사대 네가 만일 하나님의 선물과 또 네게 물 좀 달라 하는 이가 누구인 줄 알았더면 네가 그에게 구하였을 것이요 그가 생수를 네게 주었으리라 11.여자가 가로되 주여 물 길을 그릇도 없고 이 우물은 깊은데 어디서 이 생수를 얻겠삽나이까 12. 우리 조상 야곱이 이 우물을 우리에게 주었고 또 여기서 자기와 자기 아들들과 짐승이 다 먹었으니 당신이 야곱보다 더 크니이까 13. 예수께서 대답하여 가라사대 이 물을 먹는 자마다 다시 목마르려니와 14. 내가 주는 물을 먹는 자는 영원히 목마르지 아니하리니 나의 주는 물은 그 속에서 영생하도록 솟아나는 샘물이 되리라 15. 여자가 가로되 주여 이런 물을 내게 주사 목마르지도 않고 또 여기 물 길러 오지도 않게 하옵소서 16. 가라사대 가서 네 남편을 불러 오라 17. 여자가 대답하여 가로되 나는 남편이 없나이다 예수께서 가라사대 네가 남편이 없다 하는 말이 옳도다 18. 네가 남

편 다섯이 있었으나 지금 있는 자는 네 남편이 아니니 네 말이 참되도다 19. 여자가 가로되 주여 내가 보니 선지자로소이다

(고후13:5)너희가 믿음에 있는가 너희 자신을 시험하고 너희 자신을 확증하라 예수 그리스도께서 너희 안에 계신 줄을 너희가 스스로 알지 못하느냐 그렇지 않으면 너희가 버리운 자니라

(롬6:4)그러므로 우리가 그의 죽으심과 합하여 세례를 받음으로 그와 함께 장사되었나니 이는 아버지의 영광으로 말미암아 그리스도를 죽은 자 가운데서 살리심과 같이 우리로 또한 새 생명 가운데서 행하게 하려 함이니라

(요1서5:11-12)또 증거는 이것이니 하나님이 우리에게 영생을 주신 것과 이 생명이 그의 아들 안에 있는 그것이니라 12. 아들이 있는 자에게는 생명이 있고 하나님의 아들이 없는 자에게는 생명이 없느니라

3. 믿는 자들은 하나님의 경륜을 알면 죄가 사라진다.

(롬6:1-2)그런즉 우리가 무슨 말하리요 은혜를 더하게 하려고 죄에 거하겠느뇨 2. 그럴 수 없느니라 죄에 대하여 죽은 우리가 어찌 그 죄 가운데 더 살리요.

✞ 하나님의 경륜은? **(엡3:1~5)**이러하므로 그리스도 예수의 일로 너희 이방을 위하여 갇힌 자 된 나 바울은 2. 너희를 위하여 내게 주신 하나님의 그 은혜의 경륜을 너희가 들었을 터이라 3. 곧 계시로 내게 비밀을 알게 하신 것은 내가 이미 대강 기록함과 같으니 4. 이것을 읽으면 그리스도의 비밀을 내가 깨달은 것을 너희가 알 수 있으리라 5. 이제 그의 거룩한 사

도들과 선지자들에게 성령으로 나타내신 것 같이 다른 세대에서는 사람의 아들들에게 알게 하지 아니하셨으니

✞ 한 분 하나님이 자신의 생명을 믿는 자들에게 분배하시고 하나님의 생명을 분배받은 자들로 하나님의 아들 되게 하는 것이 하나님의 경륜인 것입니다. 즉, 성경은 믿는 자가 사는 것이 아니고 믿는 자 안에서 예수 그리스도가 사신다고 말씀하는 것입니다.

(고전2:16) 누가 주의 마음을 알아서 주를 가르치겠느냐 그러나 우리가 그리스도의 마음을 가졌느니라

(고전6:17) 주와 합하는 자는 한 영이니라

(고전7:7) 나는 모든 사람이 나와 같기를 원하노라

(갈4:6~9) 너희가 아들인고로 하나님이 그 아들의 영을 우리 마음 가운데 보내사 아바 아버지라 부르게 하셨느니라 7. 그러므로 네가 이 후로는 종이 아니요 아들이니 아들이면 하나님으로 말미암아 유업을 이을 자니라 8. 그러나 너희가 그때에는 하나님을 알지 못하여 본질상 하나님이 아닌 자들에게 종노릇 하였더니 9. 이제는 너희가 하나님을 알뿐더러 하나님의 아신 바 되었거늘 어찌하여 다시 약하고 천한 초등 학문으로 돌아가서 다시 저희에게 종노릇 하려 하느냐

(갈4:15-16) 너희의 복이 지금 어디 있느냐 내가 너희에게 증거하노니 너희가 할 수만 있었더면 너희의 눈이라도 빼어 나를 주었으리라 16. 그런즉 내가 너희에게 참된 말을 하므로 원수가 되었느냐

(사41:10~15) 두려워 말라 내가 너와 함께 함이니라 놀라지 말라 나는 네 하나님이 됨이니라 내가 너를 굳세게 하리라 참으로 너를 도와 주리라 참으로 나의 의로운 오른손으로 너를 붙들리라 11. 보라 네게 노하던 자들이

수치와 욕을 당할 것이요 너와 다투는 자들이 아무 것도 아닌 것 같이 될 것이며 멸망할 것이라 12. 네가 찾아도 너와 싸우던 자들을 만나지 못할 것이요 너를 치는 자들은 아무 것도 아닌 것 같이, 허무한 것 같이 되리니 13. 이는 나 여호와 너의 하나님이 네 오른손을 붙들고 네게 이르기를 두려워 말라 내가 너를 도우리라 할 것임이니라 14. 지렁이 같은 너 야곱아, 너희 이스라엘 사람들아 두려워 말라 나 여호와가 말하노니 내가 너를 도울 것이라 네 구속자는 이스라엘의 거룩한 자니라 15. 보라 내가 너로 이가 날카로운 새 타작 기계를 삼으리니

(롬7:9-10) 전에 법을 깨닫지 못할 때에는 내가 살았더니 계명이 이르매 죄는 살아나고 나는 죽었도다 10. 생명에 이르게 할 그 계명이 내게 대하여 도리어 사망에 이르게 하는 것이 되었도다

(롬7:14) 우리가 율법은 신령한줄 알거니와 나는 육신에 속하여 죄 아래 팔렸도다

(롬7:19~23) 내가 원하는 바 선은 하지 아니하고 도리어 원치 아니하는 바 악은 행하는도다 20. 만일 내가 원치 아니하는 그것을 하면 이를 행하는 자가 내가 아니요 내 속에 거하는 죄니라 21. 그러므로 내가 한 법을 깨달았노니 곧 선을 행하기 원하는 나에게 악이 함께 있는 것이로다 22. 내 속 사람으로는 하나님의 법을 즐거워하되 23. 내 지체 속에서 한 다른 법이 내 마음의 법과 싸워 내 지체 속에 있는 죄의 법 아래로 나를 사로잡아 오는 것을 보는도다

(요1서3:4~9) 죄를 짓는 자마다 불법을 행하나니 죄는 불법이라 5. 그가 우리 죄를 없이 하려고 나타내신바 된 것을 너희가 아나니 그에게는 죄가 없느니라 6. 그 안에 거하는 자마다 범죄하지 아니하나니 범죄하는 자마다 그를 보지도 못하였고 그를 알지도 못하였느니라 7. 자녀들아 아무도 너희를 미혹하지 못하게 하라 의를 행하는 자는 그의 의로우심과 같이 의롭고

8. 죄를 짓는 자는 마귀에게 속하나니 마귀는 처음부터 범죄함이니라 하나님의 아들이 나타나신 것은 마귀의 일을 멸하려 하심이니라 9. 하나님께로서 난 자마다 죄를 짓지 아니하나니 이는 하나님의 씨가 그의 속에 거함이요 저도 범죄치 못하는 것은 하나님께로서 났음이라

제5강
하나님의 의와 자기의 의

제5강
하나님의 의와 자기의 의

(롬10:2-3)내가 증거하노니 저희가 하나님께 열심이 있으나 지식을 좇은 것이 아니라 3. 하나님의 의를 모르고 자기 의를 세우려고 힘써 하나님의 의를 복종치 아니하였느니라

(창3:1~5)(선악과를 먹은 자는 뱀의 말에 순종하므로 선과 악을 구분 하지 못한다.) 1. 여호와 하나님의 지으신 들짐승 중에 뱀이 가장 간교하더라 2. 뱀이 여자에게 물어 가로되 하나님이 참으로 너희더러 동산 모든 나무의 실과를 먹지 말라 하시더냐 여자가 뱀에게 말하되 동산 나무의 실과를 우리가 먹을 수 있으나 3. 동산 중앙에 있는 나무의 실과는 하나님의 말씀에 너희는 먹지도 말고 만지지도 말라 너희가 죽을까 하노라 하셨느니라 4. 뱀이 여자에게 이르되 너희가 결코 죽지 아니하리라 5. 너희가 그것을 먹는 날에는 너희 눈이 밝아 하나님과 같이 되어 선악을 알 줄을 하나님이 아시느니라

✟ 예수 그리스도는 하나님 의이시고 하나님의 의이신 예수 그리스도가 믿는 자의 내용이 되시고(갈2:20)실제가 되시므로 (골3:3-4)믿는 자 안에 사시는 예수 그리스도에 의해서 의인 되어지는 것이 성경의 복음입니다. 오늘날 교회에서 전해지는 복음이란 예수께서 믿는 자를 대신하여 죽었으므로 믿는 자의 현재, 과거, 미래의 죄를 주님이 다 담당했으므로 믿는 자가 죄를 지어도 죄와 상관없이 구원도 받고 천국도 받는다는 복음입니다.

(롬7:9)전에 법을 깨닫지 못 할 때에는 내가 살았더니 계명이 이르매 죄는 살아나고 나는 죽었도다

✝ 믿는 신자들이 하나님의 의와 자기의 의를 구별하지 못하므로 구원도 받을 수 없고 영성도 이루지 못하고 하나님의 원수로 행하는 것입니다.

(롬4:24-25)의로 여기심을 받을 우리도 위함이니 곧 예수 우리 주를 죽은 자 가운데서 살리신 이를 믿는 자니라 25. 예수는 우리 범죄함을 위하여 내어줌이 되고 또한 우리를 의롭다 하심을 위하여 살아나셨느니라
(고후5:21)하나님이 죄를 알지도 못하신 자로 우리를 대신하여 죄를 삼으신 것은 우리로 하여금 저의 안에서 하나님의 의가 되게 하려 하심이니라

1. 구원이란? 예수 그리스도께서 믿는 자 속에 오시는 것.

(엡3:17)믿음으로 말미암아 그리스도께서 너희 마음에 계시게 하옵시고 너희가 사랑 가운데서 뿌리가 박히고 터가 굳어져서
(고전2:16)누가 주의 마음을 알아서 주를 가르치겠느냐 그러나 우리가 그리스도의 마음을 가졌느니라
(갈4:6)그 아들의 영을 우리 마음 가운데 보내사 아바 아버지라 부르게 하셨느니라
(고전6:17~20)주와 합한 자는 한 영이니라 19. 너희 몸은 너희가 하나님께로부터 받은바 너희 가운데 계신 성령의 전인 줄 알지 못하느냐 너희는 너희 것이 아니라 20. 값으로 산 것이 되었으니 그런즉 너희 몸으로 하나님께 영광을 돌리라

(고후13:5)너희가 믿음에 있는가 너희 자신을 시험하고 너희 자신을 확증하라 예수 그리스도께서 너희 안에 계신 줄을 너희가 스스로 알지 못하느냐 그렇지 않으면 너희가 버리운 자니라

(롬6:3-4)무릇 그리스도 예수와 합하여 세례를 받은 우리는 그의 죽으심과 합하여 세례 받은 줄을 알지 못하느뇨 4. 그러므로 우리가 그의 죽으심과 합하여 세례를 받음으로 그와 함께 장사되었나니 이는 아버지의 영광으로 말미암아 그리스도를 죽은 자 가운데서 살리심과 같이 우리로 또한 새 생명 가운데서 행하게 하려 함이니라

2. 구원은 율법의 행위로는 받지 못하고 믿음으로만 받는다.

✝ 율법의 행위는 자기 의이므로 구원받지 못하고 오직 예수님을 믿는 믿음으로만 의롭게 되는데 그 이유는? 하나님의 의이신 예수 그리스도가 믿는 사람을 대신하여 존재 바뀐 사람 속에 그 사람을 대신하여 사는 것이 구원입니다.

(롬1:17)복음에는 하나님의 의가 나타나서 믿음으로 믿음에 이르게 하나니 기록된바 오직 의인은 믿음으로 말미암아 살리라 함과 같으니라

(갈2:16)사람이 의롭게 되는 것은 율법의 행위에서 난 것이 아니요 오직 예수 그리스도를 믿음으로 말미암는 줄 아는고로 우리도 그리스도 예수를 믿나니 이는 우리가 율법의 행위에서 아니고 그리스도를 믿음으로서 의롭다 함을 얻으려 함이라 율법의 행위로서는 의롭다 함을 얻을 육체가 없느니라

(갈5:4)율법 안에서 의롭다 함을 얻으려 하는 너희는 그리스도에게서 끊

어지고 은혜에서 떨어진 자로다

(빌3:9)그 안에서 발견되려 함이니 내가 가진 의는 율법에서 난 것이 아니요 오직 그리스도를 믿음으로 말미암은 것이니 곧 믿음으로 하나님께로서 난 의라

3. 믿을 때(거듭남)영 안에 들어오신 예수 그리스도께서 믿는 자의 육체에까지 들어가시면 죄를 짓지 않는다.

(롬8:9-10)만일 너희 속에 하나님의 영이 거하시면 너희가 육신에 있지 아니하고 영에 있나니 누구든지 그리스도의 영이 없으면 그리스도의 사람이 아니라 10. 또 그리스도께서 너희 안에 계시면 몸은 죄로 인하여 죽은 것이나 영은 의를 인하여 산 것이니라

(빌2:12-13)그러므로 나의 사랑하는 자들아 너희가 나 있을 때뿐 아니라 더욱 지금 나 없을 때에도 항상 복종하여 두렵고 떨림으로 너희 구원을 이루라 13. 너희 안에서 행하시는 이는 하나님이시니 자기의 기쁘신 뜻을 위하여 너희로 소원을 두고 행하게 하시나니

(갈4:19)나의 자녀들아 너희 속에 그리스도의 형상이 이루기까지 다시 너희를 위하여 해산하는 수고를 하노니

(롬12:1)그러므로 형제들아 내가 하나님의 모든 자비하심으로 너희를 권하노니 너희 몸을 하나님이 기뻐하시는 거룩한 산 제사로 드리라 이는 너희의 드릴 영적 예배니라

(빌1:20-21)나의 간절한 기대와 소망을 따라 아무 일에든지 부끄럽지 아니하고 오직 전과 같이 이제도 온전히 담대하여 살든지 죽든지 내 몸에서 그리스도가 존귀히 되게 하려 하나니 21. 이는 내게 사는 것이 그리스도니

죽는 것도 유익함이니라

 (히10:9~14)그 후에 말씀하시기를 보시옵소서 내가 하나님의 뜻을 행하러 왔나이다 하셨으니 그 첫 것을 폐하심은 둘째 것을 세우려 하심이니라 10. 이 뜻을 좇아 예수 그리스도의 몸을 단번에 드리심으로 말미암아 우리가 거룩함을 얻었노라 11. 제사장마다 매일 서서 섬기며 자주 같은 제사를 드리되 이 제사는 언제든지 죄를 없게 하지 못하거니와 12. 오직 그리스도는 죄를 위하여 한 영원한 제사를 드리시고 하나님 우편에 앉으사 13. 그 후에 자기 원수들로 자기 발등상이 되게 하실 때까지 기다리시나니 14. 저가 한 제물로 거룩하게 된 자들을 영원히 온전케 하셨느니라

 (고후5:14~17)그리스도의 사랑이 우리를 강권하시는도다 우리가 생각건대 한 사람이 모든 사람을 대신하여 죽었은즉 모든 사람이 죽은 것이라 15. 저가 모든 사람을 대신하여 죽으심은 산 자들로 하여금 다시는 저희 자신을 위하여 살지 않고 오직 저희를 대신하여 죽었다가 다시 사신 자를 위하여 살게 하려 함이니라 16. 그러므로 우리가 이제부터는 아무 사람도 육체대로 알지 아니하노라 비록 우리가 그리스도도 육체대로 알았으나 이제부터는 이같이 알지 아니하노라 17. 그런즉 누구든지 그리스도 안에 있으면 새로운 피조물이라 이전 것은 지나갔으니 보라 새 것이 되었도다

제6강
선한 분은 오직 하나님 한 분뿐이다

제6강

선한 분은 오직 하나님 한 분뿐이다

"사람이 선하게 되려면 하나님이 그 사람의 내용이 되셔야 합니다"

⚜ 아담의 후손은 다 죄인이기에 사람이 선하게 되려면 죄 없으신 하나님이 그 사람 속에 들어와서 나를 대신하여 사셔야 합니다.

「눅18장」 부자 관원과 「눅19장」 삭개오 사건을 통해서.

1. 두 부자 중 삭개오는 구원받고 부자 관원은 구원받지 못한 이유.

(눅18:18-19) 어떤 관원이 물어 가로되 선한 선생님이여 내가 무엇을 하여야 영생을 얻으리이까 19. 예수께서 이르시되 네가 어찌하여 나를 선하다 일컫느냐 하나님 한 분 외에는 선한 이가 없느니라

(눅19:1~8) 예수께서 여리고로 들어 지나가시더라 2. 삭개오라 이름하는 자가 있으니 세리장이요 또한 부자라 3. 저가 예수께서 어떠한 사람인가 하여 보고자 하되 키가 작고 사람이 많아 할 수 없어 4. 앞으로 달려가 보기 위하여 뽕나무에 올라가니 이는 예수께서 그리로 지나가시게 됨이러라 5. 예수께서 그곳에 이르사 우러러 보시고 이르시되 삭개오야 속히 내려오라 내가 오늘 네 집에 유하여야 하겠다 6. 급히 내려와 즐거워하며 영접하거늘 7. 뭇사람이 보고 수군거려 가로되 저가 죄인의 집에 유하러 들어갔도다 하더라 8. 삭개오가 서서 주께 여짜오되 주여 보시옵소서 내 소유의

절반을 가난한 자들에게 주겠사오며 만일 뉘 것을 토색한 일이 있으면 사 배나 갚겠나이다

(눅6:45) 선한 사람은 마음의 쌓은 선에서 선을 내고 악한 자는 그 쌓은 악에서 악을 내나니 이는 마음의 가득한 것을 입으로 말함이니라

(행11:24) 바나바는 착한 사람이요 성령과 믿음이 충만한 자라 이에 큰 무리가 주께 더하더라

(고후9:8) 하나님이 능히 모든 은혜를 너희에게 넘치게 하시나니 이는 너희로 모든 일에 항상 모든 것이 넉넉하여 모든 착한 일을 넘치게 하게 하려 하심이라

(빌1:6) 너희 속에 착한 일을 시작하신 이가 그리스도 예수의 날까지 이루실 줄을 우리가 확신하노라

(딤전1:19) 믿음과 착한 양심을 가지라 어떤 이들이 이 양심을 버렸고 그 믿음에 관하여는 파선하였느니라

✞ 사람이 속에다 선을 쌓기 위해서는 선한 분인 하나님을 마음속에 모셔 들여야 합니다. 성경은 분명히 말씀하시기를 선한 분은 하나님 한 분밖에 없기 때문에 사람이 선하게 되기 위해서는 **(롬9:5)** 이 사람은 행위 자체가 선으로 나오기 마련입니다. 아담의 후손인 사람은 태어날 때부터 **(시51:5)** 죄 중에 잉태되고 죄 중에 출생했기에 **(창8:21)** 에 보면 사람의 마음은 어려서부터 그 마음에 계획하는 바가 악하다고 했습니다.

(엡2:10) 우리는 그의 만드신바라 그리스도 예수 안에서 선한 일을 위하여 지으심을 받은 자니 이 일은 하나님이 전에 예비하사 우리로 그 가운데서 행하게 하려 하심이니라

(고후5:14~21) 그리스도의 사랑이 우리를 강권하시는도다 우리가 생각

건대 한 사람이 모든 사람을 대신하여 죽었은즉 모든 사람이 죽은 것이라 15. 저가 모든 사람을 대신하여 죽으심은 산 자들로 하여금 다시는 저희 자신을 위하여 살지 않고 오직 저희를 대신하여 죽었다가 다시 사신 자를 위하여 살게 하려 함이니라 17. 그런즉 누구든지 그리스도 안에 있으면 새로운 피조물이라 이전 것은 지나갔으니 보라 새것이 되었도다 21. 하나님이 죄를 알지도 못하신 자로 우리를 대신하여 죄를 삼으신 것은 우리로 하여금 저의 안에서 하나님의 의가 되게 하려 하심이니라

(롬7:6~9)이제는 우리가 얽매였던 것에 대하여 죽었으므로 율법에서 벗어났으니 이러므로 우리가 영의 새로운 것으로 섬길 것이요 의문의 묵은 것으로 아니할찌니라 9. 전에 법을 깨닫지 못할 때에는 내가 살았더니 계명이 이르매 죄는 살아나고 나는 죽었도다

2. 예수의 살과 피를 먹고 마셔야 생명이 있다고 함.

♰ 예수님의 살(진리)과 피(생명, 선)란 하나님의 선과 진리를 말합니다.

(요6:51~57)나는 하늘로서 내려온 산 떡이니 사람이 이 떡을 먹으면 영생하리라 나의 줄 떡은 곧 세상의 생명을 위한 내 살이로라 하시니라 52. 이러므로 유대인들이 서로 다투어 가로되 이 사람이 어찌 능히 제 살을 우리에게 주어 먹게 하겠느냐 53. 예수께서 이르시되 내가 진실로 진실로 너희에게 이르노니 인자의 살을 먹지 아니하고 인자의 피를 마시지 아니하면 너희 속에 생명이 없느니라 54. 내 살을 먹고 내 피를 마시는 자는 영생을 가졌고 마지막 날에 내가 그를 다시 살리리니 55. 내 살은 참된 양식이요 내 피는 참된 음료로다 56. 내 살을 먹고 내 피를 마시는 자는 내 안에 거

하고 나도 그 안에 거하나니 57. 살아계신 아버지께서 나를 보내시매 내가 아버지로 인하여 사는 것 같이 나를 먹는 그 사람도 나로 인하여 살리라

(요6:40)내 아버지의 뜻은 아들을 보고 믿는 자마다 영생을 얻는 이것이니 마지막 날에 내가 이를 다시 살리리라 하시니라

(요1서5:18~20)하나님께로서 난 자마다 범죄치 아니하는 줄을 우리가 아노라 하나님께로서 나신 자가 저를 지키시매 악한 자가 저를 만지지도 못하느니라 19. 또 아는 것은 우리는 하나님께 속하고 온 세상은 악한 자 안에 처한 것이며 20. 또 아는 것은 하나님의 아들이 이르러 우리에게 지각을 주사 우리로 참된 자를 알게 하신 것과 또한 우리가 참된 자 곧 그의 아들 예수 그리스도 안에 있는 것이니 그는 참 하나님이시요 영생이시라

3. 성도들이 하나님의 말씀을 지키지 못하고 죄를 짓는 이유.

(롬7:9~19)전에 법을 깨닫지 못할 때에는 내가 살았더니 계명이 이르매 죄는 살아나고 나는 죽었도다 10. 생명에 이르게 할 그 계명이 내게 대하여 도리어 사망에 이르게 하는 것이 되었도다 11. 죄가 기회를 타서 계명으로 말미암아 나를 속이고 그것으로 나를 죽였는지라 12. 이로 보건대 율법도 거룩하며 계명도 거룩하며 의로우며 선하도다 13. 그런즉 선한 것이 내게 사망이 되었느뇨 그럴 수 없느니라 오직 죄가 죄로 드러나기 위하여 선한 그것으로 말미암아 나를 죽게 만들었으니 이는 계명으로 말미암아 죄로 심히 죄되게 하려 함이니라 14. 우리가 율법은 신령한 줄 알거니와 나는 육신에 속하여 죄 아래 팔렸도다 15.나의 행하는 것을 내가 알지 못하노니 곧 원하는 이것은 행하지 아니하고 도리어 미워하는 그것을 함이라 17. 이제는 이것을 행하는 자가 내가 아니요 내 속에 거하는 죄니라 19.

내가 원하는 바 선은 하지 아니하고 도리어 원치 아니하는 바 악은 행하는 도다

(요1서2:3~5)우리가 그의 계명을 지키면 이로써 우리가 저를 아는 줄로 알 것이요 4. 저를 아노라 하고 그의 계명을 지키지 아니하는 자는 거짓말하는 자요 진리가 그 속에 있지 아니하되 5. 누구든지 그의 말씀을 지키는 자는 하나님의 사랑이 참으로 그 속에서 온전케 되었나니 이로써 우리가 저 안에 있는 줄을 아노라

(마3:11~17)대답하여 가라사대 천국의 비밀을 아는 것이 너희에게는 허락되었으나 저희에게는 아니되었나니 12. 무릇 있는 자는 받아 넉넉하게 되되 무릇 없는 자는 그 있는 것도 빼앗기리라 13. 그러므로 내가 저희에게 비유로 말하기는 저희가 보아도 보지 못하며 들어도 듣지 못하며 깨닫지 못함이니라 14. 이사야의 예언이 저희에게 이루었으니 일렀으되 너희가 듣기는 들어도 깨닫지 못할 것이요 보기는 보아도 알지 못하리라 15. 이 백성들의 마음이 완악하여져서 그 귀는 듣기에 둔하고 눈은 감았으니 이는 눈으로 보고 귀로 듣고 마음으로 깨달아 돌이켜 내게 고침을 받을까 두려워함이라 하였느니라 16. 그러나 너희 눈은 봄으로, 너희 귀는 들음으로 복이 있도다 17. 내가 진실로 너희에게 이르노니 많은 선지자와 의인이 너희 보는 것들을 보고자 하여도 보지 못하였고 너희 듣는 것들을 듣고자 하여도 듣지 못하였느니라

(롬14:7-8)우리 중에 누구든지 자기를 위하여 사는 자가 없고 자기를 위하여 죽는 자도 없도다 8. 우리가 살아도 주를 위하여 살고 죽어도 주를 위하여 죽나니 그러므로 사나 죽으나 우리가 주의 것이로라

(롬6:12~14)그러므로 너희는 죄로 너희 죽을 몸에 왕노릇하지 못하게 하여 몸의 사욕을 순종치 말고 13. 또한 너희 지체를 불의의 병기로 죄에게 드리지 말고 오직 너희 자신을 죽은 자 가운데서 다시 산 자 같이 하나님께

드리며 너희 지체를 의의 병기로 하나님께 드리라 14.죄가 너희를 주관치 못하리니 이는 너희가 법 아래 있지 아니하고 은혜 아래 있음이니라

(엡4:20~27) 오직 너희는 그리스도를 이같이 배우지 아니하였느니라 21. 진리가 예수 안에 있는 것 같이 너희가 과연 그에게서 듣고 또한 그 안에서 가르침을 받았을찐대 22. 너희는 유혹의 욕심을 따라 썩어져 가는 구습을 좇는 옛 사람을 벗어 버리고 23. 오직 심령으로 새롭게 되어 24. 하나님을 따라 의와 진리의 거룩함으로 지으심을 받은 새 사람을 입으라 25. 그런즉 거짓을 버리고 각각 그 이웃으로 더불어 참된 것을 말하라 이는 우리가 서로 지체가 됨이니라 26. 분을 내어도 죄를 짓지 말며 해가 지도록 분을 품지 말고 27. 마귀로 틈을 타지 못하게 하라

제7강
하나님의 온전하심과 같이 온전한 자가 되라

제7강
하나님의 온전하심과 같이 온전한 자가 되라

⋮

1. 원수를 사랑하는 자들과 핍박하는 자를 위해 기도하는 자는 하나님의 아들이다.

⇧예수 그리스도는 사람이면서 **(롬5:15)**또한 하나님이십니다. **(롬9:5)**그런데도 예수님께서는 예수님같이 온전한 자 되라고 말씀하시지 않고 하늘에 계신 아버지의 온전하심과 같이 온전한 자 되라고 하셨습니다. 하나님의 경륜을 모르고 이 말씀을 듣거나 읽으면 이해가 안 됩니다. 그러나 하나님의 경륜 안에서 이 말씀을 들으면 쉽게 이해가 됩니다. 하나님의 경륜이란 한 분 하나님이 하나님 아들 되시고 또 하나님의 아들들이 되는 것이 하나님의 경륜입니다. 하나님이 사람 되시고 사람 되신 예수 그리스도가 바로 하나님의 아들 되시고 하나님의 아들이신 예수 그리스도께서 사람 속에 들어와 그 사람의 내용 되시고 실제가 되시니 이렇게 되면 하늘에 계신 아버지의 온전하심과 같이 온전한 자가 되는 것입니다.

(마5:44-45)나는 너희에게 이르노니 너희 원수를 사랑하며 너희를 핍박하는 자를 위하여 기도하라 45. 이같이 한즉 하늘에 계신 너희 아버지의 아들이 되리니 이는 하나님이 그 해를 악인과 선인에게 비취게 하시며 비를 의로운 자와 불의한 자에게 내리우심이니라

(마5:48)그러므로 하늘에 계신 너희 아버지의 온전하심과 같이 너희도 온전하라

(신18:13)너는 네 하나님 여호와 앞에 완전하라

(살전5:22)악은 모든 모양이라도 버리라

(벧전1:15~16)오직 너희를 부르신 거룩한 자처럼 너희도 모든 행실에 거룩한 자가 되라 16. 기록하였으되 내가 거룩하니 너희도 거룩할찌어다 하셨느니라

(요1서2:3~6)우리가 그의 계명을 지키면 이로써 우리가 저를 아는 줄로 알 것이요 4. 저를 아노라 하고 그의 계명을 지키지 아니하는 자는 거짓말하는 자요 진리가 그 속에 있지 아니하되 5. 누구든지 그의 말씀을 지키는 자는 하나님의 사랑이 참으로 그 속에서 온전케 되었나니 이로써 우리가 저 안에 있는 줄을 아노라 6. 저 안에 거한다 하는 자는 그의 행하시는 대로 자기도 행할찌니라

(고후5:14-15)그리스도의 사랑이 우리를 강권하시는도다 우리가 생각건대 한 사람이 모든 사람을 대신하여 죽었은즉 모든 사람이 죽은 것이라 15. 저가 모든 사람을 대신하여 죽으심은 산 자들로 하여금 다시는 저희 자신을 위하여 살지 않고 오직 저희를 대신하여 죽었다가 다시 사신 자를 위하여 살게 하려 함이니라

(창17:1-10)아브람의 구십 구세 때에 여호와께서 아브람에게 나타나서 그에게 이르시되 나는 전능한 하나님이라 너는 내 앞에서 행하여 완전하라 2. 내가 내 언약을 나와 너 사이에 세워 너로 심히 번성케 하리라 하시니 3. 아브람이 엎드린대 하나님이 또 그에게 일러 가라사대 4. 내가 너와 내 언약을 세우니 너는 열국의 아비가 될찌라

(엡3:2~4)너희를 위하여 내게 주신 하나님의 그 은혜의 경륜을 너희가 들었을 터이라 3. 곧 계시로 내게 비밀을 알게 하신 것은 내가 이미 대강 기록함과 같으니 4. 이것을 읽으면 그리스도의 비밀을 내가 깨달은 것을 너희가 알 수 있으리라

2. 예수님이 바로 아버지요 아들이라고 믿는 자들이 하늘에 계신 아버지와 같이 온전한 자가 되어야 한다.

(사9:6)예수 안에 용납되는 삼위일체를 알아야 한다.
(고후5:17)그런즉 누구든지 그리스도 안에 있으면 새로운 피조물이라 이전 것은 지나갔으니 보라 새것이 되었도다

✞ 이상의 말씀을 보면 이전 것은 지나갔다고 합니다. 이전 것이 무엇입니까? 바로 만물보다 거짓되고 부패한 사람의 마음입니다.**(렘7:9)**죄 중에 출생한 사람입니다 **(시51:5)**사람은 태어날 때부터 죄 중에 태어나고 죄 중에 잉태했기 때문에 죄성, 독성, 악성이 가득합니다. 이러한 사람들이 예수님께서 십자가에 못 박히실 때 같이 **(갈2:20)**못 박혀 죽었기 때문에 이전 것은 지나갔으니 새것이 되었다고 합니다. 이전 것은 아담으로 물려받은 옛사람을 말하고 새로운 피조물이란 예수 그리스도께서 믿는 자 안에 들어오시어 믿는 자의 생명이 되는 것을 말합니다. 예수 그리스도는 하나님께서 낳으신 분입니다.

(히1:5)하나님께서 어느 때에 천사 중 누구에게 네가 내 아들이라 오늘날 내가 너를 낳았다 하셨으며 또 다시 나는 그에게 아버지가 되고 그는 내게 아들이 되리라 하셨느뇨
(히5:5)오직 말씀하신 이가 저더러 이르시되 너는 내 아들이니 내가 오늘날 너를 낳았다 하셨고
(사9:6)이는 한 아기가 우리에게 났고 한 아들을 우리에게 주신바 되었는데 그 어깨에는 정사를 메었고 그 이름은 기묘자라, 모사라, 전능하신 하나님이라, 영존하시는 아버지라, 평강의 왕이라 할 것임이라

(빌2:6-7)그는 근본 하나님의 본체시나 하나님과 동등됨을 취할 것으로 여기지 아니하시고 7. 오히려 자기를 비어 종의 형체를 가져 사람들과 같이 되었고

(롬9:5)조상들도 저희 것이요 육신으로 하면 그리스도가 저희에게서 나셨으니 저는 만물 위에 계셔 세세에 찬양을 받으실 하나님이시니라 아멘

(요1:14)말씀이 육신이 되어 우리 가운데 거하시매 우리가 그 영광을 보니 아버지의 독생자의 영광이요 은혜와 진리가 충만하더라

(딛2:13-14)복스러운 소망과 우리의 크신 하나님 구주 예수 그리스도의 영광이 나타나심을 기다리게 하셨으니 14. 그가 우리를 대신하여 자신을 주심은 모든 불법에서 우리를 구속하시고 우리를 깨끗하게 하사 선한 일에 열심하는 친 백성이 되게 하려 하심이니라

(딤전6:15)기약이 이르면 하나님이 그의 나타나심을 보이시리니 하나님은 복되시고 홀로 한 분이신 능하신 자이며 만왕의 왕이시며 만주의 주시요

3. 누가 하늘에 계신 아버지와 같이 온전해질 수 있을까?

(히9:28)이와 같이 그리스도도 많은 사람의 죄를 담당하시려고 단번에 드리신바 되셨고 구원에 이르게 하기 위하여 죄와 상관없이 자기를 바라는 자들에게 두 번째(재림) 나타나시리라

(요15:1~6)내가 참 포도나무요 내 아버지는 그 농부라 2. 무릇 내게 있어 과실을 맺지 아니하는 가지는 아버지께서 이를 제해 버리시고 무릇 과실을 맺는 가지는 더 과실을 맺게 하려 하여 이를 깨끗케 하시느니라 3. 너희는 내가 일러준 말로 이미 깨끗하였으니 4. 내 안에 거하라 나도 너희 안에 거하리라 가지가 포도나무에 붙어 있지 아니하면 절로 과실을 맺을 수 없음

같이 너희도 내 안에 있지 아니하면 그러하리라 5.나는 포도나무요 너희는 가지니 저가 내 안에, 내가 저 안에 있으면 이 사람은 과실을 많이 맺나니 나를 떠나서는 너희가 아무것도 할 수 없음이라 6. 사람이 내 안에 거하지 아니하면 가지처럼 밖에 버리워 말라지나니 사람들이 이것을 모아다가 불에 던져 사르느니라

(롬8:9~11)만일 너희 속에 하나님의 영이 거하시면 너희가 육신에 있지 아니하고 영에 있나니 누구든지 그리스도의 영이 없으면 그리스도의 사람이 아니라 10. 또 그리스도께서 너희 안에 계시면 몸은 죄로 인하여 죽은 것이나 영은 의를 인하여 산 것이니라 11. 예수를 죽은 자 가운데서 살리신 이의 영이 너희 안에 거하시면 그리스도 예수를 죽은 자 가운데서 살리신 이가 너희 안에 거하시는 그의 영으로 말미암아 너희 죽을 몸도 살리시리라

(고후13:5)너희가 믿음에 있는가 너희 자신을 시험하고 너희 자신을 확증하라 예수 그리스도께서 너희 안에 계신 줄을 너희가 스스로 알지 못하느냐 그렇지 않으면 너희가 버리운 자니라

(엡3:17)믿음으로 말미암아 그리스도께서 너희 마음에 계시게 하옵시고 너희가 사랑 가운데서 뿌리가 박히고 터가 굳어져서

(갈2:20)내가 그리스도와 함께 십자가에 못 박혔나니 그런즉 이제는 내가 산 것이 아니요 오직 내 안에 그리스도께서 사신 것이라 이제 내가 육체 가운데 사는 것은 나를 사랑하사 나를 위하여 자기 몸을 버리신 하나님의 아들을 믿는 믿음 안에서 사는 것이라

(갈5:24)그리스도 예수의 사람들은 육체와 함께 그 정과 욕심을 십자가에 못 박았느니라

(갈6:14)그러나 내게는 우리 주 예수 그리스도의 십자가 외에 결코 자랑할 것이 없으니 그리스도로 말미암아 세상이 나를 대하여 십자가에 못 박

히고 내가 또한 세상을 대하여 그러하니라

(골3:3~4)이는 너희가 죽었고 너희 생명이 그리스도와 함께 하나님 안에 감취었음이니라 4. 우리 생명이신 그리스도께서 나타나실 그 때에 너희도 그와 함께 영광 중에 나타나리라

4. 하나님께서 타락한 인간의 죄성, 악성, 부패성, 타락성을 깨닫고 알아야 한다.

(시51:5)내가 죄악 중에 출생하였음이여 모친이 죄 중에 나를 잉태하였나이다

(롬3:10~12)기록한바 의인은 없나니 하나도 없으며 11. 깨닫는 자도 없고 하나님을 찾는 자도 없고 12. 다 치우쳐 한가지로 무익하게 되고 선을 행하는 자는 없나니 하나도 없도다

(사1:2~4)하늘이여 들으라 땅이여 귀를 기울이라 여호와께서 말씀하시기를 내가 자식을 양육하였거늘 그들이 나를 거역하였도다 3. 소는 그 임자를 알고 나귀는 주인의 구유를 알건마는 이스라엘은 알지 못하고 나의 백성은 깨닫지 못하는도다 하셨도다 4. 슬프다 범죄한 나라요 허물 진 백성이요 행악의 종자요 행위가 부패한 자식이로다 그들이 여호와를 버리며 이스라엘의 거룩한 자를 만홀히 여겨 멀리하고 물러갔도다

(롬1:28~32)또한 저희가 마음에 하나님 두기를 싫어하매 하나님께서 저희를 그 상실한 마음대로 내어 버려두사 합당치 못한 일을 하게 하셨으니 29. 곧 모든 불의, 추악, 탐욕, 악의가 가득한 자요 시기, 살인, 분쟁, 사기, 악독이 가득한 자요 수군수군하는 자요 30. 비방하는 자요 하나님의 미워하시는 자요 능욕하는 자요 교만한 자요 자랑하는 자요 악을 도모하는 자

요 부모를 거역하는 자요 31. 우매한 자요 배약하는 자요 무정한 자요 무자비한 자라 32. 저희가 이같은 일을 행하는 자는 사형에 해당하다고 하나님의 정하심을 알고도 자기들만 행할 뿐 아니라 또한 그 일을 행하는 자를 옳다 하느니라

(딤후3:1~5) 네가 이것을 알라 말세에 고통하는 때가 이르리니 2. 사람들은 자기를 사랑하며 돈을 사랑하며 자긍하며 교만하며 훼방하며 부모를 거역하며 감사치 아니하며 거룩하지 아니하며 3. 무정하며 원통함을 풀지 아니하며 참소하며 절제하지 못하며 사나우며 선한 것을 좋아 아니하며 4. 배반하여 팔며 조급하며 자고하며 쾌락을 사랑하기를 하나님 사랑하는 것보다 더하며 5. 경건의 모양은 있으나 경건의 능력은 부인하는 자니 이같은 자들에게서 네가 돌아서라

(갈5:19) 육체의 일은 현저하니 곧 음행과 더러운 것과 호색과

(욥25:6) 하물며 벌레인 사람, 구더기인 인생이랴

(딤전1:15) 미쁘다 모든 사람이 받을 만한 이 말이여 그리스도 예수께서 죄인을 구원하시려고 세상에 임하셨다 하였도다 죄인 중에 내가 괴수니라

(사41:14-15) 지렁이 같은 너 야곱아, 너희 이스라엘 사람들아 두려워 말라 나 여호와가 말하노니 내가 너를 도울 것이라 네 구속자는 이스라엘의 거룩한 자니라 15. 보라 내가 너로 이가 날카로운 새 타작 기계를 삼으리니 네가 산들을 쳐서 부스러기를 만들 것이며 작은 산들로 겨 같게 할 것이라

(롬6:3~5) 무릇 그리스도 예수와 합하여 세례를 받은 우리는 그의 죽으심과 합하여 세례 받은 줄을 알지 못하느뇨 4. 그러므로 우리가 그의 죽으심과 합하여 세례를 받음으로 그와 함께 장사되었나니 이는 아버지의 영광으로 말미암아 그리스도를 죽은 자 가운데서 살리심과 같이 우리로 또한 새 생명 가운데서 행하게 하려 함이니라 5. 만일 우리가 그의 죽으심을 본받아 연합한 자가 되었으면 또한 그의 부활을 본받아 연합한 자가 되리라

(골2:11-12)또 그 안에서 너희가 손으로 하지 아니한 할례를 받았으니 곧 육적 몸을 벗는 것이요 그리스도의 할례니라 12. 너희가 세례로 그리스도와 함께 장사한바 되고 또 죽은 자들 가운데서 그를 일으키신 하나님의 역사를 믿음으로 말미암아 그 안에서 함께 일으키심을 받았느니라

제8강
예수보다 더 큰일 하는 자

제8강
예수보다 더 큰일 하는 자

⋮

1. 예수보다 더 큰일 하는 자가 되기 위한 방법.

(요14:12) 내가 진실로 진실로 너희에게 이르노니 나를 믿는 자는 나의 하는 일을 저도 할 것이요 또한 이보다 큰 것도 하리니 이는 내가 아버지께로 감이니라

✞ 하나님의 경륜을 잘 모르면 사람이 불손하게 하나님이신 예수님보다 더 큰 일을 할 수 있겠느냐고 비판을 할 것입니다. 예수님이 말씀하신 경륜 안에서 이해한다면 아무 문제가 없습니다. 믿는 자는 제2의 예수가 되는 것입니다. 그러기에 믿는 자들은 예수님과 한 형제가 된다고 말씀합니다.

(롬8:29) 하나님이 미리 아신 자들로 또한 그 아들의 형상을 본받게 하기 위하여 미리 정하셨으니 이는 그로 많은 형제 중에서 맏아들이 되게 하려 하심이니라

(히2:11) 거룩하게 하시는 자와 거룩하게 함을 입은 자들이 다 하나에서 난지라 그러므로 형제라 부르시기를 부끄러워 아니하시고

✞ 이상의 말씀을 보면 예수님을 믿는 자들과 예수님은 형제가 된다고 말씀합니다. 사람으로서는 불가능합니다. 그러나 하나님은 가능합니다. 믿는

자들이 예수님과 한 형제가 되기 위해서는 예수 그리스도께서 영으로 믿는 자 안에 들어오셔야 합니다. **(갈4:6)**예수 그리스도께서는 **(롬8:9)**영으로 믿는 자 안에 들어와 사시니**(빌1:20-21)**믿는 자 안에 예수 그리스도의 영이나 예수 그리스도 안에 있는 영이 한 영이기 때문에 성경은 예수 그리스도와 믿는 자가 한 영이라고 말씀합니다.

(고전6:17)주와 합하는 자는 한 영이니라

✞ **예수 그리스도의 영과 사람의 영이 어떻게 연합하는 것일까?**
그리스도의 영과 사람의 영이 합하는 것입니다. 예수 그리스도의 몸과 사람의 몸은 합할 수 없으나 생명과 생명은 합할 수 있습니다. 하늘에 앉아 계시는 예수 그리스도는 몸으로 보좌에 앉아 계시고 믿는 자들에게 들어오시는 예수 그리스도는 영은 생명이 들어오시는 것입니다. 주의 영과 사람의 영이 합해져서 하나가 되는데 누구 영으로 하나가 되느냐면 그리스도의 영으로 하나가 되는 것입니다.

(갈2:20)내가 그리스도와 함께 십자가에 못 박혔나니 그런즉 이제는 내가 산 것이 아니요 오직 내 안에 그리스도께서 사신 것이라

✞ 이상의 말씀과 같이 사람의 영과 주의 영. 즉, 그리스도의 영과 하나가 됩니다. 사람의 영은 그리스도의 영 안으로 들어가 버리고 그리스도가 믿는 자의 생명이 되는 것입니다.

(골3:3-4)이는 너희가 죽었고 너희 생명이 그리스도와 함께 하나님 안에 감취었음이라

✝ 우리 생명이신 그리스도께서 그리스도는 우리 믿는 자의 생명이시다.

(고전2:16)누가 주의 마음을 알아서 주를 가르치겠느냐 그러나 우리가 그리스도의 마음을 가졌느니라

(요6:62-63)그러면 인자가 이전 있던 곳으로 올라가는 것을 볼 것 같으면 어찌하려느냐 63. 살리는 것은 영이니 육은 무익하니라 내가 너희에게 이른 말이 영이요 생명이라

(요17:11~13)나는 세상에 더 있지 아니하오나 저희는 세상에 있사옵고 나는 아버지께로 가옵나니 거룩하신 아버지여 내게 주신 아버지의 이름으로 저희를 보전하사 우리와 같이 저희도 하나가 되게 하옵소서 12. 내가 저희와 함께 있을 때에 내게 주신 아버지의 이름으로 저희를 보전하와 지키었나이다 그 중에 하나도 멸망치 않고 오직 멸망의 자식뿐이오니 이는 성경을 응하게 함이니이다 13. 지금 내가 아버지께로 가오니 내가 세상에서 이 말을 하옵는 것은 저희로 내 기쁨을 저희 안에 충만히 가지게 하려 함이니이다

(요17:21~23)아버지께서 내 안에, 내가 아버지 안에 있는 것 같이 저희도 다 하나가 되어 우리 안에 있게 하사 세상으로 아버지께서 나를 보내신 것을 믿게 하옵소서 22. 내게 주신 영광을 내가 저희에게 주었사오니 이는 우리가 하나가 된 것 같이 저희도 하나가 되게 하려 함이니이다 23. 곧 내가 저희 안에, 아버지께서 내 안에 계셔 저희로 온전함을 이루어 하나가 되게 하려 함은 아버지께서 나를 보내신 것과 또 나를 사랑하심 같이 저희도 사랑하신 것을 세상으로 알게 하려 함이로소이다

(요14:6)예수께서 가라사대 내가 곧 길이요 진리요 생명이니 나로 말미암지 않고는 아버지께로 올 자가 없느니라

(요14:19~21)조금 있으면 세상은 다시 나를 보지 못할 터이로되 너희는 나를 보리니 이는 내가 살았고 너희도 살겠음이라 20. 그 날에는 내가 아버지 안에, 너희가 내 안에, 내가 너희 안에 있는 것을 너희가 알리라 21. 나의 계명을 가지고 지키는 자라야 나를 사랑하는 자니 나를 사랑하는 자는 내 아버지께 사랑을 받을 것이요 나도 그를 사랑하여 그에게 나를 나타내리라

(요5:26-27)아버지께서 자기 속에 생명이 있음 같이 아들에게도 생명을 주어 그 속에 있게 하셨고 27. 또 인자됨을 인하여 심판하는 권세를 주셨느니라

(요1서5:11-12)또 증거는 이것이니 하나님이 우리에게 영생을 주신 것과 이 생명이 그의 아들 안에 있는 그것이니라 12. 아들이 있는 자에게는 생명이 있고 하나님의 아들이 없는 자에게는 생명이 없느니라

2. 예수님 관에 대해 정확히 알고 믿으면 예수님보다 더 큰일을 할 수 있는 이유.

✞ 다윗, 야곱, 욥, 솔로몬, 바울도 죄인 중에 괴수라. 구더기 벌레 지렁이라.

(사41:14-15)지렁이 같은 너 야곱아, 너희 이스라엘 사람들아 두려워 말라 나 여호와가 말하노니 내가 너를 도울 것이라 네 구속자는 이스라엘의 거룩한 자니라 15. 보라 내가 너로 이가 날카로운 새 타작 기계를 삼으리니 네가 산들을 쳐서 부스러기를 만들 것이며 작은 산들로 겨 같게 할 것이라

(롬8:9)만일 너희 속에 하나님의 영이 거하시면 너희가 육신에 있지 아니하고 영에 있나니 누구든지 그리스도의 영이 없으면 그리스도의 사람이 아니라

(막16:17-18)믿는 자들에게는 이런 표적이 따르리니 곧 저희가 내 이름으로 귀신을 쫓아내며 새 방언을 말하며 18. 뱀을 집으며 무슨 독을 마실찌라도 해를 받지 아니하며 병든 사람에게 손을 얹은즉 나으리라 하시더라

(고전1:30)너희는 하나님께로부터 나서 그리스도 예수 안에 있고 예수는 하나님께로서 나와서 우리에게 지혜와 의로움과 거룩함과 구속함이 되셨으니

3. 믿는 자 속에 그리스도께서 함께 연합하여 사신다.

(딤후2:11-12)미쁘다 이 말이여, 우리가 주와 함께 죽었으면 또한 함께 살 것이요 12. 참으면 또한 함께 왕노릇할 것이요 우리가 주를 부인하면 주도 우리를 부인하실 것이라

(롬6:5)만일 우리가 그의 죽으심을 본받아 연합한 자가 되었으면 또한 그의 부활을 본받아 연합한 자가 되리라

(롬6:8)만일 우리가 그리스도와 함께 죽었으면 또한 그와 함께 살 줄을 믿노니

(롬6:10-11)그의 죽으심은 죄에 대하여 단번에 죽으심이요 그의 살으심은 하나님께 대하여 살으심이니

(골2:12)너희가 세례로 그리스도와 함께 장사한바 되고 또 죽은 자들 가운데서 그를 일으키신 하나님의 역사를 믿음으로 말미암아 그 안에서 함께 일으키심을 받았느니라

(요1서2:6)저 안에 거한다 하는 자는 그의 행하시는대로 자기도 행할찌니라

(히2:11)거룩하게 하시는 자와 거룩함을 입은 자들이 하나에서 난지라

(빌2:13)너희 안에서 행하시는 이는 하나님이시니 자기의 기쁘신 뜻을 위하여 너희로 소원을 두고 행하게 하시나니

4. 기적 중의 기적은 죄를 이기는 것입니다.

✟ 그러나 사람은 절대로 혼자서는 죄를 이기거나 다스릴 수가 없습니다. 예수 그리스도로 존재를 바꾸어서 주님께서 내 안에 오셔서 나를 대신하여 사시면 죄를 이기시고 다스리시고 죄에서 해방이 됩니다.

(롬6:1~4) 그런즉 우리가 무슨 말 하리요 은혜를 더하게 하려고 죄에 거하겠느뇨 2. 그럴 수 없느니라 죄에 대하여 죽은 우리가 어찌 그 가운데 더 살리요 3. 무릇 그리스도 예수와 합하여 세례를 받은 우리는 그의 죽으심과 합하여 세례 받은 줄을 알지 못하느뇨 4. 그러므로 우리가 그의 죽으심과 합하여 세례를 받음으로 그와 함께 장사되었나니 이는 아버지의 영광으로 말미암아 그리스도를 죽은 자 가운데서 살리심과 같이 우리로 또한 새 생명 가운데서 행하게 하려 함이니라

(롬8:1-2) 그러므로 이제 그리스도 예수 안에 있는 자에게는 결코 정죄함이 없나니 2. 이는 그리스도 예수 안에 있는 생명의 성령의 법이 죄와 사망의 법에서 너를 해방하였음이니라

(롬7:14~19) 율법은 신령한 줄 알거니와 나는 육신에 속하여 죄 아래 팔렸도다 15. 나의 행하는 것을 내가 알지 못하노니 곧 원하는 이것을 행치 아니하고 도리어 미워하는 그것을 함이라 17. 이제는 이것을 행하는 자가 내가 아니요 내 안에 거하는 죄니라 19. 내가 원하는바 선은 하지 아니하고 원치 아니하는바 악은 행하는도다

(마5:28) 나는 너희에게 이르노니 여자를 보고 음욕을 품는 자마다 마음에

이미 간음하였느니라

(요1서3:6) 그 안에 거하는 자마다 범죄하지 아니하나니 범죄하는 자마다 그를 보지도 못하였고 그를 알지도 못하였느니라

(요1서3:8-9) 죄를 짓는 자는 마귀에게 속하나니 마귀는 처음부터 범죄함이니라 하나님의 아들이 나타나신 것은 마귀의 일을 멸하려 하심이니라 9. 하나님께로서 난 자마다 죄를 짓지 아니하나니 이는 하나님의 씨가 그의 속에 거함이요 저도 범죄치 못하는 것은 하나님께로서 났음이라

제9강
선지자, 목사, 교사, 복음 전하는 자를 세운 이유?

제9강

선지자, 목사, 교사, 복음 전하는 자를 세운 이유?

1. 목사, 교사, 선지자, 복음 전하는 자를 세운 이유?

♱ 성도를 하나님의 온전하심과 같이 온전하게 되려면 온전하신 주님과 연합되는 방법을 제시하여 존재 바뀐 주님으로 인도받고 살아야 합니다.

(엡4:11~15)그가 혹은 사도로, 혹은 선지자로, 혹은 복음 전하는 자로, 혹은 목사와 교사로 주셨으니 12. 이는 성도를 온전케 하며 봉사의 일을 하게 하며 그리스도의 몸을 세우려 하심이라 13. 우리가 다 하나님의 아들을 믿는 것과 아는 일에 하나가 되어 온전한 사람을 이루어 그리스도의 장성한 분량이 충만한 데까지 이르리니 14. 이는 우리가 이제부터 어린 아이가 되지 아니하여 사람의 궤술과 간사한 유혹에 빠져 모든 교훈의 풍조에 밀려 요동치 않게 하려 함이라 15. 오직 사랑 안에서 참된 것을 하여 범사에 그에게까지 자랄찌라 그는 머리니 곧 그리스도라

♱ 선지자는 신자를 위해 일으켜 세워 하나님 말씀을 선지자의 입에 두고 명령하여 양육시키는 것입니다.

(요12:49-50)내가 내 자의로 말한 것이 아니요 나를 보내신 아버지께서 나의 말할 것과 이를 것을 친히 명령하여 주셨으니 50. 나는 그의 명령이

영생인 줄 아노라 그러므로 나의 이르는 것은 내 아버지께서 내게 말씀하신 그대로 이르노라 하시니라

(요6:62~63)그러면 너희가 인자의 이전 있던 곳으로 올라가는 것을 볼것 같으면 어찌 하려느냐 63. 살리는 것은 영이니 육은 무익하니라 내가 너희에게 이른 말이 영이요 생명이라

(갈3:23~29)믿음이 오기 전에 우리가 율법 아래 매인바 되고 계시될 믿음의 때까지 갇혔느니라 24. 이같이 율법이 우리를 그리스도에게로 인도하는 몽학선생이 되어 우리로 하여금 믿음으로 말미암아 의롭다 함을 얻게 하려 함이니라 25. 믿음이 온 후로는 우리가 몽학선생 아래 있지 아니하도다 26. 너희가 다 믿음으로 말미암아 그리스도 예수 안에서 하나님의 아들이 되었으니 27. 누구든지 그리스도와 합하여 세례를 받은 자는 그리스도로 옷입었느니라 28. 너희는 유대인이나 헬라인이나 종이나 자주자나 남자나 여자 없이 다 그리스도 예수 안에서 하나이니라 29. 너희가 그리스도께 속한 자면 곧 아브라함의 자손이요 약속대로 유업을 이을 자니라

(요6:44~45)나를 보내신 아버지께서 이끌지 아니하면 아무라도 내게 올 수 없으니 오는 그를 내가 마지막 날에 다시 살리리라 45. 선지자의 글에 저희가 다 하나님의 가르치심을 받으리라 기록되었은즉 아버지께 듣고 배운 사람마다 내게로 오느니라

(욥33:16~18)사람의 귀를 여시고 인치듯 교훈하시나니 17. 이는 사람으로 그 꾀를 버리게 하려 하심이며 사람에게 교만을 막으려 하심이라 18. 그는 사람의 혼으로 구덩이에 빠지지 않게 하시며 그 생명으로 칼에 멸망치 않게 하시느니라

(신18:18)너희 중에 선지자 하나를 그들을 위하여 일으키고 내 말을 그 입에 두리니 내가 그에게 명하는 것을 그가 무리에게 다 고하니라

(롬14:11~12)기록되었으되 주께서 가라사대 내가 살았노니 모든 무릎이

내게 꿇을 것이요 모든 혀가 하나님께 자백하리라 하였느니라 12. 이러므로 우리 각인이 자기 일을 하나님께 직고하리라

(마7:22-23)그 날에 많은 사람이 나더러 이르되 주여 주여 우리가 주의 이름으로 선지자 노릇하며 주의 이름으로 귀신을 쫓아 내며 주의 이름으로 많은 권능을 행치 아니하였나이까 하리니 23. 그때에 내가 저희에게 밝히 말하되 내가 너희를 도무지 알지 못하니 불법을 행하는 자들아 내게서 떠나가라 하리라

(마13:49-50)세상 끝에도 이러하리라 천사들이 와서 의인 중에서 악인을 갈라 내어 50. 풀무 불에 던져 넣으리니 거기서 울며 이를 갊이 있으리라

(마13:11~13)대답하여 가라사대 천국의 비밀을 아는 것이 너희에게는 허락되었으나 저희에게는 아니되었나니 12. 무릇 있는 자는 받아 넉넉하게 되되 무릇 없는 자는 그 있는 것도 빼앗기리라 13. 그러므로 내가 저희에게 비유로 말하기는 저희가 보아도 보지 못하며 들어도 듣지 못하며 깨닫지 못함이니라

(삼상10:10)그들이 산에 이를 때에 선지자의 무리가 그를 영접하고 하나님의 신이 사울에게 크게 임하므로 그가 그들 중에서 예언을 하니

(민22:30)나귀가 발람에게 이르되 나는 네가 오늘까지 네 일생에 타는 나귀가 아니냐 내가 언제든지 네게 이같이 하는 행습이 있더냐 가로되 없었느니라

✞ 이와 같이 나귀가 방언을 했다고 해서 하나님의 아들이 될 수 없는 법입니다. 많은 신자들이 하나님의 생명이 없으면서 은사로만 일하므로 많은 기사와 이적을 행하고도 버림을 당하게 됩니다.

2. 은사(이적과 표적)는 생명과는 다른 것이다.

(고전12:27~31)너희는 그리스도의 몸이요 지체의 각 부분이라 28. 하나님이 교회 중에 몇을 세우셨으니 첫째는 사도요 둘째는 선지자요 세째는 교사요 그 다음은 능력이요 그 다음은 병 고치는 은사와 서로 돕는 것과 다스리는 것과 각종 방언을 하는 것이라 29. 다 사도겠느냐 다 선지자겠느냐 다 교사겠느냐 다 능력을 행하는 자겠느냐 30. 다 병 고치는 은사를 가진 자겠느냐 다 방언을 말하는 자겠느냐 다 통역하는 자겠느냐 31. 너희는 더욱 큰 은사를 사모하라 내가 또한 제일 좋은 길을 너희에게 보이리라

✞ 큰 은사? 예수 그리스도 안에 있는 영생이니라.

(롬6:23)죄의 삯은 사망이요 하나님의 은사는 그리스도 예수 우리 주 안에 있는 영생이니라

(롬8:32)자기 아들을 아끼지 아니하시고 우리 모든 사람을 위하여 내어주신 이가 어찌 그 아들과 함께 모든 것을 우리에게 은사(영생)로 주지 아니하시겠느뇨

(고전13:8~10)사랑은 언제까지든지 떨어지지 아니하나 예언도 폐하고 방언도 그치고 지식도 폐하리라 9. 우리가 부분적으로 알고 부분적으로 예언하니 10. 온전한 것이 올 때에는 부분적으로 하던 것이 폐하리라

✞ 은사는 복음을 증거하기 위해 하나님 자신의 힘과 지혜를 즉 필요한 신자에게 나누어 주어 복음을 증거하는 데 도움이 되도록 신자의 내면이 아닌 외면(겉)에서 옷을 입고 벗듯 입혀 주시는 것입니다.

3. 주님 생명으로 존재를 바꿔야 주님과 같은 인격이 나온다.

✞ 최고의 교육을 받고 하나님의 도를 배운 사울은 부활하신 그리스도의 생명을 **(행9:1~15)**알고 난 후에는 이전의 모든 것을 배설물로 여기고 **(빌3:8~11)**그리스도 예수를 아는 지식의 고상함으로 인하여 그리스도의 생명을 얻고는 선지식과 선입견을 다 버렸습니다.

(빌3:7~11)그러나 무엇이든지 내게 유익하던 것을 내가 그리스도를 위하여 다 해로 여길뿐더러 8. 또한 모든 것을 해로 여김은 내 주 그리스도 예수를 아는 지식이 가장 고상함을 인함이라 내가 그를 위하여 모든 것을 잃어버리고 배설물로 여김은 그리스도를 얻고 9. 그 안에서 발견되려 함이니 내가 가진 의는 율법에서 난 것이 아니요 오직 그리스도를 믿음으로 말미암은 것이니 곧 믿음으로 하나님께로서 난 의라 10. 내가 그리스도와 그 부활의 권능과 그 고난에 참예함을 알려 하여 그의 죽으심을 본받아 11. 어찌하든지 죽은 자 가운데서 부활에 이르려 하노니

(요14:27)평안을 너희에게 끼치노니 곧 나의 평안을 너희에게 주노라 내가 너희에게 주는 것은 세상이 주는 것 같지 아니하니라 너희는 마음에 근심도 말고 두려워하지도 말라

(살전5:16~18)항상 기뻐하라 17. 쉬지 말고 기도하라 18. 범사에 감사하라 이는 그리스도 예수 안에서 너희를 향하신 하나님의 뜻이니라

(빌1:21-22)이는 내게 사는 것이 그리스도니 죽는 것도 유익함이니라 22. 그러나 만일 육신으로 사는 이것이 내 일의 열매일찐대 무엇을 가릴는지 나는 알지 못하노라

(빌4:4~7)주 안에서 항상 기뻐하라 내가 다시 말하노니 기뻐하라 5. 너희 관용을 모든 사람에게 알게 하라 주께서 가까우시니라 6. 아무 것도 염

려하지 말고 오직 모든 일에 기도와 간구로, 너희 구할 것을 감사함으로 하나님께 아뢰라 7. 그리하면 모든 지각에 뛰어난 하나님의 평강이 그리스도 예수 안에서 너희 마음과 생각을 지키시리라.

(골3:9-10)너희가 서로 거짓말을 말라 옛 사람과 그 행위를 벗어버리고 10.새 사람을 입었으니 이는 자기를 창조하신 자의 형상을 좇아 지식에까지 새롭게 하심을 받는 자니라

(골3:17)또 무엇을 하든지 말에나 일에나 다 주 예수의 이름으로 하고 그를 힘입어 하나님 아버지께 감사하라

(엡4:20~22)오직 너희는 그리스도를 이같이 배우지 아니하였느니라 21.진리가 예수 안에 있는 것 같이 너희가 과연 그에게서 듣고 또한 그 안에서 가르침을 받았을찐대 22. 너희는 유혹의 욕심을 따라 썩어져 가는 구습을 좇는 옛 사람을 벗어 버리고 23. 오직 심령으로 새롭게 되어 24. 하나님을 따라 의와 진리의 거룩함으로 지으심을 받은 새 사람을 입으라

제10강
죄 사함의 회개(悔改)와 생명 얻는 회개(悔改)

제10강
죄 사함의 회개(悔改)와 생명 얻는 회개(悔改)

1. 죄 사함의 "회개" 메타노니아(가던 길을 돌이키는).

(눅24:47-48)그의 이름으로 죄 사함을 얻게 하는 회개가 예루살렘으로부터 시작하여 모든 족속에게 전파될 것이 기록되었으니 너희는 이 모든 일의 증인이라

(마26:27-28)또 잔을 가지사 사례하시고 저희에게 주시며 가라사대 너희가 다 이것을 마시라 28. 이것은 죄 사함을 얻게 하려고 많은 사람을 위하여 흘리는바 나의 피 곧 언약의 피니라

(막1:1-4, 15)하나님의 아들 예수 그리스도의 복음의 시작이라 4. 세례 요한이 이르러 광야에서 죄 사함을 받게 하는 회개의 세례를 전파하니
15. 회개하고 복음을 믿으라

(눅3:3)요한이 요단강 부근 각처에 와서 죄 사함을 얻게 하는 회개의 세례를 전파하니

(눅5:32)내가 의인을 부르러 온 것이 아니요 죄인을 불러 회개시키러 왔노라

(눅24:44~48)너희에게 말한바 모세의 율법과 선지자의 글과 시편에 나를 가리켜 기록된 모든 것이 이루어져야 한 말이 이것이라 하시고 45. 이에 저희 마음이 열려 성경을 깨닫게 하시고 46. 또 이르시되 이같이 그리스도

가 고난을 받고 제삼일에 죽은 자 가운데서 살아날 것과 47. 또 그의 이름으로 "죄 사함을 얻게 하는 회개"가 예루살렘으로부터 시작하여 모든 족속에게 전파될 것이 기록되었으니 48. 너희는 이 모든 일의 증인이라

(행4:12) 다른 이로서는 구원을 얻을 수 없나니 천하 인간에 구원을 얻을 만한 다른 이름을 우리에게 주신 일이 없음이니라 하였더라

(행5:31) 이스라엘로 회개케 하사 죄 사함을 얻게 하시려고 그를 오른손으로 높이 사 임금과 구주를 삼으셨느니라 32. 우리는 이 일에 증인이요 하나님이 자기를 순종하는 사람들에게 주신 성령도 그러하니라 하더라

(딤후2:25) 거역하는 자를 온유함으로 징계할찌니 혹 하나님이 저희에게 회개함을 주사 진리를 알게 하실까 하며 26. 저희로 깨어 마귀 올무에서 벗어나 하나님께 사로잡힌바 되어 그 뜻을 좇게 하실까 함이라

2. 복음의 시작은 뼛속까지 회개해야 한다.

(계3:19~22) 무릇 내가 사랑하는 자를 책망하여 징계하노니 그러므로 네가 열심을 내라 회개하라(복음의 시작은 회개로부터 시작됩니다.)

(눅13:3) 너희에게 이르노니 아니라 너희도 만일 회개치 아니하면 다 이와 같이 망하리라

(눅15:7) 내가 너희에게 이르노니 이와 같이 죄인 하나가 회개하면 하늘에서는 회개할 것 없는 의인 아흔 아홉을 인하여 기뻐하는 것보다 더하리라

(사53:5~6) 그가 찔림은 우리의 허물을 인함이요 그가 상함은 우리의 죄악을 인함이라

(시7:12) 사람이 회개치 아니하면 저가 그 칼을 갈으심이여 그 활을 이미 당기어 예비하셨도다

(욥42:6)그러므로 내가 스스로 한하고 티끌과 재 가운데서 회개하나이다
　(겔18:30)나 주 여호와가 말하노라 이스라엘 족속아 내가 너희 각 사람의 행한대로 국문할찌라 너희는 돌이켜 회개하고 모든 죄에서 떠날찌어다 그리한즉 죄악이 너희를 패망케 아니하리라

　(히8:8~10)저희를 허물하여 일렀으되 주께서 가라사대 볼찌어다 날이 이르리니 내가 이스라엘 집과 유다 집으로 새 언약을 세우리라 9. 또 주께서 가라사대 내가 저희 열조들의 손을 잡고 애굽 땅에서 인도하여 내던 날에 저희와 세운 언약과 같지 아니하도다 저희는 내 언약 안에 머물러 있지 아니하므로 내가 저희를 돌아보지 아니하였노라 10. 또 주께서 가라사대 그 날 후에 내가 이스라엘 집으로 세울 언약이 이것이니 내 법을 저희 생각에 두고 저희 마음에 이것을 기록하리라 나는 저희에게 하나님이 되고 저희는 내게 백성이 되리라

3. 생명 얻는 회개.

　(행2:36~38)그런즉 이스라엘 온 집이 정녕 알찌니 너희가 십자가에 못박은 이 예수를 하나님이 주와 그리스도가 되게 하셨느니라 37. 저희가 이 말을 듣고 마음에 찔려 베드로와 다른 사도들에게 물어 가로되 형제들아 우리가 어찌할꼬 하거늘 38. 베드로가 가로되 너희가 회개하여 각각 예수 그리스도의 이름으로 세례를 받고 죄 사함을 얻으라 그리하면 성령을 선물로 받으리니
　(행11:18)저희가 이 말을 듣고 잠잠하여 하나님께 영광을 돌려 가로되 그러면 하나님께서 이방인에게도 생명 얻는 회개를 주셨도다 하니라

(행11:14~18)그가 너와 네 온 집의 구원 얻을 말씀을 네게 이르리라 함을 보았다 하거늘 15. 내가 말을 시작할 때에 성령이 저희에게 임하시기를 처음 우리에게 하신 것과 같이 하는지라 16. 내가 주의 말씀에 요한은 물로 세례 주었으나 너희는 성령으로 세례 받으리라 하신것이 생각났노라 17. 그런즉 하나님이 우리가 주 예수 그리스도를 믿을 때에 주신 것과 같은 선물을 저희에게도 주셨으니 내가 누구관대 하나님을 능히 막겠느냐 하더라 18. 저희가 이 말을 듣고 잠잠하여 하나님께 영광을 돌려 가로되 그러면 "하나님께서 이방인에게도 생명 얻는 회개를 주셨도다 하나라"

4. (계1:1~3)예수 그리스도의 계시라.

(계1:1~3)예수 그리스도의 계시라 이는 하나님이 그에게 주사 반드시 속히 될 일을 그 종들에게 보이시려고 그 천사를 그 종 요한에게 보내어 지시하신 것이라 2. 요한은 하나님의 말씀과 예수 그리스도의 증거 곧 자기의 본 것을 다 증거하였느니라 3. 이 예언의 말씀을 읽는 자와 듣는 자들과 그 가운데 기록한 것을 지키는 자들이 복이 있나니 때가 가까움이라

(눅10:21)이 때에 예수께서 성령으로 기뻐하사 가라사대 천지의 주재이신 아버지여 이것을 지혜롭고 슬기 있는 자들에게는 숨기시고 어린 아이들에게는 나타내심을 감사하나이다 옳소이다 이렇게 된 것이 아버지의 뜻이니이다

(엡1:17~19)우리 주 예수 그리스도의 하나님 영광의 아버지께서 지혜와 계시의 정신을 너희에게 주사 하나님을 알게 하시고 18. 너희 마음에 눈을 밝히사 그의 부르심의 소망이 무엇이며 성도 안에서 그 기업의 영광의 풍성함이 무엇이며 19. 그의 힘의 강력으로 역사하심을 따라 믿는 우리에게

베푸신 능력의 지극히 크심이 어떤 것을 너희로 알게 하시기를 구하노라

(갈1:12) 이는 내가 사람에게서 받은 것도 아니요 오직 예수 그리스도의 계시로 말미암은 것이라

(고전14:6) 그런즉 형제들아 내가 너희에게 나아가서 방언을 말하고 계시나 지식이나 예언이나 가르치는 것이나 말하지 아니하면 너희에게 무엇이 유익하리요

(고후12:1, 7) 1. 무익하나마 내가 부득불 자랑하노니 주의 환상과 계시를 말하리라

7. 여러 계시를 받은 것이 지극히 크므로 너무 자고하지 않게 하시려고 내 육체에 가시 곧 사단의 사자를 주셨으니 이는 나를 쳐서 너무 자고하지 않게 하려 하심이라

5. 성경 속의 세 가지 비밀.

① **(골2:2)** 이는 저희로 마음에 위안을 받고 사랑 안에서 연합하여 원만한 이해의 모든 부요에 이르러 하나님의 비밀인 그리스도를 깨닫게 하려 함이라

② **(골1:27)** 하나님이 그들로 하여금 이 비밀의 영광이 이방인 가운데 어떻게 풍성한 것을 알게 하려 하심이라 이 비밀은 너희 안에 계신 그리스도시니 곧 영광의 소망이니라

③ **(엡5:32)** 이 비밀이 크도다 내가 그리스도와 교회에 대하여 말하노라

(골4:3) 또한 우리를 위하여 기도하되 하나님이 전도할 문을 우리에게 열어 주사 그리스도의 비밀을 말하게 하시기를 구하라 내가 이것을 인하여 매임을 당하였노라

(사9:7) 그 정사와 평강의 더함이 무궁하며 또 다윗의 위에 앉아서 그 나라를 굳게 세우고 지금 이후 영원토록 공평과 정의로 그것을 보존하실 것이라 만군의 여호와의 열심이 이를 이루시리라

(롬9:28) 주께서 땅 위에서 그 말씀을 이루사 필하시고 끝내시리라 하셨느니라

제11강
성경은 하나님의 아들 얻는 이야기

제11강
성경은 하나님의 아들 얻는 이야기

1. 하나님은 다시 산 자의 하나님.

(마22:31~33)죽은 자의 부활을 의논할찐대 하나님이 너희에게 말씀하신 바 32. 나는 아브라함의 하나님이요 이삭의 하나님이요 야곱의 하나님이로라 하신 것을 읽어 보지 못하였느냐 하나님은 죽은 자의 하나님이 아니요 산 자의 하나님이시니라 하시니 33. 무리가 듣고 그의 가르치심에 놀라더라

(요11:25~27)예수께서 가라사대 나는 부활이요 생명이니 나를 믿는 자는 죽어도 살겠고 26. 무릇 살아서 나를 믿는 자는 영원히 죽지 아니하리니 이것을 네가 믿느냐 27. 가로되 주여 그러하외다 주는 그리스도시요 세상에 오시는 하나님의 아들이신 줄 내가 믿나이다

(마8:21-22)제자 중에 또 하나가 가로되 주여 나로 먼저 가서 내 부친을 장사하게 허락하옵소서 22. 예수께서 가라사대 죽은 자들로 저희 죽은 자를 장사하게 하고 너는 나를 좇으라 하시니라

2. 누구든지 그리스도 안에서 새로운 피조물.

(고후5:17)그런즉 누구든지 그리스도 안에 있으면 새로운 피조물이라 이전 것은 지나갔으니 보라 새것이 되었도다

(롬8:19-21) 피조물의 고대하는 바는 하나님의 아들들의 나타나는 것이니 20. 피조물이 허무한데 굴복하는 것은 자기 뜻이 아니요 오직 굴복케 하시는 이로 말미암음이라 21. 그 바라는 것은 피조물도 썩어짐의 종노릇한데서 해방되어 하나님의 자녀들의 영광의 자유에 이르는 것이니라

(롬8:29-30) 하나님이 미리 아신 자들로 또한 그 아들의 형상을 본받게 하기 위하여 미리 정하셨으니 이는 그로 많은 형제 중에서 맏아들이 되게 하려 하심이니라 30. 또 미리 정하신 그들을 또한 부르시고 부르신 그들을 또한 의롭다 하시고 의롭다 하신 그들을 또한 영화롭게 하셨느니라

(고전15:12~17) 그리스도께서 죽은 자 가운데서 다시 살아나셨다 전파되었거늘 너희 중에서 어떤 이들은 어찌하여 죽은 자 가운데서 부활이 없다 하느냐 13. 만일 죽은 자의 부활이 없으면 그리스도도 다시 살지 못하셨으리라 14. 그리스도께서 만일 다시 살지 못하셨으면 우리의 전파하는 것도 헛것이요 또 너희 믿음도 헛것이며 15. 또 우리가 하나님의 거짓 증인으로 발견되리니 우리가 하나님이 그리스도를 다시 살리셨다고 증거하였음이라 만일 죽은 자가 다시 사는 것이 없으면 하나님이 그리스도를 다시 살리시지 아니하셨으리라 16. 만일 죽은 자가 다시 사는 것이 없으면 그리스도도 다시 사신 것이 없었을 터이요 17. 그리스도께서 다시 사신 것이 없으면 너희의 믿음도 헛되고 너희가 여전히 죄 가운데 있을 것이요

(고전15:42~47) 죽은 자의 부활도 이와 같으니 썩을 것으로 심고 썩지 아니할 것으로 다시 살며 43. 욕된 것으로 심고 영광스러운 것으로 다시 살며 약한 것으로 심고 강한 것으로 다시 살며 44. 육의 몸으로 심고 신령한 몸으로 다시 사나니 육의 몸이 있은즉 또 신령한 몸이 있느니라 45. 기록된바 첫 사람 아담은 산 영이 되었다 함과 같이 마지막 아담은 살려 주는

영이 되었나니 46. 그러나 먼저는 신령한 자가 아니요 육 있는 자요 그 다음에 신령한 자니라 47. 첫 사람은 땅에서 났으니 흙에 속한 자이거니와 둘째 사람은 하늘에서 나셨느니라

(롬10:9)네가 만일 네 입으로 예수를 주로 시인하며 또 하나님께서 그를 죽은 자 가운데서 살리신 것을 네 마음에 믿으면 구원을 얻으리니

(엡2:5~8)허물로 죽은 우리를 그리스도와 함께 살리셨고 (너희가 은혜로 구원을 얻은 것이라) 6. 또 함께 일으키사 그리스도 예수 안에서 함께 하늘에 앉히시니 7. 이는 그리스도 예수 안에서 우리에게 자비하심으로써 그 은혜의 지극히 풍성함을 오는 여러 세대에 나타내려 하심이니라 8. 너희가 그 은혜를 인하여 믿음으로 말미암아 구원을 얻었나니 이것이 너희에게서 난 것이 아니요 하나님의 선물이라

(골3:1)그러므로 너희가 그리스도와 함께 다시 살리심을 받았으면 위엣 것을 찾으라 거기는 그리스도께서 하나님 우편에 앉아 계시느니라 2. 위엣 것을 생각하고 땅엣 것을 생각지 말라 3. 이는 너희가 죽었고 너희 생명이 그리스도와 함께 하나님 안에 감취었음이니라 4. 우리 생명이신 그리스도께서 나타나실 그 때에 너희도 그와 함께 영광 중에 나타나리라 5. 그러므로 땅에 있는 지체를 죽이라 곧 음란과 부정과 사욕과 악한 정욕과 탐심이니 탐심은 우상 숭배니라 6. 이것들을 인하여 하나님의 진노가 임하느니라 7. 너희도 전에 그 가운데 살 때에는 그 가운데서 행하였으나 8. 이제는 너희가 이 모든 것을 벗어버리라 곧 분과 악의와 훼방과 너희 입의 부끄러운 말이라 9. 너희가 서로 거짓말을 말라 옛 사람과 그 행위를 벗어버리고 10. 새 사람을 입었으니 이는 자기를 창조하신 자의 형상을 좇아 지식에까지 새롭게 하심을 받는 자니라

(골2:12) 너희가 세례로 그리스도와 함께 장사한바 되고 또 죽은 자들 가운데서 그를 일으키신 하나님의 역사를 믿음으로 말미암아 그 안에서 함께 일으키심을 받았느니라

(딤후2:11-12) 미쁘다 이 말이여, 우리가 주와 함께 죽었으면 또한 함께 살 것이요 12. 참으면 또한 함께 왕노릇할 것이요 우리가 주를 부인하면 주도 우리를 부인하실 것이라

제12강
사람의 몸은 밭, 집, 하나님의 성전

제12강

사람의 몸은 밭, 집, 하나님의 성전

1. 하나님의 씨를 심어야 할 밭에 마귀의 씨가 뿌려졌다.

(행7:6) 하나님이 또 이같이 말씀하시되 그 씨가 다른 땅에 나그네 되리니 그 땅 사람이 종을 삼아 사백 년 동안을 괴롭게 하리라 하시고

(마13:19~24) 아무나 천국 말씀을 듣고 깨닫지 못할 때는 악한 자가 와서 그 마음에 뿌리운 것을 빼앗나니 이는 곧 길가에 뿌리운 자요 20. 돌밭에 뿌리웠다는 것은 말씀을 듣고 즉시 기쁨으로 받되 21.그 속에 뿌리가 없어 잠시 견디다가 말씀을 인하여 환난이나 핍박이 일어나는 때에는 곧 넘어지는 자요 22. 가시떨기에 뿌리웠다는 것은 말씀을 들으나 세상의 염려와 재리의 유혹에 말씀이 막혀 결실치 못하는 자요 23. 좋은 땅에 뿌리웠다는 것은 말씀을 듣고 깨닫는 자니 결실하여 혹 백 배, 혹 육십 배, 혹 삼십 배가 되느니라 하시더라 24. 예수께서 그들 앞에 또 비유를 베풀어 가라사대 천국은 좋은 씨를 제 밭에 뿌린 사람과 같으니

(마13:37-38) 대답하여 가라사대 좋은 씨를 뿌리는 이는 인자요 38. 밭은 세상이요 좋은 씨는 천국의 아들들이요 가라지는 악한 자의 아들들이요

(마15:13) 예수께서 대답하여 가라사대 심은 것마다 내 천부께서 심으시지 않은 것은 뽑힐 것이니

(고전3:16-17) 너희가 하나님의 성전인 것과 하나님의 성령이 너희 안에 거하시는 것을 알지 못하느뇨 17. 누구든지 하나님의 성전을 더럽히면 하나

님이 그 사람을 멸하시리라 하나님의 성전은 거룩하니 너희도 그러하니라

(고전6:19-20)너희 몸은 너희가 하나님께로부터 받은바 너희 가운데 계신 성령의 전인 줄을 알지 못하느냐 너희는 너희의 것이 아니라 20. 값으로 산 것이 되었으니 그런즉 너희 몸으로 하나님께 영광을 돌리라

2. 마귀가 씨를 뿌렸으므로 자연히 마귀의 생명이 나온다.

⇧ 하나님의 씨를 뿌리지 못하면 마귀의 씨만 나온다.

(미6:15)네가 씨를 뿌리나 추수하지 못할 것이며 감람을 밟으나 기름을 네 몸에 바르지 못할 것이며 포도를 밟으나 술을 마시지 못하리라

(롬9:29)만일 만군의 주께서 우리에게 씨를 남겨 두시지 아니하셨더면 우리가 소돔과 같이 되고 고모라와 같았으리로다

(고전15:36)어리석은 자여 너의 뿌리는 씨가 죽지 않으면 살아나지 못하겠고

(시51:5)내가 죄악 중에 출생하였음이여 모친이 죄 중에 나를 잉태하였나이다

(요8:44)너희는 너희 아비 마귀에게서 났으니 너희 아비의 욕심을 너희도 행하고자 하느니라 저는 처음부터 살인한 자요 진리가 그 속에 없으므로 진리에 서지 못하고 거짓을 말할 때마다 제 것으로 말하나니 이는 저가 거짓말장이요 거짓의 아비가 되었음이니라

(욥25:6)하물며 벌레인 사람, 구더기인 인생이랴

(마23:27)화 있을찐저 외식하는 서기관들과 바리새인들이여 회칠한 무덤 같으니 겉으로는 아름답게 보이나 그 안에는 죽은 사람의 뼈와 모든 더러

운 것이 가득하도다

(롬1:19~23)이는 하나님을 알만한 것이 저희 속에 보임이라 하나님께서 이를 저희에게 보이셨느니라 20. 창세로부터 그의 보이지 아니하는 것들 곧 그의 영원하신 능력과 신성이 그 만드신 만물에 분명히 보여 알게 되나니 그러므로 저희가 핑계치 못할찌니라 21. 하나님을 알되 하나님으로 영화롭게도 아니하며 감사치도 아니하고 오히려 그 생각이 허망하여지며 미련한 마음이 어두워졌나니 22. 스스로 지혜 있다 하나 우준하게 되어 23. 썩어지지 아니하는 하나님의 영광을 썩어질 사람과 금수와 버러지 형상의 우상으로 바꾸었느니라

(시53:1~3)어리석은 자는 그 마음에 이르기를 하나님이 없다 하도다 저희는 부패하며 가증한 악을 행함이여 선을 행하는 자가 없도다 2. 하나님이 하늘에서 인생을 굽어 살피사 지각이 있는 자와 하나님을 찾는 자가 있는가 보려 하신즉 3. 각기 물러가 함께 더러운 자가 되고 선을 행하는 자 없으니 하나도 없도다

(사1:2~4)하늘이여 들으라 땅이여 귀를 기울이라 여호와께서 말씀하시기를 내가 자식을 양육하였거늘 그들이 나를 거역하였도다 3. 소는 그 임자를 알고 나귀는 주인의 구유를 알건마는 이스라엘은 알지 못하고 나의 백성은 깨닫지 못하는도다 하셨도다 4. 슬프다 범죄한 나라요 허물 진 백성이요 행악의 종자요 행위가 부패한 자식이로다 그들이 여호와를 버리며 이스라엘의 거룩한 자를 만홀히 여겨 멀리하고 물러갔도다

(롬3:10~12)기록한바 의인은 없나니 하나도 없으며 11. 깨닫는 자도 없고 하나님을 찾는 자도 없고 12. 다 치우쳐 한가지로 무익하게 되고 선을 행하는 자는 없나니 하나도 없도다

(롬1:28~32)또한 저희가 마음에 하나님 두기를 싫어하매 하나님께서 저희를 그 상실한 마음대로 내어 버려두사 합당치 못한 일을 하게 하셨으니

29. 곧 모든 불의, 추악, 탐욕, 악의가 가득한 자요 시기, 살인, 분쟁, 사기, 악독이 가득한 자요 수군수군하는 자요 30. 비방하는 자요 하나님의 미워하시는 자요 능욕하는 자요 교만한 자요 자랑하는 자요 악을 도모하는 자요 부모를 거역하는 자요 31. 우매한 자요 배약하는 자요 무정한 자요 무자비한 자라 32. 저희가 이같은 일을 행하는 자는 사형에 해당하다고 하나님의 정하심을 알고도 자기들만 행할 뿐 아니라 또한 그 일을 행하는 자를 옳다 하느니라

(마15:19-20)마음에서 나오는 것은 악한 생각과 살인과 간음과 음란과 도적질과 거짓 증거와 훼방이니 20. 이런 것들이 사람을 더럽게 하는 것이요 씻지 않은 손으로 먹는 것은 사람을 더럽게 하지 못하느니라

(딛1:16)저희가 하나님을 시인하나 행위로는 부인하니 가증한 자요 복종치 아니하는 자요 모든 선한 일을 버리는 자니라

3. 하나님의 아들이 되려면 하나님 아버지의 씨인 예수 그리스도가 사람 속에 심어져야 한다.

(고전3:9)우리는 하나님의 동역자들이요 너희는 하나님의 밭이요 하나님의 집이니라

(요12:24)내가 진실로 진실로 너희에게 이르노니 한 알의 밀이 땅에 떨어져 죽지 아니하면 한 알 그대로 있고 죽으면 많은 열매를 맺느니라

(롬8:9)만일 너희 속에 하나님의 영이 거하시면 너희가 육신에 있지 아니하고 영에 있나니 누구든지 그리스도의 영이 없으면 그리스도의 사람이 아니라

(신22:9)네 포도원에 두 종자를 섞어 뿌리지 말라 그리하면 네가 뿌린 씨

의 열매와 포도원의 소산이 다 빼앗김이 될까 하노라

(사53:10)여호와께서 그로 상함을 받게 하시기를 원하사 질고를 당케 하셨은즉 그 영혼을 속건제물로 드리기에 이르면 그가 그 씨를 보게 되며 그 날은 길 것이요 또 그의 손으로 여호와의 뜻을 성취하리로다

(롬9:7-8)아브라함의 씨가 다 그 자녀가 아니라 오직 이삭으로 난 자라야 네 씨라 칭하리라 8. 곧 육신의 자녀가 하나님의 자녀가 아니라 오직 약속의 자녀가 씨로 여기심을 받느니라

(렘2:2)가서 예루살렘 거민의 귀에 외쳐 말할찌니라 여호와께서 이같이 말씀하시기를 네 소년 때의 우의와 네 결혼 때의 사랑 곧 씨 뿌리지 못하는 땅, 광야에서 어떻게 나를 좇았음을 내가 너를 위하여 기억하노라

(렘31:27)여호와께서 가라사대 보라 내가 사람의 씨와 짐승의 씨를 이스라엘 집과 유다 집에 뿌릴 날이 이르니니

(계14:4)이 사람들은 여자로 더불어 더럽히지 아니하고 정절이 있는 자라 어린 양이 어디로 인도하든지 따라가는 자며 사람 가운데서 구속을 받아 처음 익은 열매로 하나님과 어린 양에게 속한 자들이니

(요1서3:9)하나님께로서 난 자마다 죄를 짓지 아니하나니 이는 하나님의 씨가 그의 속에 거함이요 저도 범죄치 못하는 것은 하나님께로서 났음이라

(벧전1:23)너희가 거듭난 것이 썩어질 씨로 된 것이 아니요 썩지 아니할 씨로 된 것이니 하나님의 살아 있고 항상 있는 말씀으로 되었느니라

(딤후2:8)나의 복음과 같이 다윗의 씨로 죽은 자 가운데서 다시 살으신 예수 그리스도를 기억하라

(시126:5-6)눈물을 흘리며 씨를 뿌리는 자는 기쁨으로 거두리로다 6. 울며 씨를 뿌리러 나가는 자는 정녕 기쁨으로 그 단을 가지고 돌아오리로다

(사32:20)모든 물가에 씨를 뿌리고 소와 나귀를 그리로 모는 너희는 복이 있느니라

(히1:5)하나님께서 어느 때에 천사 중 누구에게 네가 내 아들이라 오늘날 내가 너를 낳았다 하셨으며 또다시 나는 그에게 아버지가 되고 그는 내게 아들이 되리라 하셨느뇨

(요1서5:4-5)대저 하나님께로서 난 자마다 세상을 이기느니라

(행13:23)하나님이 약속하신대로 이 사람의 씨에서 이스라엘을 위하여 구주를 세우셨으니 곧 예수라

제13강
빌립의 신앙은 족함이 없다

제13강
빌립의 신앙은 족함이 없다

✞ 예수 안에 용납되는 삼위일체를 이해하고 바르게 알고 믿자.
✞ 빌립은 신앙인가? 분리된 두 분 주님에 대한 신앙이다.

1. 구약이나 신약이나 아버지와 아들은 하나이기에 떨어질 수가 없다.

✞ 하나님을 사람과 같이 생각하는 신앙입니다. 사람들은 아버지 따로 계시고 아들 따로 생각합니다. 예수님께서 하나님 아들이라고 하니까 하나님도 사람같이 생각해서 아들과 따로 계시는 분으로 생각합니다. 빌립 앞에 예수님 서 계시는데 빌립은 아버지를 보여 달라고 합니다. 이러한 신앙 가운데 있는 사람은 만족함이 없는 삶을 살게 됩니다.

"신약에서도 하나님은 한 분 하나님이십니다."

(요14:7~10)너희가 나를 알았더면 내 아버지도 알았으리로다 이제부터는 너희가 그를 알았고 또 보았느니라 8. 빌립이 가로되 주여 아버지를 우리에게 보여 주옵소서 그리하면 족하겠나이다 9. 예수께서 가라사대 빌립아 내가 이렇게 오래 너희와 함께 있으되 네가 나를 알지 못하느냐 나를 본 자는 아버지를 보았거늘 어찌하여 아버지를 보이라 하느냐 10. 나는 아버지 안에 있고 아버지는 내 안에 계신 것을 네가 믿지 아니하느냐 내가 너희

에게 이르는 말이 스스로 하는 것이 아니라 아버지께서 내 안에 계셔 그의 일을 하시는 것이라

(요1:1-18)태초에 말씀이 계시니라 이 말씀이 하나님과 함께 계셨으니 이 말씀은 곧 하나님이시니라 2. 그가 태초에 하나님과 함께 계셨고 3. 만물이 그로 말미암아 지은바 되었으니 지은 것이 하나도 그가 없이는 된 것이 없느니라 4. 그 안에 생명이 있었으니 이 생명은 사람들의 빛이라 5. 빛이 어두움에 비취되 어두움이 깨닫지 못하더라

(요1:10)그가 세상에 계셨으며 세상은 그로 말미암아 지은바 되었으되 세상이 그를 알지 못하였고

(요1:14)말씀이 육신이 되어 우리 가운데 거하시매 우리가 그 영광을 보니 아버지의 독생자의 영광이요 은혜와 진리가 충만하더라

(요1:18)본래 하나님을 본 사람이 없으되 아버지 품속에 있는 독생하신 하나님이 나타내셨느니라

2. 구약에도 여호와 하나님은 한 분이시다.

(사63:16)주는 우리 아버지시라 아브라함은 우리를 모르고 이스라엘은 우리를 인정치 아니할찌라도 여호와여 주는 우리의 아버지시라 상고부터 주의 이름을 우리의 구속자라 하셨거늘

(사64:8)여호와여 주는 우리 아버지시니이다 우리는 진흙이요 주는 토기장이시니 우리는 다 주의 손으로 지으신 것이라

(신6:4)이스라엘아 들으라 우리 하나님 여호와는 오직 하나인 여호와시니

(사9:6)이는 한 아기가 우리에게 났고 한 아들을 우리에게 주신바 되었는데 그 어깨에는 정사를 메었고 그 이름은 기묘자라, 모사라, 전능하신 하나

님이라, 영존하시는 아버지라, 평강의 왕이라 할 것임이라

(사17:7)그 날에 사람이 자기를 지으신 자를 쳐다보겠으며 그 눈이 이스라엘의 거룩하신 자를 바라보겠고

(사25:9)그 날에 말하기를 이는 우리의 하나님이시라 우리가 그를 기다렸으니 그가 우리를 구원하시리로다 이는 여호와시라 우리가 그를 기다렸으니 우리는 그 구원을 기뻐하며 즐거워하리라 할 것이며

(사44:6)이스라엘의 왕인 여호와, 이스라엘의 구속자인 만군의 여호와가 말하노라 나는 처음이요 나는 마지막이라 나 외에 다른 신이 없느니라

(사44:24)네 구속자요 모태에서 너를 조성한 나 여호와가 말하노라 나는 만물을 지은 여호와라 나와 함께한 자 없이 홀로 하늘을 폈으며 땅을 베풀었고

(사45:5)나는 여호와라 나 외에 다른이가 없나니 나 밖에 신이 없느니라 너는 나를 알지 못하였을찌라도 나는 네 띠를 동일 것이요

(고전8:5-6)비록 하늘에나 땅에나 신이라 칭하는 자가 있어 많은 신과 많은 주가 있으나 6. 그러나 우리에게는 한 하나님 곧 아버지가 계시니 만물이 그에게서 났고 우리도 그를 위하며 또한 한 주 예수 그리스도께서 계시니 만물이 그로 말미암고 우리도 그로 말미암았느니라

(계1:8)주 하나님이 가라사대 나는 알파와 오메가라 이제도 있고 전에도 있었고 장차 올 자요 전능한 자라 하시더라

3. 사람은 하나님과 연합되지 않으면 변화되지 못한다.

(갈2:20)내가 그리스도와 함께 십자가에 못 박혔나니 (몸을 버리신 예수로 내 몸을 버려야 내안에 사시는 그리스도를 얻어 그리스도는 나를 대신하여 사신다)

✟아담으로부터 타고난 옛사람은 십자가에 예수와 함께 연합하여 못 박아 죽었고 예수 그리스도가 신자 안에 사시므로 예수 그리스도의 사람들이 되는 것을 말합니다. 교회 다니는 신자들이 5~10년 그리스도의 사람들이 되어야 합니다. **(행11:26)**바나바가 안디옥 교회에서 주 예수를 가르치니 1년 만에 그리스도인이라 일컬음을 받게 됩니다. 필자도 예수를 그리스도라 가르치니 빠르면 6개월 늦어도 1년이면 신자들이 죄를 다스리고 정복하는 것을 많이 보았습니다.

(요1서3:4-10)죄를 짓는 자마다 불법을 행하나니 죄는 불법이라 5. 그가 우리 죄를 없이 하려고 나타내신바 된 것을 너희가 아나니 그에게는 죄가 없느니라 6. 그 안에 거하는 자마다 범죄하지 아니하나니 범죄하는 자마다 그를 보지도 못하였고 그를 알지도 못하였느니라 7. 자녀들아 아무도 너희를 미혹하지 못하게 하라 의를 행하는 자는 그의 의로우심과 같이 의롭고 8. 죄를 짓는 자는 마귀에게 속하나니 마귀는 처음부터 범죄함이니라 하나님의 아들이 나타나신 것은 마귀의 일을 멸하려 하심이니라 9. 하나님께로서 난 자마다 죄를 짓지 아니하나니 이는 하나님의 씨가 그의 속에 거함이요 저도 범죄치 못하는 것은 하나님께로서 났음이라 "죄에서 떠나고 죄를 이기는 것"을 많이 확인했습니다. 예수 그리스도로**(롬6:4-6)**우리가 그의 죽으심과 합하여 세례를 받음으로 그와 함께 장사되었나니 이는 아버지의 영광으로 말미암아 그리스도를 죽은 자 가운데서 살리심과 같이 우리로 또한 새 생명 가운데서 행하게 하려 함이니라 5. 만일 우리가 그의 죽으심을 본받아 연합한 자가 되었으면 또한 그의 부활을 본받아 연합한 자가 되리라. 존재를 바꾸고 예수 그리스도께서 믿는 신자 마음에 살아계심이 믿어지면 이것이 거듭남이요 거듭난 신자들은 그들이 죄에서 떠나려고 작정하고 예수 그리스도로 말미암아서 육체에서 나오는 죄들을 **(롬8:13-14)**너희

가 육신대로 살면 반드시 죽을 것이로되 영으로써 몸의 행실을 죽이면 살리니 14. 무릇 하나님의 영으로 인도함을 받는 그들은 곧 하나님의 아들이라 "영으로서 몸의 행실을 죽인다면 1년 이내에 죄에서 떠나는 자들이 다 되는 것입니다."

(골3:3-4)이는 너희가 죽었고 너희 생명이 그리스도와 함께 하나님 안에 감취었음이라 4. 우리 생명이신 그리스도께서 나타나실 그 때에 너희도 그와 함께 영광 중에 나타나리라

(요10:30)나와 아버지는 하나이니라 하신대

(엡4:5-6)주도 하나이요 믿음도 하나이요 세례도 하나이요 6. 하나님도 하나이시니 곧 만유의 아버지시라 만유 위에 계시고 만유를 통일하시고 만유 가운데 계시도다

(골1:17-19)또한 그가 만물보다 먼저 계시고 만물이 그 안에서 함께 섰느니라 18. 그는 몸인 교회의 머리라 그가 근본이요 죽은 자들 가운데서 먼저 나신 자니 이는 친히 만물의 으뜸이 되려 하심이요 19. 아버지께서는 모든 충만으로 예수 안에 거하게 하시고

(빌2:6)그는 근본 하나님의 본체시나 하나님과 동등됨을 취할 것으로 여기지 아니하시고

(요17:21)아버지께서 내 안에, 내가 아버지 안에 있는 것 같이 저희도 다 하나가 되어 우리 안에 있게 하사 세상으로 아버지께서 나를 보내신 것을 믿게 하옵소서

(딤전6:15)기약이 이르면 하나님이 그의 나타나심을 보이시리니 하나님은 복되시고 홀로 한 분이신 능하신 자이며 만왕의 왕이시며 만주의 주시오

(딛2:13)복스러운 소망과 우리의 크신 하나님 구주 예수 그리스도의 영광이 나타나심을 기다리게 하셨으니

제14강
하나님은 사람의 형상이시다

제14강
하나님은 사람의 형상이시다

1. 하나님의 형상은 사람의 형상과 모양이다.

(창1:26-27) 하나님이 가라사대 우리의 형상을 따라 우리의 모양대로 우리가 사람을 만들고 그로 바다의 고기와 공중의 새와 육축과 온 땅과 땅에 기는 모든 것을 다스리게 하자 하시고 27. 하나님이 자기 형상 곧 하나님의 형상대로 사람을 창조하시되 남자와 여자를 창조하시고

(창5:1~3) 아담 자손의 계보가 이러하니라 하나님이 사람을 창조하실 때에 하나님의 형상대로 지으시되 2. 남자와 여자를 창조하셨고 그들이 창조되던 날에 하나님이 그들에게 복을 주시고 그들의 이름을 사람이라 일컬으셨더라 3. 아담이 일백 삼십세에 자기 모양 곧 자기 형상과 같은 아들을 낳아 이름을 셋이라 하였고

✝ 형상(데무트): 겉모습.(하나님이 만든 그 어떤 존재의 형체를 형상이라)
✝ 모양(체렘): 닮은 것 또는 비슷한 것.(하나님 자신의 생명과 비슷한 것)

(요1서4:2-3) 하나님의 영은 이것으로 알찌니 곧 예수 그리스도께서 육체로 오신 것을 시인하는 영마다 하나님께 속한 것이요 3. 예수를 시인하지 아니하는 영마다 하나님께 속한 것이 아니니 이것이 곧 적그리스도의 영이니라 오리라 한 말을 너희가 들었거니와 이제 벌써 세상에 있느니라 (우리

육체 속에 그리스도가 오셔야 하나님께 속한 자가 된다.)

　(롬8:29)하나님이 미리 아신 자들로 또한 그 아들의 형상을 본받게 하기 위하여 미리 정하셨으니 이는 그로 많은 형제 중에서 맏아들이 되게 하려 하심이니라(하나님의 형상대로 지음 받은 사람 안에 아버지의 생명 주어 맏아들 되게 합니다.)

　✟ 하나님 아버지의 형상을 사람 형상이라고 믿지 않으면 예수를 부인하는 자들입니다. 영이란? 육체는 없되 사람 형상의 영체로서 지, 정, 의를 갖춘 존재가 영입니다. 즉, 형상은 사람 형상으로 인격을 갖춘 존재가 "영"입니다.

2. 우주 안에는 영적인 세 존재가 있다.

　1) 하나님　2) 천사　3) 사람

　✟ 형상이란? 일반적 형상은 그 어떤 존재의 형체를 형상이라 말합니다.
　✟ 기독교적 형상은? 하나님이 지으신 만물(사람)을 형상이라 합니다.

　(출20:4)너를 위하여 새긴 우상을 만들지 말고 또 위로 하늘에 있는 것이나 아래로 땅에 있는 것이나 땅 아래 물속에 있는 것의 아무 형상이든지 만들지 말며
　(출25:33)이편 가지에 살구꽃 형상의 잔 셋과 꽃받침과 꽃이 있게 하고 저편 가지에도 살구꽃 형상의 잔 셋과 꽃받침과 꽃이 있게 하여 등대에서 나온 여섯 가지를 같게 할찌며

(신4:23)너희는 스스로 삼가서 너희 하나님 여호와께서 너희와 세우신 언약을 잊어버려서 네 하나님 여호와께서 금하신 아무 형상의 우상이든지 조각하지 말라

(신5:8)너는 자기를 위하여 새긴 우상을 만들지 말고 위로 하늘에 있는 것이나 아래로 땅에 있는 것이나 땅 밑 물 속에 있는 것의 아무 형상이든지 만들지 말며

(고전15:49)우리가 흙에 속한 자의 형상을 입은것 같이 또한 하늘에 속한 자의 형상을 입으리라

(갈4:19)나의 자녀들아 너희 속에 그리스도의 형상이 이루기까지 다시 너희를 위하여 해산하는 수고를 하노니

(롬1:23)썩어지지 아니하는 하나님의 영광을 썩어질 사람과 금수와 버러지 형상의 우상으로 바꾸었느니라

(삼상6:5)그러므로 너희는 너희 독종의 형상과 땅을 해롭게 하는 쥐의 형상을 만들어 이스라엘 신께 영화를 돌리라 그가 혹 그 손을 너희와 너희 신들과 너희 땅에서 경하게 하실까 하노라

3. 하나님의 형상을 본 사람들.

(창18:1-2)여호와께서 마므레 상수리 수풀 근처에서 아브라함에게 나타나시니라 오정 즈음에 그가 장막 문에 앉았다가 2. 눈을 들어 본즉 사람 셋이 맞은편에 섰는지라 그가 그들을 보자 곧 장막 문에서 달려나가 영접하며 몸을 땅에 굽혀

(출33:20~23)또 가라사대 네가 내 얼굴을 보지 못하리니 나를 보고 살 자가 없음이니라 21. 여호와께서 가라사대 보라 내 곁에 한 곳이 있으니

너는 그 반석 위에 섰으라 22. 내 영광이 지날 때에 내가 너를 반석 틈에 두고 내가 지나도록 내 손으로 너를 덮었다가 23. 손을 거두리니 네가 내 등을 볼 것이요 얼굴은 보지 못하리라

(왕상22:19, 21)미가야가 가로되 그런즉 왕은 여호와의 말씀을 들으소서 내가 보니 여호와께서 그 보좌에 앉으셨고 하늘의 만군이 그 좌우편에 모시고 서 있는데 21. 한 영이 나아와 여호와 앞에 서서 말하되 내가 저를 꾀이겠나이다

(욥4:15~17)그 때에 영이 내 앞으로 지나매 내 몸에 털이 주뼛하였었느니라 16. 그 영이 서는데 그 형상을 분변치는 못하여도 오직 한 형상이 내 눈앞에 있었느니라 그 때 내가 종용한 중에 목소리를 들으니 이르기를 17. 인생이 어찌 하나님보다 의롭겠느냐 사람이 어찌 그 창조하신이보다 성결하겠느냐

(겔1:26~28)그 머리 위에 있는 궁창 위에 보좌의 형상이 있는데 그 모양이 남보석 같고 그 보좌의 형상 위에 한 형상이 있어 사람의 모양 같더라 27. 내가 본즉 그 허리 이상의 모양은 단 쇠 같아서 그 속과 주위가 불 같고 그 허리 이하의 모양도 불 같아서 사면으로 광채가 나며 28. 그 사면 광채의 모양은 비 오는날 구름에 있는 무지개 같으니 이는 여호와의 영광의 형상의 모양이라 내가 보고 곧 엎드리어 그 말씀하시는 자의 음성을 들으니라

(사6:5)그 때에 내가 말하되 화로다 나여 망하게 되었도다 나는 입술이 부정한 사람이요 입술이 부정한 백성 중에 거하면서 만군의 여호와이신 왕을 뵈었음이로다

(단7:9)내가 보았는데 왕좌가 놓이고 옛적부터 항상 계신이가 좌정하셨는데 그 옷은 희기가 눈 같고 그 머리털은 깨끗한 양의 털 같고 그 보좌는

불꽃이요 그 바퀴는 붙는 불이며

(고전11:7) 남자는 하나님의 형상과 영광이니 그 머리에 마땅히 쓰지 않거니와 여자는 남자의 영광이니라

(계1:13~17) 촛대 사이에 인자 같은 이가 발에 끌리는 옷을 입고 가슴에 금띠를 띠고 14. 그 머리와 털의 희기가 흰 양털 같고 눈 같으며 그의 눈은 불꽃 같고 15. 그의 발은 풀무에 단련한 빛난 주석 같고 그의 음성은 많은 물 소리와 같으며 16. 그 오른손에 일곱 별이 있고 그 입에서 좌우에 날선 검이 나오고 그 얼굴은 해가 힘있게 비취는 것 같더라 17. 내가 볼 때에 그 발 앞에 엎드러져 죽은 자 같이 되매 그가 오른손을 내게 얹고 가라사대 두려워 말라 나는 처음이요 나중이니

(계1:8) 주 하나님이 가라사대 나는 알파와 오메가라 이제도 있고 전에도 있었고 장차 올 자요 전능한 자라 하시더라

(마28:3-4) 그 형상이 번개 같고 그 옷은 눈같이 희거늘 4. 수직하던 자들이 저를 무서워하여 떨며 죽은 사람과 같이 되었더라

✝ 예수 그리스도를 믿을 때 하나님 아버지의 형상을 사람의 형상이라고 믿지 않으면 예수를 부인하는 것이기 때문에, 이런 사람은 주님께서 내재하실 수 없으므로 (하나님과의 연합) 즉, 구원받을 수 없습니다.

제15강
하나님의 우편에 대하여

제15강

하나님의 우편에 대하여

✚ 하나님의 우편이란? 사람과 같이 오른편 왼편이 아니라 성경에서 우편은 항상 능력을 의미합니다. 즉, 물질적 위치가 아닌 상태를 의미합니다.

1. 우편을 장소로 생각하기 때문에 아버지와 아들을 서로 따로 따로 믿게 되는 것입니다.

(마26:64)이후에 인자가 권능의 우편에 앉은 것과 하늘 구름을 타고 오는 것을 너희가 보리라.

(막16:19)주 예수께서 말씀을 마치신 후에 하늘로 올리우사 하나님 우편에 앉으시니라

(막14:62)예수께서 이르시되 내가 그니라 인자가 권능자의 우편에 앉은 것과 하늘 구름을 타고 오는 것을 너희가 보리라 하시니

(시16:8)내가 여호와를 항상 내 앞에 모심이여 그가 내 우편에 계시므로 내가 요동치 아니하리로다

(행2:25)다윗이 저를 가리켜 가로되 내가 항상 내 앞에 계신 주를 뵈웠음이여 나로 요동치 않게 하기 위하여 그가 내 우편에 계시도다

(히1:3)이는 하나님의 영광에 광채시오 그 본체의 형상이시라 그 능력의 말씀으로 만물을 붙드시며 죄를 정결케 하시는 일을 하시고 높은 곳에 계

신 위엄의 우편에 앉으셨느니라.

　(히8:1)이제 하는 말의 중요한 것은 이러한 대제사장이 우리에게 있는 것이라 그가 하늘에서 위엄의 보좌 우편에 앉으셨으니

　✝ 위 말씀을 문자적으로 읽으면 하나님 아버지는 보좌에 앉아 계시고, 하나님 아들 예수님은 아버지 보좌 우편에 앉아 계시는 분으로 믿게 되므로 자연스럽게 두 분을 분리된 하나님으로 믿게 되는 것입니다.

2. 하나님의 세계는 상태로 생각해야 한다. 장소로 생각하면 하나님을 분리된 두 분, 세 분 하나님으로 믿게 되는 것이다.

　(마3:17)하늘로서 소리가 있어 말씀하시되 이는 내 사랑하는 아들이요 내 기뻐하는 자라 하시니라

　(요20:17)예수께서 이르시되 나를 만지지 말라 내가 아직 아버지께로 올라가지 못하였노라 너는 내 형제들에게 가서 이르되 내가 내 아버지 곧 너희 아버지, 내 하나님 곧 너희 하나님께로 올라간다 하라 하신대

　(계5:1~7)내가 보매 보좌에 앉으신 이의 오른손에 책이 있으니 안팎으로 썼고 일곱 인으로 봉하였더라 2. 또 보매 힘 있는 천사가 큰 음성으로 외치기를 누가 책을 펴며 그 인을 떼기에 합당하냐 하니 3. 하늘 위에나 땅 위에나 땅 아래에 능히 책을 펴거나 보거나 할 이가 없더라 4. 이 책을 펴거나 보거나 하기에 합당한 자가 보이지 않기로 내가 크게 울었더니 5. 장로 중에 하나가 내게 말하되 울지 말라 유대 지파의 사자 다윗의 뿌리가 이기었으니 이 책과 그 일곱 인을 떼시리라 하더라 6. 내가 또 보니 보좌와 네 생물과 장로들 사이에 어린 양이 섰는데 일찍 죽임을 당한 것 같더라 일곱

뿔과 일곱 눈이 있으니 이 눈은 온 땅에 보내심을 입은 하나님의 일곱 영이더라 7. 어린 양이 나아와서 보좌에 앉으신 이의 오른손에서 책을 취하시니라

(요17:1)예수께서 이 말씀을 하시고 눈을 들어 하늘을 우러러 가라사대 아버지여 때가 이르렀사오니 아들을 영화롭게 하사 아들로 아버지를 영화롭게 하게 하옵소서

✝ 위의 말씀들을 잘못 이해하면 자칫 하나님을 분리된 분으로 또는 세 분으로 믿게 되므로 구원을 받을 수도 없고 죄도 처리되지 못합니다.

3. 우편은 하나님의 지혜와 계시, 능력을 나타내는 것입니다.

(계3:21)이기는 그에게는 내가 내 보좌에 함께 앉게 하여주기를 내가 이기고 아버지 보좌에 함께 앉은 것과 같이 하리라

(계12:5)여자가 아들을 낳으니 이는 장차 철장으로 만국을 다스릴 남자라 그 아이를 하나님 앞과 그 보좌 앞으로 올려가더라

(마22:44)주께서 내 주께 이르시되 내가 네 원수를 내 발 아래 둘 때까지 내 우편에 앉으리라 하셨더라

(막15:27)강도 둘을 예수와 함께 십자가에 못 박으니 하나는 우편에 하나는 좌편에 있더라

(마25:31~34)인자가 자기 영광으로 모든 천사와 함께 올 때에 자기 영광의 보좌에 앉으리니 32. 모든 민족을 그 앞에 모으고 각각 분별하기를 목자가 양과 염소를 분별하는것 같이 하여 33. 양은 그 오른편에, 염소는 왼편에 두리라 34. 그 때에 임금이 그 오른편에 있는 자들에게 이르시되 내

아버지께 복 받을 자들이여 나아와 창세로부터 너희를 위하여 예비된 나라를 상속하라

(마25:41, 46)41. 또 왼편에 있는 자들에게 이르시되 저주를 받은 자들아 나를 떠나 마귀와 그 사자들을 위하여 예비된 영영한 불에 들어가라 46. 저희는 영벌에, 의인들은 영생에 들어가리라 하시니라

(눅22:69)그러나 이제 후로는 인자가 하나님의 권능의 우편에 앉아 있으리라

(행7:55-56)스데반이 성령이 충만하여 하늘을 우러러 주목하여 하나님의 영광과 및 예수께서 하나님 우편에 서신 것을 보고 56. 말하되 보라 하늘이 열리고 인자가 하나님 우편에 서신 것을 보리라

(롬8:34)누가 정죄하리요 죽으실 뿐 아니라 다시 살아나신 이는 그리스도 예수시니 그는 하나님 우편에 계신 자요 우리를 위하여 간구하시는 자시니라

(골3:1)그러므로 너희가 그리스도와 함께 다시 살리심을 받았으면 위의 것을 찾으라 거기는 그리스도께서 하나님 우편에 앉아 계시느니라

(벧전3:22)저는 하늘에 오르사 하나님 우편에 계시니 천사들과 권세들과 능력들이 저에게 순복하느니라

(유1:25)곧 우리 구주 홀로 하나이신 하나님께 우리 주 예수 그리스도로 말미암아 영광과 위엄과 권력과 권세가 만고 전부터 이제와 세세에 있을찌어다 아멘

(출15:6-7)여호와여 주의 오른손이 권능으로 영광을 나타내시니이다 여호와여 주의 오른손이 원수를 부수시니이다 7. 주께서 주의 큰 위엄으로 주를 거스리는 자를 엎으시니이다 주께서 진노를 발하시니 그 진노가 그들을 초개 같이 사르니이다

(마25:46)저희는 영벌에, 의인들은 영생에 들어가리라 하시니라

(시121:5-6)여호와는 너를 지키시는 자라 여호와께서 네 우편에서 네 그

늘이 되시나니 6. 낮의 해가 너를 상치 아니하며 밤의 달도 너를 해치 아니하리로다

✞ 영계에서 우편이란? 장소가 아닌 상태를 나타내는 것입니다. 하나님 아버지는 보좌 중앙에 앉아 계시고 아들 예수님은 아버지 보좌 우편에 계시는 분으로 믿으니 분리된 두 분 하나님을 믿게 되는 것입니다.
그리고 오순절에는 성령만 오셨다고 믿고 예수님은 세상 종말에 육체로 재림하신다고 믿습니다.

제16강
삼위일체 하나님은 어떻게 일하시는가

제16강
삼위일체 하나님은 어떻게 일하시는가

1. 구약에서 한 분 하나님을 믿는 유대인들.

(사44:6)이스라엘의 왕인 여호와, 이스라엘의 구속자인 만군의 여호와가 말하노라 나는 처음 이요 나는 마지막이라 나 외에 다른 신이 없느니라

(사44:24)네 구속자요 모태에서 너를 조성한 나 여호와가 말하노라 나는 만물을 지은 여호와라 나와 함께한 자 없이 홀로 하늘을 폈으며

(사45:5)나는 여호와라 나 외에 다른이가 없나니 나 밖에 신이 없느니라 너는 나를 알지 못하였을찌라도 나는 네 띠를 동일 것이요

(신6:4-5)이스라엘아 들으라 우리 하나님 여호와는 오직 하나인 여호와시니 5. 너는 마음을 다하고 성품을 다하고 힘을 다하여 네 하나님 여호와를 사랑하라

(사54:5)이는 너를 지으신 자는 네 남편이시라 그 이름은 만군의 여호와시며 네 구속자는 이스라엘의 거룩한 자시라 온 세상의 하나님이라 칭함을 받으실 것이며

(사25:9)그 날에 말하기를 이는 우리의 하나님이시라 우리가 그를 기다렸으니 그가 우리를 구원하시리로다 이는 여호와시라 우리가 그를 기다렸으니 우리는 그 구원을 기뻐하며 즐거워하리라 할 것이며

(사63:16)주는 우리 아버지시라 아브라함은 우리를 모르고 이스라엘은 우리를 인정치 아니할찌라도 여호와여 주는 우리의 아버지시라 상고부터 주의 이름을 우리의 구속자라 하셨거늘

2. 신약에도 하나님을 한 분이라고 말씀했다.

(엡4:5-6)주도 하나이요 믿음도 하나이요 세례도 하나이요 6. 하나님도 하나이시니 곧 만유의 아버지시라 만유 위에 계시고 만유를 통일하시고 만유 가운데 계시도다

(딤전6:15)기약이 이르면 하나님이 그의 나타나심을 보이시리니 하나님은 복되시고 홀로 한 분이신 능하신 자이며 만왕의 왕이시며 만주의 주시요

(고전8:6)그러나 우리에게는 한 하나님 곧 아버지가 계시니 만물이 그에게서 났고 우리도 그를 위하며 또한 한 주 예수 그리스도께서 계시니 만물이 그로 말미암고 우리도 그로 말미암았느니라

(요1서5:20)또 아는 것은 하나님의 아들이 이르러 우리에게 지각을 주사 우리로 참된 자를 알게 하신 것과 또한 우리가 참된 자 곧 그의 아들 예수 그리스도 안에 있는 것이니 그는 참 하나님이시요 영생이시라

(빌2:6)그는 근본 하나님의 본체시나 하나님과 동등됨을 취할 것으로 여기지 아니하시고

(롬9:5)조상들도 저희 것이요 육신으로 하면 그리스도가 저희에게서 나셨으니 저는 만물 위에 계셔 세세에 찬양을 받으실 하나님이시니라 아멘

(골1:19)아버지께서는 모든 충만으로 예수 안에 거하게 하시고

(요1:1)태초에 말씀이 계시니라 이 말씀이 하나님과 함께 계셨으니 이 말씀은 곧 하나님이시니라

(요1:3~5)만물이 그로 말미암아 지은바 되었으니 지은 것이 하나도 그가 없이는 된 것이 없느니라 4. 그 안에 생명이 있었으니 이 생명은 사람들의 빛이라 5. 빛이 어두움에 비취되 어두움이 깨닫지 못하더라

(요1:14)말씀이 육신이 되어 우리 가운데 거하시매 우리가 그 영광을 보니 아버지의 독생자의 영광이요 은혜와 진리가 충만하더라

(요1:18)본래 하나님을 본 사람이 없으되 아버지 품속에 있는 독생하신 하나님이 나타내셨느니라

3. 예수를 "그는, 이는, 저는" 3인칭 대명사로 알고 믿어야 한다.

(요8:24~27)이러므로 내가 너희에게 말하기를 너희가 너희 죄 가운데서 죽으리라 하였노라 너희가 만일 내가 그인줄 믿지 아니하면 너희 죄 가운데서 죽으리라 25. 저희가 말하되 네가 누구냐 예수께서 가라사대 나는 처음부터 너희에게 말하여 온 자니라 26. 내가 너희를 대하여 말하고 판단할 것이 많으나 나를 보내신 이가 참되시매 내가 그에게 들은 그것을 세상에게 말하노라 하시되 27. 저희는 아버지를 가리켜 말씀하신 줄을 깨닫지 못하더라

(요8:56)너희 조상 아브라함은 나의 때 볼 것을 즐거워하다가 보고 기뻐하였느니라 57. 유대인들이 가로되 네가 아직 오십도 못되었는데 아브라함을 보았느냐 58. 예수께서 가라사대 진실로 진실로 너희에게 이르노니 아브라함이 나기 전부터 내가 있느니라 하시니

(요14:7~12, 20)너희가 나를 알았더면 내 아버지도 알았으리로다 이제부터는 너희가 그를 알았고 또 보았느니라 8. 빌립이 가로되 주여 아버지를 우리에게 보여 주옵소서 그리하면 족하겠나이다 9. 예수께서 가라사대 빌립아 내가 이렇게 오래 너희와 함께 있으되 네가 나를 알지 못하느냐 나를 본 자는 아버지를 보았거늘 어찌하여 아버지를 보이라 하느냐 10. 나는 아버지 안에 있고 아버지는 내 안에 계신 것을 네가 믿지 아니하느냐 내가 너희에게 이르는 말이 스스로 하는 것이 아니라 아버지께서 내 안에 계셔 그의 일을 하시는 것이라

(요13:1-3)유월절 전에 예수께서 자기가 세상을 떠나 아버지께로 돌아가실 때가 이른 줄 아시고 세상에 있는 자기 사람들을 사랑하시되 끝까지 사랑하시니라 3. 저녁 먹는 중 예수는 아버지께서 모든 것을 자기 손에 맡기신 것과 또 자기가 하나님께로부터 오셨다가 하나님께로 돌아가실 것을 아시고

(요10:30)나와 아버지는 하나이니라 하신대

(계1:8)주 하나님이 가라사대 나는 알파와 오메가라 이제도 있고 전에도 있었고 장차 올 자요 전능한 자라 하시더라

(시136:1-2)여호와께 감사하라 그는 선하시며 그 인자하심이 영원함이로다 2. 모든 신에 뛰어나신 하나님께 감사하라 그 인자하심이 영원함이로다 3. 모든 주에 뛰어나신 주께 감사하라 그 인자하심이 영원함이로다

(시82:6)너희는 신들이며 다 지존자의 아들들이라 하였으나

(요10:34-35)예수께서 가라사대 너희 율법에 기록한바 내가 너희를 신이라 하였노라 하지 아니하였느냐 35. 성경은 폐하지 못하나니 하나님의 말씀을 받은 사람들을 신이라 하셨거든

제17강
성령이란? 하나님의 생명의 활동

제17강
성령이란? 하나님의 생명의 활동

1. 아버지와 아들은 독자적인 인격이 있으나 성령은 독자적인 인격이 없고 아버지와 아들의 인격의 나타남이다.

✞ 아버지 인격에 대하여 **(고전1:30)**너희는 하나님께로부터 나서 그리스도 예수 안에 있고 예수는 하나님께로서 나와서 우리에게 지혜와 의로움과 거룩함과 구속함이 되셨으니
(이상의 말씀을 보면 예수는 독자적으로 계신 것이 아니라 하나님께로서 나왔다고 말씀하고 있습니다.)

(히5:5)또한 이와 같이 그리스도께서 대제사장 되심도 스스로 영광을 취하심이 아니요 오직 말씀하신 이가 저더러 이르시되 너는 내 아들이니 내가 오늘날 너를 낳았다 하셨고

이상의 말씀을 보면 예수는 하나님 아버지께서 낳으신 분입니다. 그러므로 아버지께서 예수님을 낳기 전에는 아버지 마음속에 생각으로 계시는 것입니다. 예수님은 말씀이 육신 되셨고 말씀은 하나님의 생각입니다. 예수님께서 아버지에게서 나오시기 전에는 말씀으로 계신 것이지 **(요1:18)** 독자적인 인격으로 계신 것이 아니었습니다. 그래서 구약에는 여호와 아버지만 계시는 것입니다. 신약에도 아버지 하나님 한 분분이기 때문에 오직 아버지만 하나님이라고 말씀하고 있습니다.

(엡4:5-6)주도 하나이요 믿음도 하나이요 세례도 하나이요 6.하나님도 하나이시니 곧 만유의 아버지시라 만유 위에 계시고 만유를 통일하시고 만유 가운데 계시도다

✞ 이상의 말씀과 같이 하나님은 하나이시기 때문에 곧 성도 안에 즉 만유 가운데 계신 분도 아버지가 계시는 것입니다. 하나님은 한 분이시기 때문에 성령도 아버지에게서 나오시고 아버지의 소유격이 되는 것입니다.

(요15:26)내가 아버지께로서 너희에게 보낼 보혜사 곧 아버지께로서 나오시는 진리의 성령이 오실 때에 그가 나를 증거하실 것이요 (성령은 독자적으로 계시는 하나님이 아니라 여호와 하나님의 일하심이 곧, 성령이기 때문에 여호와 하나님이 일하시지 않고 가만히 계시면 성령은 여호와 하나님 아버지 안에만 계십니다.)

(출9:1)여호와께서 모세에게 이르시되 바로에게 들어가서 그에게 이르라 히브리 사람의 하나님 여호와께서 말씀하시기를 내 백성을 보내라 그들이 나를 섬길 것이니라 (이상의 말씀은 인격을 가지고 계시는 아버지께서 모세에게 하신 말씀입니다. 여호와 하나님 아버지는 분명하게 아버지로서 독자적인 한 인격을 가지고 계십니다.)

(마17:1-5)엿새 후에 예수께서 베드로와 야고보와 그 형제 요한을 데리시고 따로 높은 산에 올라가셨더니 2. 저희 앞에서 변형되사 그 얼굴이 해 같이 빛나며 옷이 빛과 같이 희어졌더라 3. 때에 모세와 엘리야가 예수로 더불어 말씀하는 것이 저희에게 보이거늘 4. 베드로가 예수께 여짜와 가로되 주여 우리가 여기 있는 것이 좋사오니 주께서 만일 원하시면 내가 여기서 초막 셋을 짓되 하나는 주를 위하여, 하나는 모세를 위하여, 하나는 엘리야를 위하여 하리이다 5. 말할 때에 홀연히 빛난 구름이 저희를 덮으며

구름 속에서 소리가 나서 가로되 이는 내 사랑하는 아들이요 내 기뻐하는 자니 너희는 저의 말을 들으라 하는지라

⬧ 이상의 말씀을 보면 여호와 하나님 아버지께서 예수님에 대하여 베드로 야고보 요한에게 말씀하셨으므로 아버지로서의 인격이 있습니다.

(눅22:42-44)가라사대 아버지여 만일 아버지의 뜻이어든 이 잔을 내게서 옮기시옵소서 그러나 내 원대로 마옵시고 아버지의 원대로 되기를 원하나이다 하시니 43. 사자가 하늘로부터 예수께 나타나 힘을 돕더라 44. 예수께서 힘쓰고 애써 더욱 간절히 기도하시니 땀이 땅에 떨어지는 피방울같이 되더라

⬧ 위의 말씀을 보면 예수님께서 아들로서 아버지에게 기도합니다. 그러므로 아버지께서 독자적인 한 인격이 있으므로 예수님을 향하여 내 사랑하는 아들이라고 하셨고 예수님께서는 한 독자적인 인격으로 아버지를 향하여 아버지라고 기도하시며 부르셨습니다.

2. 구약의 성령은 여호와 하나님 생명의 활동입니다.

⬧ 구약의 성령의 인격은 여호와 하나님의 일하심입니다. 그 이유는 구약에서는 오직 여호와 하나님 한 분만 계시기 때문입니다.

(사45:5)나는 여호와라 나 외에 다른 이가 없나니 나 밖에 신이 없느니라
(사44:6)이스라엘의 왕인 여호와, 이스라엘의 구속자인 만군의 여호와가

말하노라 나는 처음이요 나는 마지막이라 나 외에 다른 신이 없느니라

(사44:24)네 구속자요 모태에서 너를 조성한 나 여호와가 말하노라 나는 만물을 지은 여호와라 나와 함께한 자 없이 홀로 하늘을 폈으며 땅을 베풀 었고

✞ 이상의 말씀과 같이 구약에서는 하나님은 여호와 하나님 한 분밖에 없 기 때문에 당연히 여호와 하나님 인격밖에 없습니다. 구약의 성령은 주로 여호와의 신으로 나옵니다.

(사11:2)여호와의 신 곧 지혜와 총명의 신이요 모략과 재능의 신이요 지 식과 여호와를 경외하는 신이 그 위에 강림하시리니

(사60:1)일어나라 빛을 발하라 이는 네 빛이 이르렀고 여호와의 영광이 네 위에 임하였음이니라

(겔36:26-27)또 새 영을 너희 속에 두고 새 마음을 너희에게 주되 너희 육신에서 굳은 마음을 제하고 부드러운 마음을 줄 것이며 27. 또 내 신을 너희 속에 두어 너희로 내 율례를 행하게 하리니 너희가 내 규례를 지켜 행 할찌라

3. 신약의 성령은 아버지 아들을 통하여 나오시는 복합된 영의 활동입니다.

✞ 성령은 독자적으로 인격을 가지신 분이 아니라 한 분 하나님 생명의 활 동이기 때문에 구약에서는 여호와의 신으로만 되어 있습니다. **(사11:20, 창1:1-2)**구약의 성령을 아들 예수님의 성령이라고 말씀한 곳은 단 한 곳

도 없습니다. 그러나 신약에 와서는 성령은 아버지의 성령도 되시고 아들 예수님의 성령도 되십니다.

(마10:19-20) 너희가 넘겨줄 때에 어떻게 또는 무엇을 말할까 염려치 말라 그때 무슨 말할 것을 주시리니 20. 말하는 이는 너희가 아니라 너희 속에서 말씀하시는 자 곧 너희 아버지의 성령이시니

(요10:30) 나와 아버지는 하나이니라 하신대

(빌2:6-7) 그는 근본 하나님의 본체시나 하나님과 동등됨을 취할 것으로 여기지 아니하시고 7. 오히려 자기를 비워 종의 형체를 가져 사람들과 같이 되었고

(빌1:19) 이것이 너희 간구와 예수 그리스도의 성령의 도우심으로 내 구원에 이르게 할줄 아는고로

(행1:8) 오직 성령이 너희에게 임하시면 너희가 권능을 받고 예루살렘과 온 유대와 사마리아와 땅 끝까지 이르러 내 증인이 되리라 하시니라

(요5:26) 아버지께서 자기 속에 생명이 있음 같이 아들에게도 생명을 주어 그 속에 있게 하셨고

✞ 하나님의 경륜이란? **(엡3:1~5)** 하나님의 행정과 경영하심인데, 하나님 형상과 모양대로 지음받은 사람 속에 하나님이 오셔서 사시므로 경영하십니다.

(마1:20) 이 일을 생각할 때에 주의 사자가 현몽하여 가로되 다윗의 자손 요셉아 네 아내 마리아 데려 오기를 무서워 말라 저에게 잉태된 자는 성령으로 된 것이라

✞ 예수 그리스도께서 영광 받을 위치에 가시기 전에는 누구에게도 성령은 없습니다.

(요7:39) 이는 그를 믿는 자의 받을 성령을 가리켜 말씀하신 것이라 "예수께서 아직 영광을 받지 못하신 고로 성령이 아직 저희에게 계시지 아니하시더라"
(마12:18) 보라 나의 택한 종 곧 내 마음에 기뻐하는바 나의 사랑하는 자로다 내가 내 성령을 줄터이니 그가 심판을 이방에 알게 하리라
(행8:16) 이는 아직 한 사람에게도 성령 내리신 일이 없고 오직 주 예수의 이름으로 세례만 받을 뿐이러라
(빌1:19) 이것이 너희 간구와 예수 그리스도의 성령의 도우심으로 내 구원에 이르게 할줄 아는고로
(행6:10) 스데반이 지혜와 성령으로 말함을 저희가 능히 당치 못하여
(요1서4:13) 그의 성령을 우리에게 주시므로 우리가 그 안에 거하고 그가 우리 안에 거하시는 줄을 아느니라

✞ 즉 성령은? 하나님 생명의 활동이기 때문에 아버지의 소유격이 되고, 아들이신 예수 그리스도의 소유격도 됩니다. 왜냐하면? 성령은 독자적으로 계신 것이 아니고 예수님은 여호와 하나님이 직접 오셔서 사람이 되신 분이기 때문에 생명의 활동을 통해서 이뤄집니다.

(행2:33) 하나님이 오른손으로 예수를 높이시매 그가 약속하신 성령을 아버지께 받아서 너희 보고 듣는 이것을 부어 주셨느니라

2. 아버지와 아들은 형상이 있으나 성령 하나님은 형상이나 보좌는 따로 없다. 그러므로 독자적인 인격이 없는 것이다.

(요14:16~26)내가 아버지께 구하겠으니 그가 또 다른 보혜사를 너희에게 주사 영원토록 너희와 함께 있게 하시리니 17. 저는 진리의 영이라 세상은 능히 저를 받지 못하나니 이는 저를 보지도 못하고 알지도 못함이라 그러나 너희는 저를 아나니 저는 너희와 함께 거하심이요 또 너희 속에 계시겠음이라 18. 내가 너희를 고아와 같이 버려두지 아니하고 너희에게로 오리라 19. 조금 있으면 세상은 다시 나를 보지 못할 터이로되 너희는 나를 보리니 이는 내가 살았고 너희도 살겠음이라 20. 그 날에는 내가 아버지 안에, 너희가 내 안에, 내가 너희 안에 있는 것을 너희가 알리라 21. 나의 계명을 가지고 지키는 자라야 나를 사랑하는 자니 나를 사랑하는 자는 내 아버지께 사랑을 받을 것이요 나도 그를 사랑하여 그에게 나를 나타내리라 23. 예수께서 대답하여 가라사대 사람이 나를 사랑하면 내 말을 지키리니 내 아버지께서 저를 사랑하실 것이요 우리가 저에게 와서 거처를 저와 함께 하리라 24. 나를 사랑하지 아니하는 자는 내 말을 지키지 아니하나니 너희의 듣는 말은 내 말이 아니요 나를 보내신 아버지의 말씀이니라 26. 보혜사 곧 아버지께서 내 이름으로 보내실 성령 그가 너희에게 모든 것을 가르치시고 내가 너희에게 말한 모든 것을 생각나게 하시리라

3. 구약에서의 성령은 아버지 인격으로 일하신다.

(삼상19:23)사울이 라마 나욧으로 가니라 하나님의 신이 그에게도 임하시니 그가 라마 나욧에 이르기까지 행하며 예언을 하였으며

✝ 성령 하나님은 독자적인 인격은 아니지만, 인격은 있습니다. 아버지의 인격이 있으시고 사람으로서의 아들의 인격이 있지만, 또한 아버지와 아들은 하나이기 때문에 아버지의 성령도 되시고 예수의 성령도 되시고, 아버지에게도 아들 예수 그리스도에게서도 나오십니다. 구약에서는 아버지의 인격으로 신약에서는 아들 예수의 인격으로 활동합니다.

4. 아버지와 아들은 이름이 있으나 성령 하나님은 이름이 없다.

(행1:16)형제들아 성령이 다윗의 입을 의탁하사 예수 잡는 자들을 지로한 유다를 가리켜 미리 말씀하신 성경이 응하였으니 마땅하도다

(행13:4~12)두 사람이 성령의 보내심을 받아 실루기아에 내려가 거기서 배 타고 구브로에 가서 5. 살라미에 이르러 하나님의 말씀을 유대인의 여러 회당에서 전할쌔 요한을 수종자로 두었더라

(행16:6-7)성령이 아시아에서 말씀을 전하지 못하게 하시거늘 브루기아와 갈라디아 땅으로 다녀가 7. 무시아 앞에 이르러 비두니아로 가고자 애쓰되 예수의 영이 허락지 아니하시는지라

(행5:3~9)베드로가 가로되 아나니아야 어찌하여 사단이 네 마음에 가득하여 네가 성령을 속이고 땅값 얼마를 감추었느냐 4. 땅이 그대로 있을 때에는 네 땅이 아니며 판 후에도 네 임의로 할 수가 없더냐 어찌하여 이 일을 네 마음에 두었느냐 사람에게 거짓말 한 것이 아니요 하나님께로다 5. 아나니아가 이 말을 듣고 엎드러져 혼이 떠나니 이 일을 듣는 사람이 다 크게 두려워하더라 6. 젊은 사람들이 일어나 시신을 싸서 메고 나가 장사하니라 7. 세 시간쯤 지나 그 아내가 그 생긴 일을 알지 못하고 들어오니 8. 베드로가 가로되 그 땅 판 값이 이것 뿐이냐 내게 말하라 하니 가로되 예

이뿐이로라 9. 베드로가 가로되 너희가 어찌 함께 꾀하여 주의 영을 시험하려 하느냐 보라 네 남편을 장사하고 오는 사람들의 발이 문앞에 이르렀으니 또 너를 메어 내가리라 한대

(행10:47-48)이에 베드로가 가로되 이 사람들이 우리와 같이 성령을 받았으니 누가 능히 물로 세례 줌을 금하리요 하고 48. 명하여 예수 그리스도의 이름으로 세례를 주라 하니라 저희가 베드로에게 수일 더 유하기를 청하니라

5. 아버지, 아들은 보좌가 있으나 성령은 보좌가 없습니다.

✞ 구약에는 여호와 하나님 보좌가 있어서 앉아 계신다는 말씀이 있습니다. 그 이유는 여호와 하나님은 사람의 모양을 하고 계시기 때문입니다.

(왕상22:19)미가야가 가로되 그런즉 왕은 여호와의 말씀을 들으소서 내가 보니 여호와께서 그 보좌에 앉으셨고 하늘의 만군이 그 좌우편에 모시고 서 있는데

(단7:9)내가 보았는데 왕좌가 놓이고 옛적부터 항상 계신이가 좌정하셨는데 그 옷은 희기가 눈 같고 그 머리털은 깨끗한 양의 털 같고 그 보좌는 불꽃이요

"이기는 자에게는 하나님 보좌에 함께 앉게 해주겠다고 말씀합니다."

✞ 성령 하나님은 모양이 없기 때문에 보좌가 없습니다. 그 이유는 성령 하나님은 하나님의 일을 하시기 위하여 하나님 자신의 생명을 발휘할 때

나오시는 하나님의 활동하는 인격이시기 때문입니다. 성령 하나님은 자신에 대하여 증거하지 않으시고 오직 예수님만 증거합니다.

(계3:21) 이기는 그에게는 내가 내 보좌에 함께 앉게 하여주기를 내가 이기고 아버지 보좌에 함께 앉은 것과 같이 하리라

제18강
한 분 하나님이 두 분, 세 분으로 나뉜 이유

제18강
한 분 하나님이 두 분, 세 분으로 나뉜 이유

✞ 구약 4,000년 동안 많은 신자들은 오직 여호와만 하나님으로 섬기고 살았습니다. 아담, 에녹, 노아, 아브라함, 이삭, 야곱이 여호와만 하나님으로 섬기고 살아왔습니다.

(출3:14-15)하나님이 모세에게 이르시되 나는 스스로 있는 자니라 또 이르시되 너는 이스라엘 자손에게 이같이 이르기를 스스로 있는 자가 나를 너희에게 보내셨다 하라 15. 하나님이 또 모세에게 이르시되 너는 이스라엘 자손에게 이같이 이르기를 나를 너희에게 보내신 이는 너희 조상의 하나님 곧 아브라함의 하나님, 이삭의 하나님, 야곱의 하나님 여호와라 하라 이는 나의 영원한 이름이요 대대로 기억할 나의 표호니라

(출32:28)레위 자손이 모세의 말대로 행하매 이 날에 백성 중에 삼천명 가량이 죽인바 된지라 (여호와 하나님은 금송아지 사건으로 3,000명이 죽음.)

✞ 이들은 여호와만이 하나님이시라는 교육을 철저히 받았기 때문에 예수님께서 하나님의 아들이라고 말씀하시자, 이스라엘 사람들은 한 분 하나님을 지켜내기 위하여 한 분 하나님이신 예수님을 십자가에 못 박았습니다. **(유1:25)곧 우리 구주 홀로 하나이신 하나님께 우리 주 예수 그리스도로 말미암아 영광과 위엄과 권력과 권세가 만고 전부터 이제와 세세에 있을찌어다 아멘**

1. 예수님께서 여호와이심을 유대인들이 믿었습니다.

①12제자 ②마가의 다락방 120명 ③500문도 ④베드로 설교를 들은 사람들 등 또한 사도 바울의 신앙 고백은 예수님이 곧 여호와라는 고백을 합니다.

(빌2:6) 그는 근본 하나님의 본체시나 하나님과 동등됨을 취할 것으로 여기지 아니하시고

(롬5:15) 그러나 이 은사는 그 범죄와 같지 아니하니 곧 한 사람의 범죄를 인하여 많은 사람이 죽었은즉 더욱 하나님의 은혜와 또는 한 사람 예수 그리스도의 은혜로 말미암은 선물이 많은 사람에게 넘쳤으리라

(딛2:13) 복스러운 소망과 우리의 크신 하나님 구주 예수 그리스도의 영광이 나타나심을 기다리게 하셨으니

2. 성경대로 믿지 않으면 분리된 두 분, 세 분 주님으로 분리시켜 믿게 되면 구원을 얻을 사람 단 하나도 없습니다.

✝ 예수 안에서 용납되는 삼위일체를 믿고 신관이 바르게 정립되고 이해를 통해서 사람 속에서 하나님과 연합이 되는 것입니다.

(사9:6) 이는 한 아기가 우리에게 났고 한 아들을 우리에게 주신바 되었는데 그 어깨에는 정사를 메었고 그 이름은 기묘자라, 모사라, 전능하신 하나님이라, 영존하시는 아버지라, 평강의 왕이라 할 것임이라

(사28:13) 여호와께서 그들에게 말씀하시되 경계에 경계를 더하며 경계에 경계를 더하며 교훈에 교훈을 더하며 교훈에 교훈을 더하고 여기서도 조

금, 저기서도 조금 하사 그들로 가다가 뒤로 넘어져 부러지며 걸리며 잡히게 하시리라

(사44:6)이스라엘의 왕인 여호와, 이스라엘의 구속자인 만군의 여호와가 말하노라 나는 처음이요 나는 마지막이라 나 외에 다른 신이 없느니라

(사45:5)나는 여호와라 나 외에 다른 이가 없나니 나 밖에 신이 없느니라 너는 나를 알지 못하였을찌라도 나는 네 띠를 동일 것이요

(요일5:20)또 아는 것은 하나님의 아들이 이르러 우리에게 지각을 주사 우리로 참된 자를 알게 하신 것과 또한 우리가 참된 자 곧 그의 아들 예수 그리스도 안에 있는 것이니 그는 참 하나님이시요 영생이시라

✞ 아타나시우스에 의해서 한 분 하나님이 두 분, 세 분으로 격화시키자 예수님을 하나님으로 격상시킨다고 하면서 한 분 하나님을 두 분, 세 분으로 알게 하는 삼신관으로 믿게 된 것입니다.

✞ 아타나시우스의 삼신관이란?
❶여호와 하나님 아버지는 영원부터 아버지 하나님으로 계시고
❷아들 예수님도 영원부터 아들 하나님으로 계셨고
❸성령 하나님도 영원부터 한분 하나님으로 계셨다는 신학이다

✞ 주후 325년경 콘스탄틴 대제에 의해 니케아 종교 회의가 소집되었는데 아리우스 이단설을 잠재우기 위해서였습니다.

✞ 니케아 종교회의에서 채택된 안건은 7가지로서
①아타나시우스의 삼신관 ② 교황의 그리스도 대리권 ③성직자들에 대한 기도 ④뼈들에 대한 숭배 ⑤성체성사 ⑥연 옥설 ⑦면죄부

✞ 천주교는 지금도 7가지를 받아들여 사용하고 있지만, 그러나 기독교는 삼신관만 받아들여 주님을 두 분, 세 분 하나님으로 만들어 하나님 나라를 완전히 망하게 만들었습니다.

3. 해가 어두워지고 달이 빛을 잃고 별들이 땅에 떨어지는 사건이 니케아 회의에서 아타나시우스에 의해서 일어난 것.

(시84:11)여호와 하나님은 해요 방패시라 여호와께서 은혜와 영화를 주시며 정직히 행하는 자에게 좋은 것을 아끼지 아니하실 것임이니이다

(마24:29-30)그 날 환난 후에 즉시 해가 어두워지며 달이 빛을 내지 아니하며 별들이 하늘에서 떨어지며 하늘의 권능들이 흔들리리라 30. 그 때에 인자의 징조가 하늘에서 보이겠고 그 때에 땅의 모든 족속들이 통곡하며 그들이 인자가 구름을 타고 능력과 큰 영광으로 오는 것을 보리라

(암8:11)주 여호와께서 가라사대 보라 날이 이를찌라 내가 기근을 땅에 보내리니 양식이 없어 주림이 아니며 물이 없어 갈함이 아니요 여호와의 말씀을 듣지 못한 기갈이라

(계6:12-13)내가 보니 여섯째 인을 떼실 때에 큰 지진이 나며 해가 총담 같이 검어지고 온 달이 피 같이 되며 13. 하늘의 별들이 무화과나무가 대풍에 흔들려 선 과실이 떨어지는 것 같이 땅에 떨어지며

(단12:2-4)땅의 티끌 가운데서 자는 자 중에 많이 깨어 영생을 얻는 자도 있겠고 수욕을 받아서 무궁히 부끄러움을 입을 자도 있을 것이며 3. 지혜 있는 자는 궁창의 빛과 같이 빛날 것이요 많은 사람을 옳은 데로 돌아오게 한 자는 별과 같이 영원토록 비취리라 4. 다니엘아 마지막 때까지 이 말을 간수하고 이 글을 봉함하라 많은 사람이 빨리 왕래하며 지식이 더하리라

✟ 위의 말씀과 같이 땅의 티끌 중 자는 자들이 깨어나 영생을 얻고 많은 사람을 옳은 데로 돌아오게 하는 자는 별과 같이 영원토록 비취리라 봉함된 영원한 복음을 실제 내용 되어 하나님의 생명의 인격이 (마5:48)하나님 같이 온전해질 수 있습니다. 이때는 (시84:11)하나님을 입어 하나님께 배우고 양육 받아 사람 안에 해를 입은 여자 교회를 세우는 것입니다.

(시19:5)해는 그 방에서 나오는 신랑과 같고 그 길을 달리기 기뻐하는 장사 같아서

(계22:16)나 예수는 교회들을 위하여 내 사자를 보내어 이것들을 너희에게 증거하게 하였노라 나는 다윗의 뿌리요 자손이니 곧 광명한 새벽 별이라 하시더라

(계12:1)하늘에 큰 이적이 보이니 해를 입은 한 여자가 있는데 그 발 아래는 달이 있고 그 머리에는 열두 별의 면류관을 썼더라

(눅1:78-79)이는 우리 하나님의 긍휼을 인함이라 이로써 돋는 해가 위로부터 우리에게 임하여 79. 어두움과 죽음의 그늘에 앉은 자에게 비취고 우리 발을 평강의 길로 인도하시리로다 하니라

(말4:2)내 이름을 경외하는 너희에게는 의로운 해가 떠올라서 치료하는 광선을 발하리니 너희가 나가서 외양간에서 나온 송아지 같이 뛰리라

(사30:26)여호와께서 그 백성의 상처를 싸매시며 그들의 맞은 자리를 고치시는 날에는 달빛은 햇빛 같겠고 햇빛은 칠 배가 되어 일곱 날의 빛과 같으리라

(사60:19-20)다시는 낮에 해가 네 빛이 되지 아니하며 달도 네게 빛을 비취지 않을 것이요 오직 여호와가 네게 영영한 빛이 되며 네 하나님이 네 영광이 되리니 20. 다시는 네 해가 지지 아니하며 네 달이 물러가지 아니할 것은 여호와가 네 영영한 빛이 되고 네 슬픔의 날이 마칠 것임이니라

제19강
하나님의 말씀은? 하나님의 생각

제19강
하나님의 말씀은? 하나님의 생각

1. 말씀은 하나님의 생각이 입을 통해 나오는 것이다.

✞ 기독교는 하나님이 하나님의 아들 되시고 또 하나님의 아들들 되는 것입니다.

(요1서1:14)태초부터 있는 생명의 말씀에 관하여는 우리가 들은 바요 눈으로 본 바요 주목하고 우리 손으로 만진 바라 2. 이 생명이 나타내신바 된지라 이 영원한 생명을 우리가 보았고 증거하여 너희에게 전하노니 이는 아버지와 함께 계시다가 우리에게 나타내신바 된 자니라

✞ 말씀은 태초부터 있었는데 이 말씀을 생명이라 했습니다. 예수 그리스도는 여호와 아버지의 생명을 받아서 아들이 되었습니다. **(요5:26)**생명은 반드시 형체(형상) 속에 있습니다. 생명이 형체밖에 있을 수는 없습니다. 그래서 예수님은 아버지 속에서 나왔다고 하는 것입니다.

(요16:28)내가 아버지께로 나와서 세상에 왔고 다시 세상을 떠나 아버지께로 가노라 하시니

(요13:3)저녁 먹는 중 예수는 아버지께서 모든 것을 자기 손에 맡기신 것과 또 자기가 하나님께로부터 오셨다가 하나님께로 돌아가실 것을 아시고

✞ 예수님은 태초에 계신 말씀이 육신이 되셨는데 이 태초에 계신 말씀은 여호와 아버지 속에 있는 생명과 생각을 말씀이라고 하고 이 말씀은 생명과 생각이기 때문에 아버지 속에 계셨습니다. 그래서 예수님은 아버지께로부터 나왔다고 말씀하셨고 나왔다가 다시 가시기 때문에 원위치해서 아버지 속으로 가시는 것입니다.

(요14:20)그 날에는 내가 아버지 안에, 너희가 내 안에, 내가 너희 안에 있는 것을 너희가 알리라
(창1:3)하나님이 가라사대 빛이 있으라 하시매 빛이 있었고
(창1:11)하나님이 가라사대 땅은 풀과 씨 맺는 채소와 각기 종류대로 씨 가진 열매 맺는 과목을 내라 하시매 그대로 되어
(창12:1)여호와께서 아브라함에게 이르시되 너는 너의 본토 친척 아비 집을 떠나 내가 네게 지시할 땅으로 가라
(히4:12)하나님의 말씀은 살았고 운동력이 있어 좌우의 날선 검보다 예리하여 혼과 영과 및 관절과 골수를 찔러 쪼개기까지 하며 또 마음의 생각과 뜻을 감찰하나니
(딤후3:16-17)모든 성경은 하나님의 감동으로 된 것으로 교훈과 책망과 바르게 함과 의로 교육하기에 유익하니 17. 이는 하나님의 사람으로 온전케 하며 모든 선한 일을 행하기에 온전케 하려 함이니라
(신18:19-20)무릇 그가 내 이름으로 고하는 내 말을 듣지 아니하는 자는 내게 벌을 받을 것이요 20. 내가 고하라고 명하지 아니한 말을 어떤 선지자가 만일 방자히 내 이름으로 고하든지 다른 신들의 이름으로 말하면 그 선지자는 죽임을 당하리라 하셨느니라
(신28:1~3)네가 네 하나님 말씀을 삼가 듣고 내가 오늘날 네게 명하는 그 모든 명령을 지켜 행하면 네 하나님 여호와께서 너를 세계 모든 민족 위에

뛰어나게 하실 것이라 2. 네가 네 하나님 여호와의 말씀을 순종하면 이 모든 복이 네게 임하며 네게 미치니니 3. 성읍에서도 복을 받고 들에서도 복을 받을 것이며 6. 네가 들어와도 복을 받고 나가도 복을 받을 것이니라

✞ 구약의 모든 묵시는 예언서? 에스겔, 다니엘, 예레미아, 이사야, 말라기 등 이 예언의 말씀을 이루시기 전에는 아무도 알 수 없다.

(사29:11)그러므로 모든 묵시가 너희에게는 마치 봉한 책의 말이라 그것을 유식한 자에게 주며 이르기를 그대에게 청하노니 이를 읽으라 하면 대답하기를 봉하였으니 못하겠노라 할 것이요

(사31:3)애굽은 사람이요 신이 아니며 그 말들은 육체요 영이 아니라 여호와께서 그 손을 드시면 돕는 자도 넘어지며 도움을 받는 자도 엎드러져서 다 함께 멸망하리라.

2. 태초에 말씀 하나님 품속에 말씀으로, 생각으로 계셨다.

(요1:1)태초에 말씀이 계시니라 이 말씀이 하나님과 함께 계셨으니 이 말씀은 곧 하나님이시니라

(요1:18)본래 하나님을 본 사람이 없으되 아버지 품속에 있는 독생하신 하나님이 나타내셨느니라

(시139:17)하나님이여 주의 생각이 내게 어찌 그리 보배로우신지요 그 수가 어찌 그리 많은지요

(시92:5)여호와여 주의 행사가 어찌 그리 크신지요 주의 생각이 심히 깊으시니이다

(창6:13)하나님이 노아에게 이르시되 모든 혈육 있는 자의 강포가 땅에 가득하므로 그 끝날이 내 앞에 이르렀으니 내가 그들을 땅과 함께 멸하리라

(창12:1)여호와께서 아브람에게 이르시되 너는 너의 본토 친척 아비 집을 떠나 내가 네게 지시할 땅으로 가라

(창26:2)여호와께서 이삭에게 나타나 가라사대 애굽으로 내려가지 말고 내가 네게 지시하는 땅에 거하라

(출3:4)여호와께서 그가 보려고 돌이켜 오는 것을 보신지라 하나님이 떨기나무 가운데서 그를 불러 가라사대 모세야 모세야 하시매 그가 가로되 내가 여기 있나이다

(출4:2~4)여호와께서 그에게 이르시되 네 손에 있는 것이 무엇이냐 그가 가로되 지팡이니이다 3. 여호와께서 가라사대 그것을 땅에 던지라 곧 땅에 던지니 그것이 뱀이 된지라 모세가 뱀 앞에서 피하매 4. 여호와께서 모세에게 이르시되 네 손을 내밀어 그 꼬리를 잡으라 그가 손을 내밀어 잡으니 그 손에서 지팡이가 된지라

(수1:1~8)여호와의 종 모세가 죽은 후에 여호와께서 모세의 시종 눈의 아들 여호수아에게 일러 가라사대 2. 내 종 모세가 죽었으니 이제 너는 이 모든 백성으로 더불어 일어나 이 요단을 건너 내가 그들 곧 이스라엘 자손에게 주는 땅으로 가라 3. 내가 모세에게 말한 바와 같이 무릇 너희 발바닥으로 밟는 곳을 내가 다 너희에게 주었노니 4. 곧 광야와 이 레바논에서부터 큰 하수 유브라데에 이르는 헷 족속의 온 땅과 또 해 지는 편 대해까지 너희 지경이 되리라 5. 너의 평생에 너를 능히 당할 자 없으리니 내가 모세와 함께 있던 것 같이 너와 함께 있을 것임이라 내가 너를 떠나지 아니하며 버리지 아니하리니 6. 마음을 강하게 하라 담대히 하라 너는 이 백성으로 내가 그 조상에게 맹세하여 주리라 한 땅을 얻게 하리라 7. 오직 너는 마음을 강하게 하고 극히 담대히 하여 나의 종 모세가 네게 명한 율법을 다 지켜

행하고 좌로나 우로나 치우치지 말라 그리하면 어디로 가든지 형통하리니 8. 이 율법책을 네 입에서 떠나지 말게 하며 주야로 그것을 묵상하여 그 가운데 기록한대로 다 지켜 행하라 그리하면 네 길이 평탄하게 될 것이라 네가 형통하리라

(욘1:1-2) 여호와의 말씀이 아밋대의 아들 요나에게 임하니라 이르시되 2. 너는 일어나 저 큰 성읍 니느웨로 가서 그것을 쳐서 외치라 그 악독이 내 앞에 상달하였음이니라 하시니라

(눅5:4~6) 말씀을 마치시고 시몬에게 이르시되 깊은 데로 가서 그물을 내려 고기를 잡으라 5. 시몬이 대답하여 가로되 선생이여 우리들이 밤이 맞도록 수고를 하였으되 얻은 것이 없지마는 말씀에 의지하여 내가 그물을 내리리이다 하고 6. 그리한즉 고기를 에운 것이 심히 많아 그물이 찢어지는지라

(왕하3:16) 저가 가로되 여호와의 말씀이 이 골짜기에 개천을 많이 파라 하셨나이다

(히1:3) 이는 하나님의 영광의 광채시요 그 본체의 형상이시라 그의 능력의 말씀으로 만물을 붙드시며 죄를 정결케 하는 일을 하시고 높은 곳에 계신 위엄의 우편에 앉으셨느니라

✞ 이와 같이 하나님의 생각을 입의 말로 표현해 내신 것입니다.
윗사람에게 말하면 말씀하셨다 하고 아랫사람이 말하면 말했다 합니다.

3. 말씀은 하나님의 씨입니다.

✞ 하나님의 씨인 말씀이 밭인 예수라는 사람 속에 심어지니 이분이 곧 예수 그리스도요 하나님의 아들입니다.

✝ 예수 그리스도가 사람이시면서 아버지와 동등한 것은 아버지의 씨가 직접 예수라는 밭(몸)에 부려졌기 때문입니다. 이것을 이사야는 다음과 같이 말씀했습니다.

(사9:6)이는 한 아기가 우리에게 났고 한 아들을 우리에게 주신바 되었는데 그 어깨에는 정사를 메었고 그 이름은 기묘자라, 모사라, 전능하신 하나님이라, 영존하시는 아버지라, 평강의 왕이라 할 것임이라
(고전3:9)우리는 하나님의 동역자들이요 너희는 하나님의 밭이요 하나님의 집이니라

✝ 아버지의 씨가 예수라는 밭에 직접 심어지니 예수님은 사람이면서도 아버지와 동등한 아들이십니다. 하나님께서 많은 밭에 씨를 뿌리기 위해서 한 알의 씨를 만드시는 작업입니다.

(요12:24)내가 진실로 진실로 너희에게 이르노니 한 알의 밀이 땅에 떨어져 죽지 아니하면 한 알 그대로 있고 죽으면 많은 열매를 맺느니라
(요1서3:9)하나님께로서 난 자마다 죄를 짓지 아니하나니 이는 하나님의 씨가 그의 속에 거함이요 저도 범죄치 못하는 것은 하나님께로서 났음이라
(벧전1:23)너희가 거듭난 것이 썩어질 씨로 된 것이 아니요 썩지 아니할 씨로 된 것이니 하나님의 살아 있고 항상 있는 말씀으로 되었느니라

✝ 믿는 자들이 하나님 아버지의 아들이지만 아버지와 동등할 수 없는 이유는 예수라는 사람 속에 아버지의 씨인 말씀이 들어갔다가(요1:14)나온 씨이기 때문에 아들이 되지만 아버지는 될 수 없습니다.

✞ 성경 모든 말씀은 하나님 자신에 대한 이야기입니다.
(요20:31)오직 이것을 기록함은 너희로 예수께서 하나님의 아들 그리스도 이심을 믿게 하려 함이요 또 너희로 믿고 그 이름 힘입어 생명을 얻게 하려 함이라

✞ 말씀이란? 하나님이 따로 계시다가 오신 것이 아닙니다. 사람으로서는 영원히 배반과 반역이 없는 하나님 나라를 이룰 수 없기 때문에 하나님이 하나님 아들 되시고 많은 아들들을 얻기 위한 계획하셨습니다. 이 계획이 바로 하나님의 생각(예수 그리스도의 비밀)입니다. 즉, 하나님이 친히 사람 되시고 하나님의 아들 얻는 것이 기독교의 핵심입니다.

제20강
아버지, 아들은 독자적 인격 있고 성령은 없다

제20강
아버지, 아들은 독자적 인격 있고 성령은 없다

1. 예수님은 성령으로 잉태되신 분입니다.

(마1:18)예수 그리스도의 나심은 이러하니라 그 모친 마리아가 요셉과 정혼하고 동거하기 전에 성령으로 잉태된 것이 나타났더니 20. 저에게 잉태된 자는 성령으로 된 것이라

(마12:18)보라 나의 택한 종 곧 내 마음에 기뻐하는바 나의 사랑하는 자로다 내가 내 성령을 줄 터이니 그가 심판을 이방에 알게 하리라

(마22:43)가라사대 그러면 다윗이 성령에 감동하여 어찌 그리스도를 주라 칭하여 말하되

(요1:14)말씀이 육신이 되어 우리 가운데 거하시매 우리가 그 영광을 보니 아버지의 독생자의 영광이요 은혜와 진리가 충만하더라(미리 말씀하신 것을 이룬 것 같이 육신을 입고 이 땅에 오신 것입니다.)

✝ 예수 그리스도는 성령으로 잉태되셨기 때문에 예수 그리스도는 사람이 시면서도 하나님 아버지와 동격이 되십니다.

(요20:22-23)이 말씀을 하시고 저희를 향하사 숨을 내쉬며 가라사대 성령을 받으라 23. 너희가 뉘 죄든지 사하면 사하여질 것이요 뉘 죄든지 그대로 두면 그대로 있으리라 하시니라 (죄사함을 받고 아버지와 하나 된 자

가 죄사함의 확증을 시켜주고 아버지와 연합하게 해야 합니다.)

(요14:16~19)내가 아버지께 구하겠으니 그가 또 다른 보혜사를 너희에게 주사 영원토록 너희와 함께 있게 하시리니 17. 저는 진리의 영이라 세상은 능히 저를 받지 못하나니 이는 저를 보지도 못하고 알지도 못함이라 그러나 너희는 저를 아나니 저는 너희와 함께 거하심이요 또 너희 속에 계시겠음이라 18. 내가 너희를 고아와 같이 버려두지 아니하고 너희에게로 오리라 19. 조금 있으면 세상은 다시 나를 보지 못할 터이로되 너희는 나를 보리니 이는 내가 살았고 너희도 살겠음이라. 26. 보혜사 곧 아버지께서 내 이름으로 보내실 성령 그가 너희에게 모든 것을 가르치시고 내가 너희에게 말한 모든 것을 생각나게 하시리라

(요5:26)아버지께서 자기 속에 생명이 있음 같이 아들에게도 생명을 주어 그 속에 있게 하셨고 (아버지의 생명을 받아서 육신으로 오신 아들 예수님이 되는 것입니다.)

(요1:12)영접하는 자 그 이름을 믿는 자들에게는 하나님의 자녀가 되는 권세를 주셨으니 (아버지의 속성을 그 이름이라고 합니다.)

(롬8:26-27)이와 같이 성령도 우리 연약함을 도우시나니 우리가 마땅히 빌바를 알지 못하나 오직 성령이 말할 수 없는 탄식으로 우리를 위하여 친히 간구하시느니라 27. 마음을 감찰하시는 이가 성령의 생각을 아시나니 이는 성령이 하나님의 뜻대로 성도를 위하여 간구하심이니라

(골1:19)아버지께서는 모든 충만으로 예수 안에 거하게 하시고

✞ 성령이란? 아버지 하나님의 생명 자체. 아버지 하나님의 활동을 성령이라 합니다. 하나님의 영, 성령, 여호와의 씨는 아버지와 아들에게서 나오고 그리스도 영, 아들의 영, 양자의 영은 오직 아들 예수 그리스도에게서만 나옵니다.

2. 그리스도 영이 사람의 생명 되는 것이지 성령을 사람의 생명이라 하지 않는다.

(롬8:9)만일 하나님의 영이 너희 안에 거하시면 너희가 육신에 있지 않고 영에 있나니 그리스도의 영이 없으면 그리스도의 사람이 아니라

(빌1:19)이것이 너희 간구와 예수 그리스도의 성령의 도우심으로 내 구원에 이르게 할 줄 아는고로

(요15:26)내가 아버지께로서 너희에게 보낼 보혜사 곧 아버지께로서 나오시는 진리의 성령이 오실 때에 그가 나를 증거하실 것이요

(갈2:20)내가 그리스도와 함께 십자가에 못 박혔나니 그런즉 이제는 내가 산 것 아니요 내안에 예수 그리스도께서 사신 것이라

(요일4:13)그의 성령을 우리에게 주시므로 우리가 그 안에 거하고 그가 우리 안에 거하시는 줄을 아느니라

✞ 예수님께서 우리 같은 죄인을 구원하고자 몸을 버렸으니 우리도 죄의 몸을 버려야 죄 없으신 하나님께 우리의 죄를 담당해 주시는 것입니다.

(마1:1)아브라함과 다윗의 자손 예수 그리스도의 세계라

(막1:1)하나님의 아들 예수 그리스도의 복음의 시작이라

(요1:41)그가 먼저 자기의 형제 시몬을 찾아 말하되 우리가 먼저 메시아를 만났다 하고(메시아는 번역하면 그리스도라)

(요3:28)나의 말한바 나는 그리스도가 아니요 그의 앞에 보내심을 받은 자라고 한 것을 증거할 자는 너희니라

(요4:25)여자가 가로되 메시아 곧 그리스도라 하는 이가 오실 줄을 내가 아노니 그가 오시면 모든 것을 우리에게 고하시리라

(요7:42) 그리스도는 다윗의 씨로 나오리라.

(골3:3-4) 이는 너희가 죽었고 너희 생명이 그리스도와 함께 하나님 안에 감취었음이니라 4. 우리 생명이신 그리스도께서 나타나실 그 때에 너희도 그와 함께 영광 중에 나타나리라

(고후5:17) 그런즉 누구든지 그리스도 안에 있으면 새로운 피조물이라 이전 것은 지나갔으니 보라 새것이 되었도다

3. 성령은 예수님의 생명 되셨고 그리스도 영은 사람의 생명이 됩니다.

✞ 예수님이 부활로 사람 속에 연합되기 전에는 성령을 받은 자는 없다.

(히1:5) 하나님께서 어느 때에 천사 중 누구에게 네가 내 아들이라 오늘날 내가 너를 낳았다 하셨으며 또다시 나는 그에게 아버지가 되고 그는 내게 아들이 되리라 하셨느뇨

6. 또 맏아들을 이끌어 세상에 다시 들어오게 하실 때에 하나님의 모든 천사가 저에게 경배할찌어다 말씀하시며

(고전1:30) 너희는 하나님께로부터 나서 그리스도 예수 안에 있고 예수는 하나님께로서 나와서 우리에게 지혜와 의로움과 거룩함과 구속함이 되셨으니

(요7:39) 이는 그를 믿는 자의 받을 성령을 가리켜 말씀하신 것이라 (예수께서 아직 영광을 받지 못하신 고로 성령이 아직 저희에게 계시지 아니하시더라)

(마10:20) 말하는 이는 너희가 아니라 너희 속에서 말씀하시는 자 곧 너희 아버지의 성령이시니라

(행16:6-7) 성령이 아시아에서 말씀을 전하지 못하게 하시거늘 브루기아

와 갈라디아 땅으로 다녀가 7. 무시아 앞에 이르러 비두니아로 가고자 애쓰되 예수의 영이 허락지 아니하시는지라

(행8:15-16)그들이 내려가서 저희를 위하여 성령 받기를 기도하니 16. 이는 아직 한 사람에게도 성령 내리신 일이 없고 오직 주 예수의 이름으로 세례만 받을 뿐이러라

4. 말씀의 이해가 부족하면 남편이 셋이 되게 믿으니 구원도 생명의 활동도 하지 못하는 것입니다.

✝ 삼위일체로 생명분배 과정을 바르게 이해하지 못하면 세 분 하나님을 믿게 되므로 하나님의 경륜 안에서 주님과의 연합이 이루어져야 합니다.

(사54:5)이는 너를 지으신 자는 네 남편이시라 그 이름은 만군의 여호와시며 네 구속자는 이스라엘의 거룩한 자시라 온 세상의 하나님이라 칭함을 받으실 것이며

(고후11:2)내가 하나님의 열심으로 너희를 위하여 열심 내노니 내가 너희를 정결한 처녀로 한 남편인 그리스도께 드리려고 중매함이로다

(계22:17)성령과 신부가 말씀하시기를 오라 하시는도다 듣는 자도 오라 할 것이요 목마른 자도 올 것이요 또 원하는 자는 값 없이 생명수를 받으라 하시더라(성령은 신랑 되시고, 믿는 자는 신부가 되고, 성령은 독자적인 인격이나 보좌는 없습니다. 구약에는 아버지의 성령, 신약에는 예수 그리스도의 성령, 부활 후에는 아버지의 생명을 받은 아들인 내가 아버지의 생명 활동을 해야 하는 것입니다.)

(계3:21)이기는 그에게는 내가 내 보좌에 함께 앉게 하여주기를 내가 이기고 아버지 보좌에 함께 앉은 것과 같이 하리라

제21강
죄를 100% 다스리고 해방 받는 길

제21강

죄를 100% 다스리고 해방 받는 길

1. 예수 그리스도께서 믿는 자의 과거 현재 미래의 죄까지 완전히 담당하셨다.

✝ 오늘날 기독교인들은 예수 그리스도의 피를 구약의 짐승의 피만큼의 효력도 믿지를 못합니다. 죄의 생명으로 태어난 사람이 행동할 때 하나님의 말씀과 반대로 생각하고 그 결과 반대로 행동하는 것입니다. 사람은 하나님의 형상과 모양대로 지음을 받았기 때문에 하나님의 성품을 나타내며 살아야 합니다.

(히10:9-10) 그 후에 말씀하시기를 보시옵소서 내가 하나님의 뜻을 행하러 왔나이다 하셨으니 그 첫 것을 폐하심은 둘째 것을 세우려 하심이니라 10. 이 뜻을 좇아 예수 그리스도의 몸을 단번에 드리심으로 말미암아 우리가 거룩함을 얻었노라

✝ 이상의 말씀을 보면 예수 그리스도께서 우리 죄를 위하여 영원한 제사를 드리심으로 이 사실을 믿는 자들을 영원히 거룩하게 하셨다고 말씀하셨습니다.
구약에서 이스라엘 사람들은 그들이 죄를 지으면 하나님께서 모세에게 준 율법을 따라 양이나 염소나 황소를 죄지은 사람을 대신하여 속죄(죄)를

드림으로 지은 죄를 사해 주셨습니다.

(히9:13) 염소와 황소의 피와 및 암송아지의 재로 부정한 자에게 뿌려 그 육체를 정결케 하여 거룩케 하거든

(고전1:30) 너희는 하나님께로부터 나서 그리스도 예수 안에 있고 예수는 하나님께로서 나와서 우리에게 지혜와 의로움과 거룩함과 구속함이 되셨으니

(롬1:17) 복음에는 하나님의 의가 나타나서 믿음으로 믿음에 이르게 하나니 기록된바 오직 의인은 믿음으로 말미암아 살리라 함과 같으니라

(사53:5-6) 그가 찔림은 우리의 허물을 인함이요 그가 상함은 우리의 죄악을 인함이라 그가 징계를 받음으로 우리가 평화를 누리고 그가 채찍에 맞음으로 우리가 나음을 입었도다 6. 우리는 다 양 같아서 그릇 행하여 각기 제 길로 갔거늘 여호와께서는 우리 무리의 죄악을 그에게 담당시키셨도다

✝ 위의 말씀과 같이 믿는 자들이 점점 의롭게 되어 가고 의롭게 되어 가는 것이 아니라 예수 그리스도께서 믿는 자의 생명 되시고 믿는 자를 대신하여 사시므로 믿는 자의 내용 되시고 실제 되는 것입니다.

(요1서3:3-8) 주를 향하여 이 소망을 가진 자마다 그의 깨끗하심과 같이 자기를 깨끗하게 하느니라 5. 그가 우리 죄를 없이 하려고 나타내신바 된 것을 너희가 아나니 그에게는 죄가 없느니라 6. 그 안에 거하는 자마다 범죄하지 아니하나니 범죄하는 자마다 그를 보지도 못하였고 그를 알지도 못하였느니라 8. 죄를 짓는 자는 마귀에게 속하나니 마귀는 처음부터 범죄함이니라 하나님의 아들이 나타나신 것은 마귀의 일을 멸하려 하심이니라

2. 신약의 신자들은 같은 죄에 대하여 수백 번씩 제사를 드린다.

⚜ 같은 죄를 반복해서 회개하는 행위는 신약의 예수의 피가 구약의 짐승의 피보다도 효력이 없다는 증거이기에 이런 사람들은 하나님의 말씀을 믿지 않는 것입니다.

(히6:5-6) 하나님의 선한 말씀과 내세의 능력을 맛보고 6. 타락한 자들은 다시 새롭게 하여 회개케 할 수 없나니 이는 자기가 하나님의 아들을 다시 십자가에 못 박아 현저히 욕을 보임이라

(히8:10) 또 주께서 가라사대 그날 후에 내가 이스라엘 집으로 세울 언약이 이것이니 내 법을 저희 생각에 두고 저희 마음에 이것을 기록하리라 나는 너희 하나님이 되고 저희는 내 백성이 되리라

(히8:13) 새 언약이라 말씀하셨으매 첫 것은 낡아지게 하신 것이니 낡아지고 쇠하여진 것은 없어져 가는 것이니라

(히10:13~14) 그 후에 자기 원수들로 자기 발등상이 되게 하실 때까지 기다리시나니 14. 저가 한 제물로 거룩하게 된 자들을 영원히 온전케 하셨느니라

(히9:22) 율법을 좇아 거의 모든 물건이 피로써 정결케 되나니 피흘림이 없은즉 사함이 없느니라

3. 과거의 죄는 회개와 믿음으로 100% 사함 받고 현재와 미래의 죄는 그때 자백함으로서 죄 사함을 받습니다.

⚜ 예수님께서 십자가에서 피 흘리시고 죽으신 후 맨 처음 예수님의 피의 효력을 얻은 자는 바로 예수님과 함께 십자가에 못 박힌 한 강도이고 맨

먼저 구원받은 자도 바로 십자가 위의 강도입니다. 이 강도가 구원받은 과정을 정리해보면 다른 강도와 같이 예수님을 비난하다가 자기가 죄인임을 깨닫고 다른 강도를 비난하고 구원을 예수님께 요청하므로 아무것도 요구하지 않으시고 곧바로 나와 함께 낙원에 있으리라는 말씀을 하시므로 강도를 구원하신 것입니다. 오늘날 우리의 구원도 똑같습니다.

(롬14:11) 주께서 가라사대 내가 살았노니 모든 무릎이 내게 꿇을 것이요 모든 혀가 내게 자백하리라

(요일1:8~10) 만일 우리가 죄 없다하면 스스로 속이고 또 진리가 우리 속에 있지 아니할 것이요 9. 만일 우리가 우리 죄를 자백하면 저는 미쁘시고 의로우사 우리 죄를 사하시며 모든 불의에서 우리를 깨끗케 하실 것이요 10. 만일 우리가 범죄하지 아니하였다 하면 하나님을 거짓말 하는 자로 만드는 것이니 또한 그의 말씀이 우리 속에 있지 아니하니라

(요일3:10) 이러므로 하나님의 자녀들과 마귀의 자녀들이 나타나나니 무릇 의를 행치 아니하는 자나 또는 그 형제를 사랑치 아니하는 자는 하나님께 속하지 아니하니라

✞ 죄에서 100% 해방 받는 길은 죄가 무엇인지를 알고 하나님께서 이루신 일을 알면 쉽게 해방을 받게 됩니다.

✞ 교회 다니는 신자이면서 5년~10년이 지나서도 아래의 말씀에 해당한다면 구원과 거듭남에 대하여 심각성을 가지고 점검해 보시기 바랍니다.

(요16:9) 죄에 대하여라 함은 저희가 나를 믿지 아니함이요

(마15:19) 마음에서 나오는 것은 악한 생각과 살인과 간음과 음란과 도적질과 거짓 증거와 훼방이니 20. 이런 것들이 사람을 더럽게 하는 것이요

씻지 않은 손으로 먹는 것은 사람을 더럽게 하지 못하느니라

(롬1:28~32)또한 저희가 마음에 하나님 두기를 싫어하매 하나님께서 저희를 그 상실한 마음대로 내어 버려두사 합당치 못한 일을 하게 하셨으니 29. 곧 모든 불의, 추악, 탐욕, 악의가 가득한 자요 시기, 살인, 분쟁, 사기, 악독이 가득한 자요 수군수군하는 자요 30. 비방하는 자요 하나님의 미워하시는 자요 능욕하는 자요 교만한 자요 자랑하는 자요 악을 도모하는 자요 부모를 거역하는 자요 31. 우매한 자요 배약 하는 자요 무정한 자요 무자비한 자라 32. 저희가 이 같은 일을 행하는 자는 사형에 해당하다고 하나님의 정하심을 알고도 자기들만 행할 뿐 아니라 또한 그 일을 행하는 자를 옳다 하느니라

✝ 위의 말씀 22가지의 죄에 걸린다는 것은 **(요1서3:8-9)**죄를 짓는 자는 마귀에게 속하나니 마귀는 처음부터 범죄함이니라 하나님의 아들이 나타나신 것은 마귀의 일을 멸하려 하심이니라 9. 하나님께로서 난 자마다 죄를 짓지 아니하나니 이는 하나님의 씨가 그의 속에 거함이요 저도 범죄치 못하는 것은 하나님께로서 났음이라

사람은 하나님께서 났음으로 범죄치 못합니다.

(갈5:19~21)육체의 일은 현저하니 곧 음행과 더러운 것과 호색과 20.우상 숭배와 술수와 원수를 맺는 것과 분쟁과 시기와 분냄과 당 짓는 것과 분리함과 이단과 21. 투기와 술 취함과 방탕함과 또 그와 같은 것들이라 전에 너희에게 경계한 것 같이 경계하노니 이런 일을 하는 자들은 하나님의 나라를 유업으로 받지 못할 것이요

(딤후3:1~5)네가 이것을 알라 말세에 고통하는 때가 이르리니 2. 사람들은 자기를 사랑하며 돈을 사랑하며 자긍하며 교만하며 훼방하며 부모를 거

역하며 감사치 아니하며 거룩하지 아니하며 3. 무정하며 원통함을 풀지 아니하며 참소하며 절제하지 못하며 사나우며 선한 것을 좋아 아니하며 4. 배반하여 팔며 조급하며 자고하며 쾌락을 사랑하기를 하나님 사랑하는 것보다 더하며 5. 경건의 모양은 있으나 경건의 능력은 부인하는 자니 이같은 자들에게서 네가 돌아서라

4. 믿는 자들은 죄를 지을 수 없고 죄를 100% 다스려야 합니다.

(창1:28) 하나님이 그들에게 복을 주시며 그들에게 이르시되 생육하고 번성하여 땅에 충만하라, 땅을 정복하라, 바다의 고기와 공중의 새와 땅에 움직이는 모든 생물을 다스리라 하시니라

(창4:7) 죄의 소원은 네게 있으나 너는 죄를 다스릴찌니라

(롬6:10~12) 그의 죽으심은 죄에 대하여 단번에 죽으심이요 그의 살으심은 하나님께 대하여 살으심이니 11. 이와 같이 너희도 너희 자신을 죄에 대하여는 죽은 자요 그리스도 예수 안에서 하나님을 대하여는 산 자로 여길찌어다 12. 그러므로 너희는 죄로 너희 죽을 몸에 왕노릇하지 못하게 하여 몸의 사욕을 순종치 말고

(롬6:16~18) 너희 자신을 종으로 드려 누구에게 순종하든지 그 순종함을 받는 자의 종이 되는 줄을 너희가 알지 못하느냐 혹은 죄의 종으로 사망에 이르고 혹은 순종의 종으로 의에 이르느니라 17. 하나님께 감사하리로다 너희가 본래 죄의 종이더니 너희에게 전하여 준바 교훈의 본을 마음으로 순종하여 18. 죄에게서 해방되어 의에게 종이 되었느니라

(롬8:1-2) 그러므로 이제 그리스도 예수 안에 있는 자에게는 결코 정죄함이 없나니 2. 이는 그리스도 예수 안에 있는 생명의 성령의 법이 죄와 사망

의 법에서 너를 해방하였음이라

(롬8:10~14) 또 그리스도께서 너희 안에 계시면 몸은 죄로 인하여 죽은 것이나 영은 의를 인하여 산 것이니라 11. 예수를 죽은 자 가운데서 살리신 이의 영이 너희 안에 거하시면 그리스도 예수를 죽은 자 가운데서 살리신 이가 너희 안에 거하시는 그의 영으로 말미암아 너희 죽을 몸도 살리시리라 12. 그러므로 형제들아 우리가 빚진 자로되 육신에게 져서 육신대로 살 것이 아니니라 13. 너희가 육신대로 살면 반드시 죽을 것이로되 영으로써 몸의 행실을 죽이면 살리니 14. 무릇 하나님의 영으로 인도함을 받는 그들은 곧 하나님의 아들이라

(벧후1:4~7) 신의 성품에 참예하는 자가 되게 하셨으니 5. 이러므로 너희가 더욱 힘써 너희 믿음에 덕을, 덕에 지식을 6. 지식에 절제를, 절제에 인내를, 인내에 경건을 7. 경건에 형제 우애를, 형제 우애에 사랑을 공급하라

(갈5:22-23) 오직 성령의 열매는 사랑과 희락과 화평과 오래 참음과 자비와 양선과 충성과 온유와 절제니 이같은 것을 금지할 법이 없느니라

제22강
죄를 다스리려면 반드시 죄의 자백이 필요

제22강

죄를 다스리려면 반드시 죄의 자백이 필요

✞ 100% 죄를 다스리며 사는 방법
✞ 죄가 무엇인가?**(요16:9 / 죄에 대하여라 함은 저희가 나를 믿지 아니함이요)**

스스로 사는 분은 여호와 하나님 한 분뿐입니다**(출3:14 하나님이 모세에게 이르시되 나는 스스로 있는 자니라)**피조물인 인간은 다 하나님으로부터 공급받아서 살아야 합니다. 그런데 사탄이 사람을 유혹할 때 너희가 스스로 살 수 있다고**(창3:5 / 너희가 그것을 먹는 날에는 너희 눈이 밝아 하나님과 같이 되어 선악을 알 줄을 하나님이 아심이니라)**했습니다.

1. 예수 그리스도께서 믿는 자의 현재, 과거, 미래의 죄까지 완전히 담당하셨습니다.

✞ 하나님 아버지 생명이 믿는 자들 속에 들어오실 때 이들이 곧 하나님의 아들들이 되는 것입니다.

(살전5:22-23)악은 모든 모양이라도 버리라 23. 평강의 하나님이 친히 너희로 온전히 거룩하게 하시고 또 너희 온 영과 혼과 몸이 우리 주 예수 그리스도 강림하실 때에 흠 없게 보전되기를 원하노라

(사53:6) 우리는 다 양 같아서 그릇 행하여 각기 제 길로 갔거늘 여호와께서는 우리 무리의 죄악을 그에게 담당시키셨도다

(사53:10-11) 여호와께서 그로 상함을 받게 하시기를 원하사 질고를 당케 하셨은즉 그 영혼을 속건제물로 드리기에 이르면 그가 그 씨를 보게 되며 그 날은 길 것이요 또 그의 손으로 여호와의 뜻을 성취하리로다 11. 가라사대 그가 자기 영혼의 수고한 것을 보고 만족히 여길 것이라 나의 의로운 종이 자기 지식으로 많은 사람을 의롭게 하며 또 그들의 죄악을 친히 담당하리라

(히9:28) 이와 같이 그리스도도 많은 사람의 죄를 담당하시려고 단번에 드리신바 되셨고 구원에 이르게 하기 위하여 죄와 상관없이 자기를 바라는 자들에게 두번째 나타나시리라

✝ **(엡3:17)** 믿음으로 말미암아 그리스도께서 너희 마음에 계시게 하옵시고 (그리스도는 형체로 계시고 계신 예수 그리스도를 지칭하는 것이 아니고 예수 그리스도 속에 있는 아버지의 생명을 그리스도라고 합니다. 그래서 믿는 자 속에는 아버지 생명이 들어오시는데 이것을 그리스도가 믿는 자 속에 사신다고 표현한 것입니다. 성경에서 예수님에 대하여 그리스도라 할 때는 사람의 형체를 가지고 계시는 예수 그리스도에 대한 명칭으로 사용할 때도 있지만 주로 예수 그리스도 안에 있는 생명에 대하여 지칭할 때 그리스도라고 합니다.)

(벧전2:24) 친히 나무에 달려 그 몸으로 우리 죄를 담당하셨으니 이는 우리로 죄에 대하여 죽고 의에 대하여 살게 하심이라 저가 채찍에 맞음으로 너희는 나음을 얻었나니

2. 죄를 처리하기 위해서는 예수 그리스도로 존재를 바꿔야 합니다.

✞ **(롬8:9)** 만일 너희 속에 하나님의 영이 거하시면 너희가 육신에 있지 아니하고 영에 있나니 누구든지 그리스도의 영이 없으면 그리스도의 사람이 아니라 예수 그리스도의 사람이 되려면 예수 그리스도께서 믿는 자 속으로 들어오셔야 믿는 자가 그리스도의 사람이 되는 것입니다. 사람이 죄인에서 벗어나는 길은 마귀 자식에서 하나님 자식으로 바뀌어야 합니다. 사람은 출생할 때 **(시51:5)** 죄 중에 출생하고 죄 중에 잉태했습니다. 그래서 사람들은 다 마귀 자녀가 되고 **(요8:44)** 자기 아버지 마귀와 같이 죄 중에 삽니다.

(갈2:20) 내가 그리스도와 함께 십자가에 못 박혔나니 그런즉 이제는 내가 산 것 아니요 내 안에 그리스도께서 사신 것이라 (이상의 말씀에서는 형체로서의 그리스도와 생명으로서 그리스도를 동시에 말씀하고 있습니다. 내가 그리스도와 함께 십자가에 못 박혔다고 할 때는 형체로서의 그리스도지만 내 안에 사시는 그리스도는 생명으로서의 그리스도를 지칭합니다. 몸을 버리신 예수 그리스도를 믿어야 합니다. 예수 그리스도께서 내 안에 사신다고 말씀대로 행동하며 사는 자 되려면 **(요1서2:6)** 자기가 사는 것이 아니요, 그 사람 안에 예수 그리스도가 살기 때문에 이런 사람들은 죄를 짓지 않고 죄를 100% 다스리는 자들이 되는 것입니다. **(엡4:11~15)** 에 보면 어린아이 같은 신자가 예수 그리스도로 장성한 데까지 이르게 되어 죄를 짓지 않는 것입니다.

(고전1:30) 너희는 하나님께로부터 나서 그리스도 안에 있고 예수는 하나님께서 나와서 우리에게 지혜와 의로움과 거룩함과 구속함이 되었으니(그리스도의 생명은 생명 속에 있는 속성으로서 하나님의 지혜, 하나님의 의, 하나님의 거룩, 하나님의 구속을 하나님의 생명이라고 합니다.

(롬14:11-12)기록되었으되 주께서 가라사대 내가 살았노니 모든 무릎이 내게 꿇을 것이요 모든 혀가 하나님께 자백하리라 하였느니라 12. 이러므로 우리 각인이 자기 일을 하나님께 직고하리라

(골2:13~15)13. 또 너희의 범죄와 육체의 무할례로 죽었던 너희를 하나님이 그와 함께 살리시고 우리에게 모든 죄를 사하시고 14. 우리를 거스리고 우리를 대적하는 의문에 쓴 증거를 도말하시고 제하여 버리사 십자가에 못 박으시고 15. 정사와 권세를 벗어버려 밝히 드러내시고 십자가로 승리하셨느니라

(요1:8)우리 죄가 없다 하면 스스로 속이고 진리가 우리 속에 아니 할 것이요 9. 우리가 우리 죄를 자백하면 저는 미쁘시고 의로우사 우리 죄를 사하시며 모든 불의에서 우리를 깨끗게 하실 것이요

(엡1:4-5)곧 창세 전에 그리스도 안에서 우리를 택하사 우리로 사랑 안에서 그 앞에 거룩하고 흠이 없게 하시려고 5. 그 기쁘신 뜻대로 우리를 예정하사 예수 그리스도로 말미암아 자기의 아들들이 되게 하셨으니

(갈4:6-7)너희가 아들인고로 하나님이 그 아들의 영을 우리 마음 가운데 보내사 아바 아버지라 부르게 하셨느니라 7. 그러므로 네가 이후로는 종이 아니요 아들이니 아들이면 하나님으로 말미암아 유업을 이을 자니라

(롬8:16-17)성령이 친히 우리 영으로 더불어 우리가 하나님의 자녀인 것을 증거하시나니 17. 자녀이면 또한 후사 곧 하나님의 후사요 그리스도와 함께한 후사니 우리가 그와 함께 영광을 받기 위하여 고난도 함께 받아야 될 것이니라

(빌2:12-13)그러므로 나의 사랑하는 자들아 너희가 나 있을 때 뿐 아니라 더욱 지금 나 없을 때에도 항상 복종하여 두렵고 떨림으로 너희 구원을 이루라 13. 너희 안에서 행하시는 이는 하나님이시니 자기의 기쁘신 뜻을

위하여 너희로 소원을 두고 행하게 하시나니

(갈4:19)나의 자녀들아 너희 속에 그리스도의 형상이 이루기까지 다시 너희를 위하여 해산하는 수고를 하노니

(골3:3-4)이는 너희가 죽었고 너희 생명이 그리스도와 함께 하나님 안에 감추었음이니라 4. 우리 생명이신 그리스도께서 나타나실 그 때에 너희도 그와 함께 영광 중에 나타나리라(이상의 말씀은 생명으로서 그리스도를 지칭합니다. 그리스도가 우리의 생명이라고 말씀했습니다.)

✞ 예수 그리스도의 장성한 분량까지 자란다는 말씀은 영에 계신 그리스도의 영이 믿는 자의 몸에까지 계시는 것을 말합니다.

(엡4:13~15)우리가 다 하나님의 아들을 믿는 것과 아는 일에 하나가 되어 온전한 사람을 이루어 그리스도의 장성한 분량이 충만한 데까지 이르리니 14. 이는 우리가 이제부터 어린 아이가 되지 아니하여 사람의 궤술과 간사한 유혹에 빠져 모든 교훈의 풍조에 밀려 요동치 않게 하려 함이라 15. 오직 사랑 안에서 참된 것을 하여 범사에 그에게까지 자랄찌라 그는 머리니 곧 그리스도라

3. 죄를 100% 다스리시는 분은 예수 그리스도 한 분뿐입니다.

✞ 한 인간이 영혼과 육신을 가졌듯이 한 그리스도께서는 하나님이시오, 동시에 인간이 되십니다.

(히10:10~14)이 뜻을 좇아 예수 그리스도의 몸을 단번에 드리심으로 말

미암아 우리가 거룩함을 얻었노라 11. 제사장마다 매일 서서 섬기며 자주 같은 제사를 드리되 이 제사는 언제든지 죄를 없게 하지 못하거니와 12. 오직 그리스도는 죄를 위하여 한 영원한 제사를 드리시고 하나님 우편에 앉으사 13. 그 후에 자기 원수들로 자기 발등상이 되게 하실 때까지 기다리시나니 14. 저가 한 제물로 거룩하게 된 자들을 영원히 온전케 하셨느니라

(고후13:5) 너희가 믿음에 있는가 너희 자신을 시험하고 너희 자신을 확증하라 예수 그리스도께서 너희 안에 계신 줄을 너희가 스스로 알지 못하느냐 그렇지 않으면 너희가 버리운 자니라

(요일5:18) 하나님께로서 난 자마다 범죄치 아니하는 줄을 우리가 아노라 하나님께로서 나신 자가 저를 지키시매 악한 자가 저를 만지지도 못하느니라

(요일3:9) 하나님께로서 난 자마다 죄를 짓지 아니하나니 이는 하나님의 씨가 그의 속에 거함이요 저도 범죄치 못하는 것은 하나님께로서 났음이라

4. 죄가 나올 때마다 말씀을 적용하여 죽음에 넘기면 죄가 주님께 넘겨지고 처리됩니다.

✞ 믿는 자의 생명인 옛사람이 죽지 않고는 죄에서 벗어날 길이 없습니다. 그래서 예수님이 십자가에 죽으실 때 믿는 자도 같이 죽었다는 사실을 믿는 것이 기독교입니다.

(롬6:4) 그러므로 우리가 그의 죽으심과 합하여 세례를 받음으로 그와 함께 장사되었나니 이는 아버지의 영광으로 말미암아 그리스도를 죽은 자 가운데서 살리심과 같이 우리로 또한 새 생명 가운데서 행하게 하려 함이니라

(롬6:5) 만일 우리가 그의 죽으심을 본받아 연합한 자가 되었으면 또한 그의 부활을 본받아 연합한 자가 되리라

✞ 이상의 말씀과 같이 마귀로부터 태어난 죄의 생명인 옛사람이 예수와 함께 십자가에 못 박힘으로 옛사람은 죽었다고 성경은 말씀합니다. 믿는 자가 이것을 나의 죽음이라고 받아들일 때 이것이 곧 믿음이고 이렇게 믿으면 죄의 생명이 죽었기 때문에 이런 사람은 죄가 나오지 않습니다.

(롬6:6-7) 우리가 알거니와 우리 옛사람이 예수와 함께 십자가에 못 박힌 것은 죄의 몸이 멸하여 다시는 우리가 죄에게 종노릇 하지 아니하려 함이니 7. 이는 죽은 자가 죄에서 벗어나 의롭다 하심을 얻었음이니라

✞ 믿는 자의 옛 생명이 죽으면 그 사람 안에 예수 그리스도께서 사시기 때문에 이런 사람은 죄를 짓지 않습니다. 죄의 아비로부터 받은 생명이 죽고 죄를 모르는 의의 생명인 예수 그리스도께서 믿는 자의 생명이 되시기 때문입니다. 이와 같은 사건이 하나님 뜻이기 때문에 예수님께서는 믿지 않는 것이 죄라고 말씀하신 것입니다.

(롬8:12-13) 그러므로 형제들아 우리가 빚진 자로되 육신에게 져서 육신대로 살 것이 아니니라 13. 너희가 육신대로 살면 반드시 죽을 것이로되 영으로써 몸의 행실을 죽이면 살리니 14. 무릇 하나님의 영으로 인도함을 받는 그들은 곧 하나님의 아들이라

(고전15:31) 형제들아 내가 그리스도 예수 우리 주 안에서 가진바 너희에게 대한 나의 자랑을 두고 단언하노니 나는 날마다 죽노라

(고후5:4) 이 장막에 있는 우리가 짐 진것 같이 탄식하는 것은 벗고자 함이 아니요 오직 덧입고자 함이니 죽을 것이 생명에게 삼킨바 되게 하려 함이라

(히9:22) 율법을 좇아 거의 모든 물건이 피로써 정결케 되나니 피흘림이

없은즉 사함이 없느니라

(히10:14~17) 저가 한 제물로 거룩하게 된 자들을 영원히 온전케 하셨느니라 15. 또한 성령이 우리에게 증거하시되 16. 주께서 가라사대 그날 후로는 저희와 세울 언약이 이것이라 하시고 내 법을 저희 마음에 두고 저희 생각에 기록하리라 하신 후에 17. 또 저희 죄와 저희 불법을 내가 다시 기억지 아니하리라 하셨으니

✻ 7가지 기술한 사항을 믿어야 합니다.

① 하나님은 반드시 사람의 형상(모양)이라고 믿어야 한다.**(창1:26~28)**
② 하나님은 분리된 두 분, 세 분 하나님이 아니라 오직 예수 그리스도 한 분이라고 믿자.
③ 예수 그리스도께서 믿는 자의 과거, 현재, 미래의 죄까지 완전히 담당했다고 믿어야 한다.
④ 하나님의 경륜인 하나님이 하나님의 아들 되시고 아내가 되고 아들들이 되는 것.
⑤ 구원받은 후에 죄를 범하면 반드시 죄를 자백함으로 사하심을 얻는다.**(요일1:9)**
⑥ 예수와 함께 나는 십자가에 죽고 그리스도와 함께 다시 산다고 믿어야 한다.
⑦ 죄에 대하여는 죽은 자로 하나님에 대하여는 산 자로 여기며 살아야 한다.

제23강
십자가의 도가 하나님의 능력, 지혜

제23강
십자가의 도가 하나님의 능력, 지혜

⋮

1. 십자가의 도를 알고 깨달아야 합니다.

(고전1:18~24)십자가의 도가 멸망하는 자들에게는 미련한 것이요 구원을 얻는 우리에게는 하나님의 능력이라 19. 기록된바 내가 지혜 있는 자들의 지혜를 멸하고 총명한 자들의 총명을 폐하리라 하였으니 20. 지혜 있는 자가 어디 있느뇨 선비가 어디 있느뇨 이 세대에 변사가 어디 있느뇨 하나님께서 이 세상의 지혜를 미련케 하신 것이 아니뇨 21. 하나님의 지혜에 있어서는 이 세상이 자기 지혜로 하나님을 알지 못하는 고로 하나님께서 전도의 미련한 것으로 믿는 자들을 구원하시기를 기뻐하셨도다 22. 유대인은 표적을 구하고 헬라인은 지혜를 찾으나 23. 우리는 십자가에 못 박힌 그리스도를 전하니 유대인에게는 거리끼는 것이요 이방인에게는 미련한 것이로되 24. 오직 부르심을 입은 자들에게는 유대인이나 헬라인이나 그리스도는 하나님의 능력이요 하나님의 지혜니라

(골2:14)우리를 거스리고 우리를 대적하는 의문에 쓴 증서를 도말하시고 제하여 버리사 십자가에 못 박으시고 정사와 권세를 벗어버려 밝히 드러내시고 십자가로 승리하셨느니라

(고전2:2-5)내가 너희 중에서 예수 그리스도와 그의 십자가에 못 박히신 것 외에는 아무 것도 알지 아니하기로 작정하였음이라 3. 내가 너희 가운데 거할 때에 약하며 두려워하며 심히 떨었노라 4. 내 말과 내 전도함이 지

혜의 권하는 말로 하지 아니하고 다만 성령의 나타남과 능력으로 하여 5. 너희 믿음이 사람의 지혜에 있지 아니하고 다만 하나님의 능력에 있게 하려 하였노라

(갈4:3)이와 같이 우리도 어렸을 때에 이 세상 초등 학문 아래 있어서 종 노릇하였더니 4. 때가 차매 하나님이 그 아들을 보내사 여자에게서 나게 하시고 율법 아래 나게 하신 것은 5. 율법 아래 있는 자들을 속량하시고 우리로 아들의 명분을 얻게 하려 하심이라 6. 너희가 아들인고로 하나님이 그 아들의 영을 우리 마음 가운데 보내사 아바 아버지라 부르게 하셨느니라 7. 그러므로 네가 이 후로는 종이 아니요 아들이니 아들이면 하나님으로 말미암아 유업을 이을 자니라

2. 십자가의 도를 알지 못하면 구원을 얻지 못합니다.

(고후13:4)그리스도께서 약하심으로 십자가에 못 박히셨으나 오직 하나님의 능력으로 살으셨으니 우리도 저의 안에서 약하나 너희를 향하여 하나님의 능력으로 저와 함께 살리라

(엡2:16)십자가로 이 둘을 한 몸으로 하나님과 화목하게 하려 하심이라 원수 된 것을 십자가로 소멸하시고

(갈2:20)내가 그리스도와 함께 십자가에 못 박혔나니 그런즉 이제는 내가 산 것이 아니요 오직 내 안에 그리스도께서 사신 것이라 이제 내가 육체 가운데 사는 것은 나를 사랑하사 나를 위하여 자기 몸을 버리신 하나님의 아들을 믿는 믿음 안에서 사는 것이라

(갈5:24-25)그리스도 예수의 사람들은 육체와 함께 그 정과 욕심을 십자가에 못 박았느니라 25. 만일 우리가 성령으로 살면 또한 성령으로 행할찌니

(갈6:14)그러나 내게는 우리 주 예수 그리스도의 십자가 외에 결코 자랑할 것이 없으니 그리스도로 말미암아 세상이 나를 대하여 십자가에 못 박히고 내가 또한 세상을 대하여 그러하니라

(히6:6)타락한 자들은 다시 새롭게 하여 회개케 할 수 없나니 이는 자기가 하나님의 아들을 다시 십자가에 못 박아 현저히 욕을 보임이라

(골2:14-15)우리를 거스리고 우리를 대적하는 의문에 쓴 증서를 도말하시고 제하여 버리사 십자가에 못 박으시고 15. 정사와 권세를 벗어버려 밝히 드러내시고 십자가로 승리하셨느니라

(롬6:3~5)무릇 그리스도 예수와 합하여 세례를 받은 우리는 그의 죽으심과 합하여 세례 받은 줄을 알지 못하느뇨 4. 그러므로 우리가 그의 죽으심과 합하여 세례를 받음으로 그와 함께 장사되었나니 이는 아버지의 영광으로 말미암아 그리스도를 죽은 자 가운데서 살리심과 같이 우리로 또한 새 생명 가운데서 행하게 하려 함이니라 5. 만일 우리가 그의 죽으심을 본받아 연합한 자가 되었으면 또한 그의 부활을 본받아 연합한 자가 되리라

(고후5:14-15)그리스도의 사랑이 우리를 강권하시는도다 우리가 생각건대 한 사람이 모든 사람을 대신하여 죽었은즉 모든 사람이 죽은 것이라 15. 저가 모든 사람을 대신하여 죽으심은 산 자들로 하여금 다시는 저희 자신을 위하여 살지 않고 오직 저희를 대신하여 죽었다가 다시 사신 자를 위하여 살게 하려 함이니라

(고후4:14)주 예수를 다시 살리신 이가 예수와 함께 우리도 다시 살리사 너희와 함께 그 앞에 서게 하실 줄을 아노니

(벧전3:18)그리스도께서 한번 죄를 위하여 죽으사 의인으로서 불의한 자를 대신하셨으니 이는 우리를 하나님 앞으로 인도하려 하심이라 육체로는 죽임을 당하시고 영으로는 살리심을 받으셨으니

(벧전4:6)이를 위하여 죽은 자들에게도 복음이 전파되었으니 이는 육체로

는 사람처럼 심판을 받으나 영으로는 하나님처럼 살게 하려 함이니라

3. 십자가의 도를 깨닫지 못하면 존재를 바꿀 수가 없습니다.

(계11:8)저희 시체가 큰 성길에 있으리니 그 성은 영적으로 하면 소돔이라고도 하고 애굽이라고도 하니 곧 저희 주께서 십자가에 못 박히신 곳이니

(롬4:25)예수는 우리 범죄함을 위하여 내어줌이 되고 또한 우리를 의롭다 하심을 위하여 살아나셨느니라

(롬5:17~19)한 사람의 범죄를 인하여 사망이 그 한 사람으로 말미암아 왕노릇 하였은즉 더욱 은혜와 선물을 넘치게 받은 자들이 한 분 예수 그리스도로 말미암아 생명 안에서 왕노릇하리로다 18.그런즉 한 범죄로 많은 사람이 정죄에 이른것 같이 의의 한 행동으로 말미암아 많은 사람이 의롭다 하심을 받아 생명에 이르렀느니라 19. 한 사람의 순종치 아니함으로 많은 사람이 죄인 된것 같이 한 사람의 순종하심으로 많은 사람이 의인이 되리라

(골3:3-4)이는 너희가 죽었고 너희 생명이 그리스도와 함께 하나님 안에 감취었음이니라 4. 우리 생명이신 그리스도께서 나타나실 그 때에 너희도 그와 함께 영광 중에 나타나리라

(롬8:9)만일 너희 속에 하나님의 영이 거하시면 너희가 육신에 있지 아니하고 영에 있나니 누구든지 그리스도의 영이 없으면 그리스도의 사람이 아니라

✞ 이상의 말씀과 같이 예수 그리스도가 믿는 자 속에 들어오는 것이 하나님의 경륜이기 때문에 믿는 자 속에 예수 그리스도가 사시고 믿는 자는 죽

었다고 성경은 말씀합니다. 그러므로 예수 그리스도의 비밀대로 믿지 않으면 구원받지 못하는 이유는 그 사람 속에 예수 그리스도가 없기 때문입니다. 유대인들이 하나님의 비밀인 예수 그리스도(**골2:2**)를 모르므로 버림을 당한 것 같이 오늘날 기독교인들도 예수 그리스도의 비밀을 모르면 버림을 당하게 됩니다.

(**마16:20**)이에 제자들을 경계하사 자기가 그리스도인 것을 아무에게도 이르지 말라 하시니라

(**빌1:20-21**)나의 간절한 기대와 소망을 따라 아무 일에든지 부끄럽지 아니하고 오직 전과 같이 이제도 온전히 담대하여 살든지 죽든지 내 몸에서 그리스도가 존귀히 되게 하려 하나니 21. 이는 내게 사는 것이 그리스도니 죽는 것도 유익함이니라

(**롬4:25**)예수는 우리 범죄함을 위하여 내어줌이 되고 또한 우리를 의롭다 하심을 위하여 살아나셨느니라

(**딤후2:25-26**)거역하는 자를 온유함으로 징계할찌니 혹 하나님이 저희에게 회개함을 주사 진리를 알게 하실까 하며 26. 저희로 깨어 마귀의 올무에서 벗어나 하나님께 사로잡힌바 되어 그 뜻을 좇게 하실까 함이라

(**딤후2:11-12**)미쁘다 이 말이여, 우리가 주와 함께 죽었으면 또한 함께 살 것이요 12. 참으면 또한 함께 왕노릇할 것이요 우리가 주를 부인하면 주도 우리를 부인하실 것이라

(**벧전2:24**)친히 나무에 달려 그 몸으로 우리 죄를 담당하셨으니 이는 우리로 죄에 대하여 죽고 의에 대하여 살게 하심이라 저가 채찍에 맞음으로 너희는 나음을 얻었나니

(**롬14:7-8**)우리 중에 누구든지 자기를 위하여 사는 자가 없고 자기를 위하여 죽는 자도 없도다 8. 우리가 살아도 주를 위하여 살고 죽어도 주를 위

하여 죽나니 그러므로 사나 죽으나 우리가 주의 것이로라 9. 이를 위하여 그리스도께서 죽었다가 다시 살으셨으니 곧 죽은 자와 산 자의 주가 되려 하심이니라

(살전5:10)예수께서 우리를 위하여 죽으사 우리로 하여금 깨든지 자든지 자기와 함께 살게 하려 하셨느니라

제24강
성경 안에 있는 많은 함정들

제24강
성경 안에 있는 많은 함정들

1. 이 함정에 빠지면 다 버림을 받게 된다.

(사28:13)여호와께서 그들에게 말씀하시되 경계에 경계를 더하며 경계에 경계를 더하며 교훈에 교훈을 더하며 교훈에 교훈을 더하고 여기서도 조금, 저기서도 조금 하사 그들로 가다가 뒤로 넘어져 부러지며 걸리며 잡히게 하시리라(교회 다니는 사람들의 궁극적인 목적은 천국, 낙원. 그러나 성경은 천국에 들어가고 싶어서 교회 다녀도 못 가는 자들이 참 많다 했다.)

(눅13:24)좁은 문으로 들어가기를 힘쓰라 내가 너희에게 이르노니 들어가기를 구하여도 못하는 자가 많으리라

⬥ 이상의 말씀을 보면 들어가기를 구하여도 못하는 자가 많다고 했는데, 그 이유는 성경에 기록되어 있는 함정 때문에 못 들어가는 것입니다.

(히6:4~6)한번 비췸을 얻고 하늘의 은사를 맛보고 성령에 참예한바 되고 5. 하나님의 선한 말씀과 내세의 능력을 맛보고 6. 타락한 자들은 다시 새롭게 하여 회개케 할 수 없나니 이는 자기가 하나님의 아들을 다시 십자가에 못 박아 현저히 욕을 보임이라

(사29:11-12)그러므로 모든 묵시가 너희에게는 마치 봉한 책의 말이라 그것을 유식한 자에게 주며 이르기를 그대에게 청하노니 이를 읽으라 하면

대답하기를 봉하였으니 못하겠노라 할 것이요 12. 또 무식한 자에게 주며 이르기를 그대에게 청하노니 이를 읽으라 하면 대답하기를 나는 무식하다 할 것이니라

(마7:21~23)나더러 주여 주여 하는 자마다 천국에 다 들어갈 것이 아니요 다만 하늘에 계신 내 아버지의 뜻대로 행하는 자라야 들어가리라 22. 그 날에 많은 사람이 나더러 이르되 주여 주여 우리가 주의 이름으로 선지자 노릇하며 주의 이름으로 귀신을 쫓아내며 주의 이름으로 많은 권능을 행치 아니하였나이까 하리니 23. 그때에 내가 저희에게 밝히 말하되 내가 너희를 도무지 알지 못하니 불법을 행하는 자들아 내게서 떠나가라 하리라

(눅13:25~27)집주인이 일어나 문을 한번 닫은 후에 너희가 밖에 서서 문을 두드리며 주여 열어 주소서 하면 저가 대답하여 가로되 나는 너희가 어디로서 온 자인지 알지 못하노라 하리니 26. 그 때에 너희가 말하되 우리는 주 앞에서 먹고 마셨으며 주는 또한 우리 길거리에서 가르치셨나이다 하나 27. 저가 너희에게 일러 가로되 나는 너희가 어디로서 왔는지 알지 못하노라 행악하는 모든 자들아 나를 떠나가라 하리라

(마13:10~15)제자들이 예수께 나아와 가로되 어찌하여 저희에게 비유로 말씀하시나이까 11. 대답하여 가라사대 천국의 비밀을 아는 것이 너희에게는 허락되었으나 저희에게는 아니되었나니 12. 무릇 있는 자는 받아 넉넉하게 되되 무릇 없는 자는 그 있는 것도 빼앗기리라 13. 그러므로 내가 저희에게 비유로 말하기는 저희가 보아도 보지 못하며 들어도 듣지 못하며 깨닫지 못함이니라 14. 이사야의 예언이 저희에게 이루었으니 일렀으되 너희가 듣기는 들어도 깨닫지 못할 것이요 보기는 보아도 알지 못하리라 15. 이 백성들의 마음이 완악하여져서 그 귀는 듣기에 둔하고 눈은 감았으니 이는 눈으로 보고 귀로 듣고 마음으로 깨달아 돌이켜 내게 고침을 받을까 두려워함이라 하였느니라

♧ 성경을 읽다 보면 이해 안 되는 말씀이 많이 있습니다. 하나님은 사랑이시니 누구든지 사랑의 하나님께로 나와서 구원을 받으라는 말씀이 있는가 하면 구하여도 얻지 못하는 자가 있고**(눅13:24)**청함을 받은 자가 있는가 하면 택함을 받지 못하는 자가 있습니다.

(마22:8~14)청함을 받은 자는 많되 택함을 입은 자는 적으니라
그러나 신약에 와서는 예수님은 하나님의 아들이라고 말씀합니다. 하나님의 아들이라고 해도 예수님을 거역하고 못 박은 자들이 예수님을 여호와 자신이라고 하면 실제로 믿을 것 같지만 믿지 않고 참으로 하나님을 거역하게 되는 것입니다. 그래서 하나님은 성경에 함정을 두셨고 이 함정을 성령에 익지해서 잘 헤쳐나가면 영생을 얻게 됩니다.

(요3:16)하나님이 세상을 이처럼 사랑하사 독생자를 주셨으니 이는 저를 믿는 자마다 멸망치 않고 영생을 얻게 하려 하심이니라

♧ 내 안에 계신 그리스도를 바르게 표현하지 못하면 복음이신 예수 그리스도를 나타낼 수 없는 것입니다. 사람 속에 담은 것을 나타나기 때문에 사단의 생명이 있는 베드로는 **(마16:21-22)**자는 그 생명을 자연히 나오게 됩니다. 마귀의 생명을 담은 유다는**(요6:70-71)**열둘 중의 하나로 예수를 팔자라고 합니다.

(고후4:3-4)만일 우리 복음이 가리웠으면 망하는 자들에게 가리운 것이라 4. 그 중에 이 세상 신이 믿지 아니하는 자들의 마음을 혼미케 하여 그리스도의 영광의 복음의 광채가 비취지 못하게 함이니 그리스도는 하나님의 형상이니라

(살후1:8-9)하나님을 모르는 자들과 우리 주 예수의 복음을 복종치 않는 자들에게 형벌을 주시리니 9. 이런 자들이 주의 얼굴과 그의 힘의 영광을 떠나 영원한 멸망의 형벌을 받으리로다

(살후2:2~4)혹 영으로나 혹 말로나 혹 우리에게서 받았다 하는 편지로나 주의 날이 이르렀다고 쉬 동심하거나 두려워하거나 하지 아니할 그것이라 3. 누가 아무렇게 하여도 너희가 미혹하지 말라 먼저 배도하는 일이 있고 저 불법의 사람 곧 멸망의 아들이 나타나기 전에는 이르지 아니하리니 4. 저는 대적하는 자라 범사에 일컫는 하나님이나 숭배함을 받는 자 위에 뛰어나 자존하여 하나님 성전에 앉아 자기를 보여 하나님이라 하느니라

(살후2:9-10)악한 자의 임함은 사단의 역사를 따라 모든 능력과 표적과 거짓 기적과 10. 불의의 모든 속임으로 멸망하는 자들에게 임하리니 이는 저희가 진리의 사랑을 받지 아니하여 구원함을 얻지 못함이니라

(살후2:11-12)이러므로 하나님이 유혹을 저의 가운데 역사하게 하사 거짓 것을 믿게 하심은 12. 진리를 믿지 않고 불의를 좋아하는 모든 자로 심판을 받게 하려 하심이니라

❋**성경에 기록된 몇 가지 함정들.**
　① 하나님은 한 분이신데 아버지 따로 아들 따로 분리되어 믿게 하는 것.
　　 (어떤 자들은 성령 하나님도 따로 분리되어 계시는 분으로 믿습니다.)
　② 하나님 아버지의 모양은 사람의 모양인데 모양이 없다고 하는 것.
　③ 하나님의 경륜을 모르고 종교적으로 믿게 하는 것.
　④ 말씀은 하나님의 생각이신데 이것을 모르고 믿는 것.
　⑤ 성령은 하나님의 활동이신데 이것을 모르고 믿는 것.
　⑥ 악해도 믿기만 하면 구원받고 천국 간다고 믿는 것.
　⑦ 하나님은 영이시니 볼 수 없다고 믿게 하는 것입니다.

✞ 하나님의 백성이라도 지식이 없으면 망합니다. 이상에서 말한 함정에 빠지면 죄에서 해방을 얻을 수 없고 죄를 다스리는 자들이 될 수가 없습니다. 성경의 함정들에 대해서 성경과 대조해서 점검해 보시고 확실히 알고 신앙생활을 해야 만족한 삶과 신앙의 일치를 이룰 수 있습니다.

(고전4:6)형제들아 내가 너희를 위하여 이 일에 나와 아볼로를 가지고 본을 보였으니 이는 너희로 하여금 기록한 말씀 밖에 넘어가지 말라 한 것을 우리에게서 배워 서로 대적하여 교만한 마음을 먹지 말게 하려 함이라
(호4:6)내 백성이 지식이 없으므로 망하는도다 네가 지식을 버렸으니 나도 너를 버려 내 제사장이 되지 못하게 할 것이요 네가 네 하나님의 율법을 잊었으니 나도 네 자녀들을 잊어버리리라

✞ 하나님에 대해서 바로 알고 성경에 기록된 말씀대로 믿으면 성경에 있는 함정에서 벗어나 그때부터 저주에서 죄에서 해방되어 **(신28:6)**네가 들어와도 복을 받고 나가도 복을 받을 것이니라, 기록되어 있는 대로 "들어가도 복을 받고 나가도 복을 받을 것"
만약 이 함정에 대하여 인정치 않으면 **(신28:19)네가 들어와도 저주를 받고 나가도 저주를 받으리라,** 기록되어 있는 대로 들어가도 저주받고 나가도 저주를 받게 될 것입니다. 성경에 기록된 목적대로 성경을 읽으시고 이 함정에서 벗어나서 신령한 복을 받는 자들이 다 되시기를 원합니다.

제25강
초림, 재림, 강림 예수에 대한 정의

제25강

초림, 재림, 강림 예수에 대한 정의

1. 초림예수란?

(딤전2:4)하나님은 모든 사람이 구원을 받으며 진리를 아는 데 이르기를 원하시느니라

(딛2:11)모든 사람에게 구원을 주시는 하나님의 은혜가 나타나

♧ 하나님께서는 모든 사람이 구원받기를 원하시며 모든 사람에게 구원을 주시는 하나님이라고 말씀했습니다. 그러기 위해서는 모든 사람의 죄를 예수 그리스도께서 담당하셔야 됩니다.

(요1:29)이튿날 요한이 예수께서 자기에게 나아오심을 보고 가로되 보라 세상 죄를 지고 가는 하나님의 어린 양이로다

(마1:21)아들을 낳으리니 이름을 예수라 하라 이는 그가 자기 백성을 저희 죄에서 구원할 자이심이라 하니라 (죄에서 건져 줄 자 예수라)

(요일2:2)저는 우리 죄를 위한 화목 제물이니 우리만 위할 뿐 아니요 온 세상의 죄를 위하심이라

♧ 초림하신 예수님은 누구든지 하나님께 나아오는 자들을 구원하기 위하여 온 세상 죄를 담당하시고 죽으시고, 부활하시고, 승천하셔서 하나님

보좌 우편에 앉으셨습니다. 이 과정에서 구원하신 신자는 십자가에 달리실 때 함께 십자가에 못 박힌 우편 강도, 한 사람만 구원하신 것입니다.**(눅 23:43)예수께서 이르시되 내가 진실로 네게 이르노니 오늘 네가 나와 함께 낙원에 있으리라 하시니라**

✝ 예수님도 마귀가 여러 가지 생명으로 시험합니다. 모든 생명을 말씀으로 이기고 다스리니 마귀는 떠나가고 천사가 수종 들 듯이 우리도 자기 생명의 실제로 이기고 다스린 만큼 마귀가 떠나고 천사가 수종을 드는 것입니다.

(마4:3~11)시험하는 자가 예수께 나아와서 가로되 네가 만일 하나님의 아들이어든 명하여 이 돌들이 떡덩이가 되게 하라 4. 예수께서 대답하여 가라사대 기록되었으되 사람이 떡으로만 살 것이 아니요 하나님의 5. 입으로 나오는 모든 말씀으로 살 것이라 하였느니라 하시니 이에 마귀가 예수를 거룩한 성으로 데려다가 성전 꼭대기에 세우고 6. 가로되 네가 만일 하나님의 아들이어든 뛰어내리라 기록하였으되 저가 너를 위하여 그 사자들을 명하시리니 저희가 손으로 너를 받들어 발이 돌에 부딪히지 않게 하리로다 하였느니라 7. 예수께서 이르시되 또 기록되었으되 주 너의 하나님을 시험치 말라 하였느니라 하신대 8. 마귀가 또 그를 데리고 지극히 높은 산으로 가서 천하 만국과 그 영광을 보여 9. 가로되 만일 내게 엎드려 경배하면 이 모든 것을 네게 주리라 10. 이에 예수께서 말씀하시되 사단아 물러가라 기록되었으되 주 너의 하나님께 경배하고 다만 그를 섬기라 하였느니라 11. 이에 마귀는 예수를 떠나고 천사들이 나아와서 수종드니라

✝ 예수님은 온 세상 죄를 짊어지고 죽으셨다가 삼 일 만에 부활하시고 승

천하시어 하나님 우편 보좌에 앉으셨습니다.

(1)본체이신 아버지께서 (2)성육신 하시고 (3)고난의 인생을 사시고 (4)죽으시고 (5)부활하시고 (6)승천하셔서 보좌에 앉으시고 (7)거기로부터 그리스도의 영을 믿는 자들 속에 넣어주시는 것을 말합니다.

✞ 그리스도 영이란? 아버지의 생명이신 성령이 동정녀 마리아에게서 나신 예수라는 사람 속에 들어가 사람이신 예수의 생명과 하나 된 생명으로 예수님께서 십자가에 죽으실 때 아버지 속으로 가셨다가 내가 그리스도와 함께 십자가에서 죽었다고 믿는 자들 속으로 두 번째(재림) 오셔서 믿는 자들로 하나님의 아들들이 되게 하는 아버지의 생명입니다.
본체이신 아버지께서 7가지 과정을 거쳐서 사람 속에 들어오실 때 그리스도 영이라 합니다.

2. 재림예수란?

✞ 재림하신 그리스도는 예수님께서 죽으실 때 나도 죄인이기 때문에 예수님과 함께 죽었다고 **(롬6:3-5)**믿는 자들 속에 두 번째(재림) 들어오십니다. **(엡3:1-5)**하나님의 경륜대로 사람 안에서 하나님께서 경영하는 것입니다.

(히9:27-28)한번 죽는 것은 사람에게 정하신 것이요 그 후에는 심판이 있으리니 28. 이와 같이 그리스도도 많은 사람의 죄를 담당하시려고 단번에 드리신바 되셨고 구원에 이르게 하기 위하여 죄와 상관 없이 자기를 바라는 자들에게 두번째 나타나시리라

(히8:6~10) 그러나 이제 그가 더 아름다운 직분을 얻으셨으니 이는 더 좋은 약속으로 세우신 더 좋은 언약의 중보시라 7. 저 첫 언약이 무흠하였더면 둘째 것을 요구할 일이 없었으려니와 8. 저희를 허물하여 일렀으되 주께서 가라사대 볼찌어다 날이 이르리니 내가 이스라엘 집과 유다 집으로 새 언약을 세우리라 10. 또 주께서 가라사대 그날 후에 내가 이스라엘 집으로 세울 언약이 이것이니 내 법을 저희 생각에 두고 저희 마음에 이것을 기록하리라 나는 저희에게 하나님이 되고 저희는 내게 백성이 되리라

(렘31:31~33) 나 여호와가 말하노라 보라 날이 이르리니 내가 이스라엘 집과 유다 집에 새 언약을 세우리라 32. 나 여호와가 말하노라 이 언약은 내가 그들의 열조의 손을 잡고 애굽 땅에서 인도하여 내던 날에 세운 것과 같지 아니할 것은 내가 그들의 남편이 되었어도 그들이 내 언약을 파하였음이니라 33. 나 여호와가 말하노라 그러나 그 날 후에 내가 이스라엘 집에 세울 언약은 이러하니 곧 내가 나의 법을 그들의 속에 두며 그 마음에 기록하여 나는 그들의 하나님이 되고 그들은 내 백성이 될 것이라

(계3:12) 이기는 자는 내 하나님 성전에 기둥이 되게 하리니 그가 결코 다시 나가지 아니하리라 내가 하나님의 이름과 하나님의 성 곧 하늘에서 내 하나님께로부터 내려오는 새 예루살렘의 이름과 나의 새 이름을 그이 위에 기록하리라

(마24:37-39) 노아의 때와 같이 인자의 임함도 그러하리라 38. 홍수 전에 노아가 방주에 들어가던 날까지 사람들이 먹고 마시고 장가 들고 시집가고 있으면서 39. 홍수가 나서 저희를 다 멸하기까지 깨닫지 못하였으니 인자의 임함도 이와 같으리라

(롬6:3-4) 무릇 그리스도 예수와 합하여 세례를 받은 우리는 그의 죽으심과 합하여 세례 받은 줄을 알지 못하느뇨 4. 그러므로 우리가 그의 죽으심과 합하여 세례를 받음으로 그와 함께 장사되었나니 이는 아버지의 영광으

로 말미암아 그리스도를 죽은 자 가운데서 살리심과 같이 우리로 또한 새 생명 가운데서 행하게 하려 함이니라

(롬8:9~11)만일 너희 속에 하나님의 영이 거하시면 너희가 육신에 있지 아니하고 영에 있나니 누구든지 그리스도의 영이 없으면 그리스도의 사람이 아니라 10. 또 그리스도께서 너희 안에 계시면 몸은 죄로 인하여 죽은 것이나 영은 의를 인하여 산 것이니라 11. 예수를 죽은 자 가운데서 살리신 이의 영이 너희 안에 거하시면 그리스도 예수를 죽은 자 가운데서 살리신 이가 너희 안에 거하시는 그의 영으로 말미암아 너희 죽을 몸도 살리시리라

3. 강림이란? 강림하신 그리스도는?

(고전15:22-23)아담 안에서 모든 사람이 죽은 것 같이 그리스도 안에서 모든 사람이 삶을 얻으리라 23. 그러나 각각 자기 차례대로 되리니 먼저는 첫 열매인 그리스도요 다음에는 그리스도 강림하실 때에 그에게 붙은 자요

(살전5:23)평강의 하나님이 친히 너희로 온전히 거룩하게 하시고 또 너희 온 영과 혼과 몸이 우리 주 예수 그리스도 강림하실 때에 흠 없게 보전되기를 원하노라

(사11:1-2)이새의 줄기에서 한 싹이 나며 그 뿌리에서 한 가지가 나서 결실할 것이요 2. 여호와의 신 곧 지혜와 총명의 신이요 모략과 재능의 신이요 지식과 여호와를 경외하는 신이 그 위에 강림하시리니

(미1:3)여호와께서 그 처소에서 나오시고 강림하사 땅의 높은 곳을 밟으실 것이라

(살전1:10)또 죽은 자들 가운데서 다시 살리신 그의 아들이 하늘로부터 강림하심을 기다린다고 말하니 이는 장래 노하심에서 우리를 건지시는 예수시니라

(살전2:19)그러므로 나 바울은 한번 두번 너희에게 가고자 하였으나 사단이 우리를 막았도다 20. 우리의 소망이나 기쁨이나 자랑의 면류관이 무엇이냐 그의 강림하실 때 우리 주 예수 앞에 너희가 아니냐 21.너희는 우리의 영광이요 기쁨이니라

(살전4:15-16)우리가 주의 말씀으로 너희에게 이것을 말하노니 주 강림하실 때까지 우리 살아 남아 있는 자도 자는 자보다 결단코 앞서지 못하리라 16. 주께서 호령과 천사장의 소리와 하나님의 나팔로 친히 하늘로 좇아 강림하시리니 그리스도 안에서 죽은 자들이 먼저 일어나고

(벧후3:3~18)먼저 이것을 알찌니 말세에 기롱하는 자들이 와서 자기의 정욕을 좇아 행하며 기롱하여 4. 가로되 주의 강림하신다는 약속이 어디 있느뇨 조상들이 잔 후로부터 만물이 처음 창조할 때까지 그냥 있으라(사단 마귀는 주의 강림하신다는 약속이 없다고 기롱합니다. 처음 창조할 때까지 그냥 있으라 거짓입니다.)

(엡4:13)우리가 다 하나님의 아들을 믿는 것과 아는 일에 하나가 되어 온전한 사람을 이루어 그리스도의 장성한 분량이 충만한 데까지 이르리니

✝ 예수 그리스도의 장성한 분량까지 자랄 때 이것을 강림이라 합니다.

(빌3:21)그가 만물을 자기에게 복종케 하실 수 있는 자의 역사로 우리의 낮은 몸을 자기 영광의 몸의 형체와 같이 변케 하시리라

(살후1:10)그 날에 강림하사 그의 성도들에게서 영광을 얻으시고 모든 믿는 자에게서 기이히 여김을 얻으시리라 (우리의 증거가 너희에게 믿어졌음이라)

(계3:21)이기는 그에게는 내가 내 보좌에 함께 앉게 하여주기를 내가 이기고 아버지 보좌에 함께 앉은 것과 같이 하리라

제26강
부활에 대한 정의

제26강
부활에 대한 정의

1. 죽으셨다가 부활(맲씼)하신 예수 그리스도로 존재가 바뀌는 것을 부활이라고 하는 것이다.

　(롬6:4) 그러므로 우리가 그의 죽으심과 합하여 세례를 받음으로 그와 함께 장사되었나니 이는 아버지의 영광으로 말미암아 그리스도를 죽은 자 가운데서 살리심과 같이 우리로 또한 새 생명 가운데서 행하게 하려 함이니라

　(롬6:5) 만일 우리가 그의 죽으심을 본받아 연합한 자가 되었으면 또한 그의 부활을 본받아 연합한 자가 되리라

　(갈2:20) 내가 그리스도와 함께 십자가에 못 박혔나니 그런즉 이제는 내가 산 것이 아니요 오직 내 안에 그리스도께서 사신 것이라 이제 내가 육체 가운데 사는 것은 나를 사랑하사 나를 위하여 자기 몸을 버리신 하나님의 아들을 믿는 믿음 안에서 사는 것이라

　(골3:1-2) 그러므로 너희가 그리스도와 함께 다시 살리심을 받았으면 위엣 것을 찾으라 2. 거기는 그리스도께서 하나님 우편에 앉아 계시느니라 2. 위엣 것을 생각하고 땅엣 것을 생각지 말라

　(골3:3-4) 이는 너희가 죽었고 너희 생명이 그리스도와 함께 하나님 안에 감취었음이니라 4. 우리 생명이신 그리스도께서 나타나실 그 때에 너희도 그와 함께 영광 중에 나타나리라

2. 예수님이 곧 부활이요 생명이기 때문이다.

(요11:25-26)예수께서 가라사대 나는 부활이요 생명이니 나를 믿는 자는 죽어도 살겠고 26. 무릇 살아서 나를 믿는 자는 영원히 죽지 아니하리니 이것을 네가 믿느냐

(눅24:1~7)안식후 첫날 새벽에 이 여자들이 그 예비한 향품을 가지고 무덤에 가서 2. 돌이 무덤에서 굴려 옮기운 것을 보고 3. 들어가니 주 예수의 시체가 뵈지 아니하더라 4. 이를 인하여 근심할 때에 문득 찬란한 옷을 입은 두 사람이 곁에 섰는지라 5. 여자들이 두려워 얼굴을 땅에 대니 두 사람이 이르되 어찌하여 산 자를 죽은 자 가운데서 찾느냐 6. 여기 계시지 않고 살아나셨느니라 갈릴리에 계실 때에 너희에게 어떻게 말씀하신 것을 기억하라 7. 이르시기를 인자가 죄인의 손에 넘기워 십자가에 못 박히고 제 삼일에 다시 살아나야 하리라 하셨느니라 한대

(눅24:36~49)이 말을 할 때에 예수께서 친히 그 가운데 서서 가라사대 너희에게 평강이 있을찌어다 하시니 37. 저희가 놀라고 무서워하여 그 보는 것을 영으로 생각하는지라 38. 예수께서 가라사대 어찌하여 두려워하며 어찌하여 마음에 의심이 일어나느냐 39. 내 손과 발을 보고 나인줄 알라 또 나를 만져보라 영은 살과 뼈가 없으되 너희 보는 바와 같이 나는 있느니라

♱ 부활은 죽어서 되는 것이 아니라 육체가 살아 있을 때 부활하신 그리스도로 존재가 바뀜으로 부활하신 것입니다.

(행1:22)항상 우리와 함께 다니던 사람 중에 하나를 세워 우리로 더불어 예수의 부활하심을 증거할 사람이 되게 하여야 하리라 하거늘

(행2:31-32)미리 보는 고로 그리스도의 부활하심을 말하되 저가 음부에

버림이 되지 않고 육신이 썩음을 당하지 아니하시리라 하더니 32.이 예수를 하나님이 살리신지라 우리가 다 이 일에 증인이로다

(행4:33)사도들이 큰 권능으로 주 예수의 부활을 증거하니 무리가 큰 은혜를 얻어

(행17:18)어떤 에비구레오와 스도이고 철학자들도 바울과 쟁론할쌔 혹은 이르되 이 말장이가 무슨 말을 하고자 하느뇨 하고 혹은 이르되 이방 신들을 전하는 사람인가보다 하니 이는 바울이 예수와 또 몸의 부활 전함을 인함이러라

(행17:32)저희가 죽은 자의 부활을 듣고 혹은 기롱도 하고 혹은 이 일에 대하여 네 말을 다시 듣겠다 하니

(롬1:4)성결의 영으로는 죽은 가운데서 부활하여 능력으로 하나님의 아들로 인정되셨으니 곧 우리 주 예수 그리스도시니라

(딤후2:18)진리에 관하여는 저희가 그릇되었도다 부활이 이미 지나갔다 하므로 어떤 사람들의 믿음을 무너뜨리느니라

(빌3:10-11)내가 그리스도와 그 부활의 권능과 그 고난에 참예함을 알려 하여 그의 죽으심을 본받아 11. 어찌하든지 죽은 자 가운데서 부활에 이르려 하노니

(히11:35)여자들은 자기의 죽은 자를 부활로 받기도 하며 또 어떤 이들은 더 좋은 부활을 얻고자 하여 악형을 받되 구차히 면하지 아니하였으며

(롬14:8-9)우리가 살아도 주를 위하여 살고 죽어도 주를 위하여 죽나니 그러므로 사나 죽으나 우리가 주의 것이로라 9. 이를 위하여 그리스도께서 죽었다가 다시 살으셨으니 곧 죽은 자와 산 자의 주가 되려 하심이니라

3. 아담이라는 첫 사람의 혈과 육은 하나님 나라를 유업으로 받을 수 없다.

✞ 믿는 자의 몸속에 그리스도가 들어오셔서 그리스도의 몸을 만드는 것을 몸의 부활이라 하는 것입니다.

(고후4:14) 주 예수를 다시 살리신 이가 예수와 함께 우리도 다시 살리사 너희와 함께 그 앞에 서게 하실 줄을 아노니

(고후5:14-15) 그리스도의 사랑이 우리를 강권하시는도다 우리가 생각건대 한 사람이 모든 사람을 대신하여 죽었은즉 모든 사람이 죽은 것이라 15. 저가 모든 사람을 대신하여 죽으심은 산 자들로 하여금 다시는 저희 자신을 위하여 살지 않고 오직 저희를 대신하여 죽었다가 다시 사신 자를 위하여 살게 하려 함이니라

(빌3:21) 그가 만물을 자기에게 복종케 하실 수 있는 자의 역사로 우리의 낮은 몸을 자기 영광의 몸의 형체와 같이 변케 하시리라

(벧전1:3) 찬송하리로다 우리 주 예수 그리스도의 아버지 하나님이 그 많으신 긍휼대로 예수 그리스도의 죽은 자 가운데서 부활하심으로 말미암아 우리를 거듭나게 하사 산 소망이 있게 하시며

(벧전3:21) 물은 예수 그리스도의 부활하심으로 말미암아 이제 너희를 구원하는 표니 곧 세례라 육체의 더러운 것을 제하여 버림이 아니요 오직 선한 양심이 하나님을 향하여 찾아가는 것이라

(고전15:12~17) 그리스도께서 죽은 자 가운데서 다시 살아나셨다 전파되었거늘 너희 중에서 어떤 이들은 어찌하여 죽은 자 가운데서 부활이 없다 하느냐 13. 만일 죽은 자의 부활이 없으면 그리스도도 다시 살지 못하셨으리라 14. 그리스도께서 만일 다시 살지 못하셨으면 우리의 전파하는 것도

헛것이요 또 너희 믿음도 헛것이며 15. 또 우리가 하나님의 거짓 증인으로 발견되리니 우리가 하나님이 그리스도를 다시 살리셨다고 증거하였음이라 만일 죽은 자가 다시 사는 것이 없으면 하나님이 그리스도를 다시 살리시지 아니하셨으리라 16. 만일 죽은 자가 다시 사는 것이 없으면 그리스도도 다시 사신 것이 없었을 터이요 17. 그리스도께서 다시 사신 것이 없으면 너희의 믿음도 헛되고 너희가 여전히 죄 가운데 있을 것이요

(고전15:20~23)그러나 이제 그리스도께서 죽은 자 가운데서 다시 살아 잠자는 자들의 첫 열매가 되셨도다 21. 사망이 사람으로 말미암았으니 죽은 자의 부활도 사람으로 말미암는도다 22. 아담 안에서 모든 사람이 죽은 것 같이 그리스도 안에서 모든 사람이 삶을 얻으리라 23. 그러나 각각 자기 차례대로 되리니 먼저는 첫 열매인 그리스도요 다음에는 그리스도 강림하실 때에 그에게 붙은 자요

(고전15:42~50)죽은 자의 부활도 이와 같으니 썩을 것으로 심고 썩지 아니할 것으로 다시 살며 43. 욕된 것으로 심고 영광스러운 것으로 다시 살며 약한 것으로 심고 강한 것으로 다시 살며 44. 육의 몸으로 심고 신령한 몸으로 다시 사나니 육의 몸이 있은즉 또 신령한 몸이 있느니라 45. 기록된바 첫 사람 아담은 산 영이 되었다 함과 같이 마지막 아담은 살려 주는 영이 되었나니 46. 그러나 먼저는 신령한 자가 아니요 육 있는 자요 그 다음에 신령한 자니라 47. 첫 사람은 땅에서 났으니 흙에 속한 자이거니와 둘째 사람은 하늘에서 나셨느니라 48. 무릇 흙에 속한 자는 저 흙에 속한 자들과 같고 무릇 하늘에 속한 자는 저 하늘에 속한 자들과 같으니 49. 우리가 흙에 속한 자의 형상을 입은것 같이 또한 하늘에 속한 자의 형상을 입으리라 50. 형제들아 내가 이것을 말하노니 혈과 육은 하나님 나라를 유업으로 받을 수 없고 또한 썩은 것은 썩지 아니한 것을 유업으로 받지 못하느니라

(계20:6)이 첫째 부활에 참예하는 자들은 복이 있고 거룩하도다 둘째 사망이 그들을 다스리는 권세가 없고 도리어 그들이 하나님과 그리스도의 제사장이 되어 천년 동안 그리스도로 더불어 왕노릇 하리라

제27강
구약에나 신약에나 아버지와 아들은 하나다

제27강
구약에나 신약에나 아버지와 아들은 하나다

⋮

1. 신약의 예수님은 사람이시면서도 아버지와 동등하신 것이다.

(요1:1~18)태초에 말씀이 계시니라 이 말씀이 하나님과 함께 계셨으니 이 말씀은 곧 하나님이시니라 2. 그가 태초에 하나님과 함께 계셨고 3. 만물이 그로 말미암아 지은바 되었으니 지은 것이 하나도 그가 없이는 된 것이 없느니라 4. 그 안에 생명이 있었으니 이 생명은 사람들의 빛이라 5. 빛이 어두움에 비취되 어두움이 깨닫지 못하더라 6. 하나님께로서 보내심을 받은 사람이 났으니 이름은 요한이라 7. 저가 증거하러 왔으니 곧 빛에 대하여 증거하고 모든 사람으로 자기를 인하여 믿게 하려 함이라 11. 자기 땅에 오매 자기 백성이 영접지 아니하였으나 13. 이는 혈통으로나 육정으로나 사람의 뜻으로 나지 아니하고 오직 하나님께로서 난 자들이니라 14. 말씀이 육신이 되어 우리 가운데 거하시매 우리가 그 영광을 보니 아버지의 독생자의 영광이요 은혜와 진리가 충만하더라 18. 본래 하나님을 본 사람이 없으되 아버지 품속에 있는 독생하신 하나님이 나타내셨느니라

(빌2:6~8)그는 근본 하나님의 본체시나 하나님과 동등됨을 취할 것으로 여기지 아니하시고 7. 오히려 자기를 비어 종의 형체를 가져 사람들과 같이 되었고 8. 사람의 모양으로 나타나셨으매 자기를 낮추시고 죽기까지 복종하셨으니 곧 십자가에 죽으심이라

(요10:25~30)예수께서 대답하시되 내가 너희에게 말하였으되 믿지 아니

하는도다 내가 내 아버지의 이름으로 행하는 일들이 나를 증거하는 것이 어늘 26. 너희가 내 양이 아니므로 믿지 아니하는도다 27. 내 양은 내 음성을 들으며 나는 저희를 알며 저희는 나를 따르느니라 28. 내가 저희에게 영생을 주노니 영원히 멸망치 아니할 터이요 또 저희를 내 손에서 빼앗을 자가 없느니라 29. 저희를 주신 내 아버지는 만유보다 크시매 아무도 아버지 손에서 빼앗을 수 없느니라 30. 나와 아버지는 하나이니라 하신대

(요17:9~23)내가 저희를 위하여 비옵나니 내가 비옵는 것은 세상을 위함이 아니요 내게 주신 자들을 위함이니이다 저희는 아버지의 것이로소이다 10. 내 것은 다 아버지의 것이요 아버지의 것은 내 것이온데 내가 저희로 말미암아 영광을 받았나이다 11. 나는 세상에 더 있지 아니하오나 저희는 세상에 있사옵고 나는 아버지께로 가옵나니 거룩하신 아버지여 내게 주신 아버지의 이름으로 저희를 보전하사 우리와 같이 저희도 하나가 되게 하옵소서

(요6:62-63)그러면 너희가 인자의 이전 있던 곳으로 올라가는 것을 볼 것 같으면 어찌 하려느냐 63. 살리는 것은 영이니 육은 무익하니라 내가 너희에게 이른 말이 영이요 생명이라

(요13:3)저녁 먹는 중 예수는 아버지께서 모든 것을 자기 손에 맡기신 것과 또 자기가 하나님께로부터 오셨다가 하나님께로 돌아가실 것을 아시고

(요14:1~3)너희는 마음에 근심하지 말라 하나님을 믿으니 또 나를 믿으라 2. 내 아버지 집에 거할 곳이 많도다 그렇지 않으면 너희에게 일렀으리라 내가 너희를 위하여 처소를 예비하러 가노니 3. 가서 너희를 위하여 처소를 예비하면 내가 다시 와서 너희를 내게로 영접하여 나 있는 곳에 너희도 있게 하리라

(요14:19-20)조금 있으면 세상은 다시 나를 보지 못할 터이로되 너희는 나를 보리니 이는 내가 살았고 너희도 살겠음이라 20. 그 날에는 내가 아버

지 안에, 너희가 내 안에, 내가 너희 안에 있는 것을 너희가 알리라

(요14:28) 내가 갔다가 너희에게로 온다 하는 말을 너희가 들었나니 나를 사랑하였더면 나의 아버지께로 감을 기뻐하였으리라 아버지는 나보다 크심이니라

(요16:28) 내가 아버지께로 나와서 세상에 왔고 다시 세상을 떠나 아버지께로 가노라 하시니

2. 구약의 하나님은 보이는 몸 하나에 아버지, 아들, 성령으로 일하시는 것을 말하는 것이다.

(사9:6) 이는 한 아기가 우리에게 났고 한 아들을 우리에게 주신바 되었는데 그 어깨에는 정사를 메었고 그 이름은 기묘자라, 모사라, 전능하신 하나님이라, 영존하시는 아버지라, 평강의 왕이라

(신6:4-5) 이스라엘아 들으라 우리 하나님 여호와는 오직 하나인 여호와시니 5. 너는 마음을 다하고 성품을 다하고 힘을 다하여 네 하나님 여호와를 사랑하라

(고전8:6) 그러나 우리에게는 한 하나님 곧 아버지가 계시니 만물이 그에게서 났고 우리도 그를 위하며 또한 한 주 예수 그리스도께서 계시니 만물이 그로 말미암고 우리도 그로 말미암았느니라

(계1:8) 주 하나님이 가라사대 나는 알파와 오메가라 이제도 있고 전에도 있었고 장차 올 자요 전능한 자라 하시더라

(사25:9-10) 그 날에 말하기를 이는 우리의 하나님이시라 우리가 그를 기다렸으니 그가 우리를 구원하시리로다 이는 여호와시라 우리가 그를 기다렸으니 우리는 그 구원을 기뻐하며 즐거워하리라 할 것이며 10. 여호와의

손이 이 산에 나타나시리니 모압이 거름물 속의 초개의 밟힘 같이 자기 처소에서 밟힐 것인즉

3. 아버지와 아들 성령은 하늘에서나 땅에서나 영원히 분리되지 않고 하나로 계신다.

(요10:30)나와 아버지는 하나이니라 하신대

(요14:7~20)너희가 나를 알았더면 내 아버지도 알았으리로다 이제부터는 너희가 그를 알았고 또 보았느니라 8. 빌립이 가로되 주여 아버지를 우리에게 보여 주옵소서 그리하면 족하겠나이다 9. 예수께서 가라사대 빌립아 내가 이렇게 오래 너희와 함께 있으되 네가 나를 알지 못하느냐 나를 본 자는 아버지를 보았거늘 어찌하여 아버지를 보이라 하느냐 10. 나는 아버지 안에 있고 아버지는 내 안에 계신 것을 네가 믿지 아니하느냐 내가 너희에게 이르는 말이 스스로 하는 것이 아니라 아버지께서 내 안에 계셔 그의 일을 하시는 것이라 11. 내가 아버지 안에 있고 아버지께서 내 안에 계심을 믿으라 그렇지 못하겠거든 행하는 그 일을 인하여 나를 믿으라 12. 내가 진실로 진실로 너희에게 이르노니 나를 믿는 자는 나의 하는 일을 저도 할 것이요 또한 이보다 큰 것도 하리니 이는 내가 아버지께로 감이니라 17. 저는 진리의 영이라 세상은 능히 저를 받지 못하나니 이는 저를 보지도 못하고 알지도 못함이라 그러나 너희는 저를 아나니 저는 너희와 함께 거하심이요 또 너희 속에 계시겠음이라 19. 조금 있으면 세상은 다시 나를 보지 못할 터이로되 너희는 나를 보리니 이는 내가 살았고 너희도 살겠음이라 20. 그 날에는 내가 아버지 안에, 너희가 내 안에, 내가 너희 안에 있는 것을 너희가 알리라.

✞ 아버지와 아들 성령이 서로 떨어진다는 것은 사람의 영과 혼과 몸이 떨어진다는 것과 같은 이치다.

사람의 영과 혼과 몸이 떨어질 수 없듯이 아버지와 아들 성령도 떨어질 수가 없는 것이다.

(엡4:4~6)몸이 하나이요 성령이 하나이니 이와 같이 너희가 부르심의 한 소망 안에서 부르심을 입었느니라 5. 주도 하나이요 믿음도 하나이요 세례도 하나이요 6. 하나님도 하나이시니 곧 만유의 아버지시라 만유 위에 계시고 만유를 통일하시고 만유 가운데 계시도다

제28강
삼위일체에 대한 정의

제28강
삼위일체에 대한 정의

1. 정확한 삼위일체란 무엇을 의미하는가?

✞ 예수 그리스도 안에서만 용납되는 삼위일체를 믿어야 합니다. 본체이신 아버지가 직접 오셔서 육신을 입고 아들 되시니 이것을 삼위일체라 말하는 것입니다.

(사9:6)이는 한 아기가 우리에게 났고 한 아들을 우리에게 주신바 되었는데 그 어깨에는 정사를 메었고 그 이름은 기묘자라, 모사라, 전능하신 하나님이라, 영존하시는 아버지라, 평강의 왕이라 할 것임이라

(요1:1~18)태초에 말씀이 계시니라 이 말씀이 하나님과 함께 계셨으니 이 말씀은 곧 하나님이시니라 2. 그가 태초에 하나님과 함께 계셨고 3. 만물이 그로 말미암아 지은바 되었으니 지은 것이 하나도 그가 없이는 된 것이 없느니라 4. 그 안에 생명이 있었으니 이 생명은 사람들의 빛이라 5. 빛이 어두움에 비취되 어두움이 깨닫지 못하더라 14. 말씀이 육신이 되어 우리 가운데 거하시매 18. 본래 하나님을 본 사람이 없으되 아버지 품속에 있는 독생하신 하나님이 나타내셨느니라

(요5:26-27)아버지께서 자기 속에 생명이 있음 같이 아들에게도 생명을 주어 그 속에 있게 하셨고 27. 또 인자됨을 인하여 심판하는 권세를 주셨느니라

(빌2:6~10)그는 근본 하나님의 본체시나 하나님과 동등됨을 취할 것으로 여기지 아니하시고 7. 오히려 자기를 비워 종의 형체를 가져 사람들과 같이 되었고 8. 사람의 모양으로 나타나셨으매 자기를 낮추시고 죽기까지 복종하셨으니 곧 십자가에 죽으심이라

(골1:19)아버지께서는 모든 충만으로 예수 안에 거하게 하시고

(요17:21~23)아버지께서 내 안에, 내가 아버지 안에 있는 것 같이 저희도 다 하나가 되어 우리 안에 있게 하사 세상으로 아버지께서 나를 보내신 것을 믿게 하옵소서 22. 내게 주신 영광을 내가 저희에게 주었사오니 이는 우리가 하나가 된 것 같이 저희도 하나가 되게 하려 함이니이다

✞ 삼위일체란? 보이는 몸 하나에 아버지, 아들, 성령으로 일하시는 것을 말하는 것입니다.

(계1:8)주 하나님이 가라사대 나는 알파와 오메가라 이제도 있고 전에도 있었고 장차 올 자요 전능한 자라 하시더라

(사44:6)이스라엘의 왕인 여호와, 이스라엘의 구속자인 만군의 여호와가 말하노라 나는 처음이요 나는 마지막이라 나 외에 다른 신이 없느니라

2. 아버지와 아들 성령은 하늘에서나 땅에서나 영원히 분리가 되지 않고 하나로 계신다.

(요14:7~21)너희가 나를 알았더면 내 아버지도 알았으리로다 이제부터는 너희가 그를 알았고 또 보았느니라 8. 빌립이 가로되 주여 아버지를 우리에게 보여 주옵소서 그리하면 족하겠나이다 9. 예수께서 가라사대 빌립

아 내가 이렇게 오래 너희와 함께 있으되 네가 나를 알지 못하느냐 나를 본 자는 아버지를 보았거늘 어찌하여 아버지를 보이라 하느냐 10. 나는 아버지 안에 있고 아버지는 내 안에 계신 것을 네가 믿지 아니하느냐 내가 너희에게 이르는 말이 스스로 하는 것이 아니라 아버지께서 내 안에 계셔 그의 일을 하시는 것이라 11. 내가 아버지 안에 있고 아버지께서 내 안에 계심을 믿으라 그렇지 못하겠거든 행하는 그 일을 인하여 나를 믿으라 12. 내가 진실로 진실로 너희에게 이르노니 나를 믿는 자는 나의 하는 일을 저도 할 것이요 또한 이보다 큰 것도 하리니 이는 내가 아버지께로 감이니라

19. 조금 있으면 세상은 다시 나를 보지 못할 터이로되 너희는 나를 보리니 이는 내가 살았고 너희도 살겠음이라 20. 그 날에는 내가 아버지 안에 너희가 내 안에 내가 너희 안에 있는 것을 너희가 알리라

(행16:6)성령이 아시아에서 말씀을 전하지 못하게 하시거늘(성령도 인격이 있습니다. 독자적인 인격이 아니라 하나님 인격의 나타남입니다. 하나님의 일하심이기 때문에 말씀을 때로는 전하지 못하게 하십니다)

3. 아버지는 형체가 있기 때문에 독자적인 생명과 인격이 있다.

(마23:9)땅에 있는 자를 아비라 하지 말라 너희 아버지는 하나이시니 곧 하늘에 계신 자시니라

(창1:26)하나님이 가라사대 우리의 형상을 따라 우리의 모양대로 우리가 사람을 만들고 그로 바다의 고기와 공중의 새와 육축과 온 땅과 땅에 기는 모든 것을 다스리게 하자 하시고

(창18:1~3)여호와께서 마므레 상수리 수풀 근처에서 아브라함에게 나타나시니라 오정 즈음에 그가 장막 문에 앉았다가 2. 눈을 들어 본즉 사람 셋

이 맞은편에 섰는지라 그가 그들을 보자 곧 장막 문에서 달려나가 영접하며 몸을 땅에 굽혀 3. 가로되 내 주여 내가 주께 은혜를 입었사오면 원컨대 종을 떠나 지나가지 마옵시고

(겔1:26~28)그 머리 위에 있는 궁창 위에 보좌의 형상이 있는데 그 모양이 남보석 같고 그 보좌의 형상 위에 한 형상이 있어 사람의 모양 같더라 27. 내가 본즉 그 허리 이상의 모양은 단 쇠 같아서 그 속과 주위가 불 같고 그 허리 이하의 모양도 불 같아서 사면으로 광채가 나며 28. 그 사면 광채의 모양은 비 오는 날 구름에 있는 무지개 같으니 이는 여호와의 영광의 형상의 모양이라 내가 보고 곧 엎드리어 그 말씀하시는 자의 음성을 들으니라

4. 아들은 독자적인 인격이 없고 아버지로부터 생명을 받아서 아들의 인격이 나타났다.

(요1:14)말씀이 육신이 되어 우리 가운데 거하시매 우리가 그 영광을 보니 아버지의 독생자의 영광이요 은혜와 진리가 충만하더라

(히5:5)너 또한 이와 같이 그리스도께서 대제사장 되심도 스스로 영광을 취하심이 아니요 오직 말씀하신 이가 저더러 이르시되 너는 내 아들이니 내가 오늘날 너를 낳았다 하셨고

(골1:13~19)그가 우리를 흑암의 권세에서 건져내사 그의 사랑의 아들의 나라로 옮기셨으니 14. 그 아들 안에서 우리가 구속 곧 죄 사함을 얻었도다 15. 그는 보이지 아니하시는 하나님의 형상이요 모든 창조물보다 먼저 나신 자니 16. 만물이 그에게 창조되되 하늘과 땅에서 보이는 것들과 보이지 않는 것들과 혹은 보좌들이나 주관들이나 정사들이나 권세들이나 만물

이 다 그로 말미암고 그를 위하여 창조되었고 17. 또한 그가 만물보다 먼저 계시고 만물이 그 안에 함께 섰느니라 18. 그는 몸인 교회의 머리라 그가 근본이요 죽은 자들 가운데서 먼저 나신 자니 이는 친히 만물의 으뜸이 되려 하심이요 19. 아버지께서는 모든 충만으로 예수 안에 거하게 하시고

✝ 아들은 피조된 존재가 아니고 창조주인 이유는 아버지 본체가 직접 오셔서 아들 안에서 생명을 주었기 때문입니다. 아들도 형체가 있기 때문에 사람으로서 인격이 있습니다.

(마3:16-17)예수께서 세례를 받으시고 곧 물에서 올라 오실 쌔 하늘이 열리고 하나님의 성령이 비둘기 같이 내려 자기 위에 임하심을 보시더니 17. 하늘로서 소리가 있어 말씀하시되 이는 내 사랑하는 아들이요 내 기뻐하는 자라 하시니라

✝ 성령은 형체가 없고 하나님의 활동이시기 때문에 아버지의 성령도 되시고 아들의 성령도 되시는 것입니다.

(마10:20)말하는 이는 너희가 아니라 너희 속에서 말씀하시는 자 곧 너희 아버지의 성령이시니라

(빌1:19)이것이 너희 간구와 예수 그리스도의 성령의 도우심으로 내 구원에 이르게 할줄 아는고로

✝ 성령은 형체가 없기 때문에 인격은 있으되, 독자적인 인격이 없고 구약은 아버지의 인격으로, 신약은 아들의 인격으로, 일하시는 것입니다.

(사11:2-3) 여호와의 신 곧 지혜와 총명의 신이요 모략과 재능의 신이요 지식과 여호와를 경외하는 신이 그 위에 강림하시리니 3. 그가 여호와를 경외함으로 즐거움을 삼을 것이며 그 눈에 보이는 대로 심판치 아니하며 귀에 들리는 대로 판단치 아니하며

(갈3:23~29) 믿음이 오기 전에 우리가 율법 아래 매인 바 되고 계시될 믿음의 때까지 갇혔느니라 24. 이같이 율법이 우리를 그리스도에게로 인도하는 몽학선생이 되어 우리로 하여금 믿음으로 말미암아 의롭다 함을 얻게 하려 함이니라 25. 믿음이 온 후로는 우리가 몽학선생 아래 있지 아니하도다 26. 너희가 다 믿음으로 말미암아 그리스도 예수 안에서 하나님의 아들이 되었으니 27. 누구든지 그리스도와 합하여 세례를 받은 자는 그리스도로 옷입었느니라 28. 너희는 유대인이나 헬라인이나 종이나 자주자나 남자나 여자 없이 다 그리스도 예수 안에서 하나이니라 29. 너희가 그리스도께 속한 자면 곧 아브라함의 자손이요 약속대로 유업을 이을 자니라

(갈4:6-7) 너희가 아들인고로 하나님이 그 아들의 영을 우리 마음 가운데 보내사 아바 아버지라 부르게 하셨느니라 7. 그러므로 네가 이 후로는 종이 아니요 아들이니 아들이면 하나님으로 말미암아 유업을 이을 자니라

제29강
복음을 악용하면 방종하게 된다

제29강

복음을 악용하면 방종하게 된다

⋮

1. 복음을 악용하여 방종하게 되고 속사람이 능력이 없습니다.

(요8:32) 진리를 알찌니 진리가 너희를 자유케 하리라

(벧전2:16) 자유하나 그 자유로 악을 가리우는 데 쓰지 말고 오직 하나님의 종과 같이 하라

✞ 위의 말씀과 같이 이 복음을 잘못 악용하면 방종에 빠질 수 있습니다.

(민15:39~40) 너희로 보고 여호와의 모든 계명을 기억하여 준행하고 너희로 방종케 하는 자기의 마음과 눈의 욕심을 좇지 않게 하기 위함이라 40. 그리하면 너희가 나의 모든 계명을 기억하고 준행하여 너희의 하나님 앞에 거룩하리라

✞ 에서가 에돔 사람이라 속사람이 곤비하여 배고픔을 인내하지 못하고 팥죽 한 그릇에 장자의 명분을 경홀히 여기므로 장자의 명분을 팔아 버리고 맙니다.

(창25:24~34) 그 해산 기한이 찬즉 태에 쌍동이가 있었는데 25. 먼저 나온 자는 붉고 전신이 갖옷 같아서 이름을 에서라 하였고 29. 야곱이 죽을

쑤었더니 에서가 들에서부터 돌아와서 심히 곤비하여 30. 야곱에게 이르되 내가 곤비하니 그 붉은 것을 나로 먹게 하라 한지라 그러므로 에서의 별명은 에돔이더라 31. 야곱이 가로되 형의 장자의 명분을 오늘날 내게 팔라 32. 에서가 가로되 내가 죽게 되었으니 이 장자의 명분이 내게 무엇이 유익하리요 33. 야곱이 가로되 오늘 내게 맹세하라 에서가 맹세하고 장자의 명분을 야곱에게 판지라 34. 야곱이 떡과 팥죽을 에서에게 주매 에서가 먹으며 마시고 일어나서 갔으니 에서가 장자의 명분을 경홀히 여김이었더라

(롬7:18~24) 내 속 곧 내 육신에 선한 것이 거하지 아니하는 줄을 아노니 원함은 내게 있으나 선을 행하는 것은 없노라 19. 내가 원하는 바 선은 하지 아니하고 도리어 원치 아니하는 바 악은 행하는도다 20. 만일 내가 원치 아니하는 그것을 하면 이를 행하는 자가 내가 아니요 내 속에 거하는 죄니라 21. 그러므로 내가 한 법을 깨달았노니 곧 선을 행하기 원하는 나에게 악이 함께 있는 것이로다 22. 내 속사람으로는 하나님의 법을 즐거워하되 23. 내 지체 속에서 한 다른 법이 내 마음의 법과 싸워 내 지체 속에 있는 죄의 법 아래로 나를 사로잡아 오는 것을 보는도다 24. 오호라 나는 곤고한 사람이로다 이 사망의 몸에서 누가 건져내랴

✞ 할례를 받았다 하고 계명을 지키지 못하면 무할례가 되는 것입니다. 그래서 믿는 신자들이 할례를 받았다 하면서 법을 지키지 못하면 이방인에게 하나님을 욕되게 하는 것입니다.

(골2:11-12) 또 그 안에서 너희가 손으로 하지 아니한 할례를 받았으니 곧 육적 몸을 벗는 것이요 그리스도의 할례니라 12. 너희가 세례로 그리스도와 함께 장사한바 되고 또 죽은 자들 가운데서 그를 일으키신 하나님의 역사를 믿음으로 말미암아 그 안에서 함께 일으키심을 받았느니라

(롬2:23~29)율법을 자랑하는 네가 율법을 범함으로 하나님을 욕되게 하느냐 24. 기록된 바와 같이 하나님의 이름이 너희로 인하여 이방인 중에서 모독을 받는도다 25. 네가 율법을 행한즉 할례가 유익하나 만일 율법을 범한즉 네 할례가 무할례가 되었느니라 26. 그런즉 무할례자가 율법의 제도를 지키면 그 무할례를 할례와 같이 여길 것이 아니냐 27. 또한 본래 무할례자가 율법을 온전히 지키면 의문과 할례를 가지고 율법을 범하는 너를 판단치 아니하겠느냐 28. 대저 표면적 유대인이 유대인이 아니요 표면적 육신의 할례가 할례가 아니라 29. 오직 이면적 유대인이 유대인이며 할례는 마음에 할찌니 신령에 있고 의문에 있지 아니한 것이라 그 칭찬이 사람에게서가 아니요 다만 하나님에게서니라

(히10:9~10)그 후에 말씀하시기를 보시옵소서 내가 하나님의 뜻을 행하러 왔나이다 하셨으니 그 첫 것을 폐하심은 둘째 것을 세우려 하심이니라 10. 이 뜻을 좇아 예수 그리스도의 몸을 단번에 드리심으로 말미암아 우리가 거룩함을 얻었노라

2. 자기(하나님)피로 영원한 속죄를 이루사 단번에 성소에 들어가셨느니라.

(히10:9-10)그 후에 말씀하시기를 보시옵소서 내가 하나님의 뜻을 행하러 왔나이다 하셨으니 그 첫 것을 폐하심은 둘째 것을 세우려 하심이니라 10. 이 뜻을 좇아 예수 그리스도의 몸을 단번에 드리심으로 말미암아 우리가 거룩함을 얻었노라 11. 제사장마다 매일 서서 섬기며 자주 같은 제사를 드리되 이 제사는 언제든지 죄를 없게 하지 못하거니와 12. 오직 그리스도는 죄를 위하여 한 영원한 제사를 드리시고 하나님 우편에 앉으사 13. 그

후에 자기 원수들로 자기 발등상이 되게 하실 때까지 기다리시나니 14. 저가 한 제물로 거룩하게 된 자들을 영원히 온전케 하셨느니라

♱ 위의 말씀과 같이 그리스도께서 영원한 속죄를 드리셨으니 죄를 위하여 다시는 제사 드릴 것이 없고 사람이 예수를 믿을 때 그 사람의 과거, 현재, 미래의 죄까지도 담당하셨다는 사실을 알아야 합니다.

♱ 성령께서 죄를 짓지 못하도록 권면하시고 이끌어 주십니다.

(요8:1~11)예수는 감람산으로 가시다 2. 아침에 다시 성전으로 들어오시니 백성이 다 나아오는지라 앉으사 저희를 가르치시더니 3. 서기관들과 바리새인들이 간음 중에 잡힌 여자를 끌고 와서 가운데 세우고 4. 예수께 말하되 선생이여 이 여자가 간음하다가 현장에서 잡혔나이다 5. 모세는 율법에 이러한 여자를 돌로 치라 명하였거니와 선생은 어떻게 말하겠나이까 6. 저희가 이렇게 말함은 고소할 조건을 얻고자 하여 예수를 시험함이러라 예수께서 몸을 굽히사 손가락으로 땅에 쓰시니 7. 저희가 묻기를 마지 아니하는지라 이에 일어나 가라사대 너희 중에 죄 없는 자가 먼저 돌로 치라 하시고 8. 다시 몸을 굽히사 손가락으로 땅에 쓰시니 9. 저희가 이 말씀을 듣고 양심의 가책을 받아 어른으로 시작하여 젊은이까지 하나씩 하나씩 나가고 오직 예수와 그 가운데 섰는 여자만 남았더라 10.예수께서 일어나사 여자 외에 아무도 없는 것을 보시고 이르시되 여자여 너를 고소하던 그들이 어디 있느냐 너를 정죄한 자가 없느냐 11. 대답하되 주여 없나이다 예수께서 가라사대 나도 너를 정죄하지 아니하노니 가서 다시는 죄를 범치 말라 하시니라.

✞ 간음 중에 잡힌 여자에게도 주님께서는 다시는 죄를 범치 말라고 하셨습니다. 성경에 예수님께서 믿는 자들의 과거, 현재, 미래의 죄까지도 담당했으니 너희는 죄를 범해도 된다는 말씀은 한 구절도 없습니다.

(약4:12)입법자와 재판자는 오직 하나이시니 능히 구원하기도 하시며 멸하기도 하시느니라 너는 누구관대 이웃을 판단하느냐

3. 하나님께서 사시는 성전은 주님이 관리하십니다.

(시5:4)주는 죄악을 기뻐하는 신이 아니시니 악이 주와 함께 유하지 못하며

(시66:18)내가 내 마음에 죄악을 품으면 주께서 듣지 아니하시리라

(고전3:16-17)너희가 하나님의 성전인 것과 하나님의 성령이 너희 안에 거하시는 것을 알지 못하느뇨 17. 누구든지 하나님의 성전을 더럽히면 하나님이 그 사람을 멸하시리라 하나님의 성전은 거룩하니 너희도 그러하니라(죄악을 품고 있는 자와 주님은 관계없습니다.)

(엡5:3-4)음행과 온갖 더러운 것과 탐욕은 너희 중에서 그 이름이라도 부르지 말라 이는 성도의 마땅한 바니라 4. 누추함과 어리석은 말이나 희롱의 말이 마땅치 아니하니 돌이켜 감사하는 말을 하라

✞ 이상의 말씀을 보면 하나님보다 우선순위에 두는 것은 하나님과 원수가 되는 것입니다. 음행하는 것은 그 이름이라도 부르지 말라고 했습니다.

(약4:4)간음하는 여자들이여 세상과 벗된 것이 하나님의 원수임을 알지

못하느뇨 그런즉 누구든지 세상과 벗이 되고자 하는 자는 스스로 하나님과 원수되게 하는 것이니라

(골3:5~9) 그러므로 땅에 있는 지체를 죽이라 곧 음란과 부정과 사욕과 악한 정욕과 탐심이니 탐심은 우상 숭배니라 6. 이것들을 인하여 하나님의 진노가 임하느니라 7. 너희도 전에 그 가운데 살 때에는 그 가운데서 행하였으나 8. 이제는 너희가 이 모든 것을 벗어버리라 곧 분과 악의와 훼방과 너희 입의 부끄러운 말이라 9. 너희가 서로 거짓말을 말라 옛 사람과 그 행위를 벗어버리고

(롬6:12-13) 그러므로 너희는 죄로 너희 죽을 몸에 왕노릇하지 못하게 하여 몸의 사욕을 순종치 말고 13. 또한 너희 지체를 불의의 병기로 죄에게 드리지 말고 오직 너희 자신을 죽은 자 가운데서 다시 산 자 같이 하나님께 드리며 너희 지체를 의의 병기로 하나님께 드리라

✞ 위와 같이 거듭나고 구원받은 자는 죄가 죽을 몸에 왕 노릇 하지 못하게 해야 합니다. 그 이유는 영이 먼저 구원받고 점차적으로 혼도 몸도 구원을 이루어 나가야 하기 때문입니다.

(롬8:9) 만일 너희 속에 하나님의 영이 거하시면 너희가 육신에 있지 아니하고 영에 있나니 누구든지 그리스도의 영이 없으면 그리스도의 사람이 아니라

✞ 몸은 그다음에 점진적으로 구원을 받기 때문입니다.

(롬8:10) 또 그리스도께서 너희 안에 계시면 몸은 죄로 인하여 죽은 것이나 영은 의를 인하여 산 것이니라

(롬8:11) 예수를 죽은 자 가운데서 살리신 이의 영이 너희 안에 거하시면 그리스도 예수를 죽은 자 가운데서 살리신 이가 너희 안에 거하시는 그의 영으로 말미암아 너희 죽을 몸도 살리시리라

(빌2:12) 그러므로 나의 사랑하는 자들아 너희가 나 있을 때 뿐 아니라 더욱 지금 나 없을 때에도 항상 복종하여 두렵고 떨림으로 너희 구원을 이루라

(갈4:19) 나의 자녀들아 너희 속에 그리스도의 형상이 이루기까지 다시 너희를 위하여 해산하는 수고를 하노니

✝ 그리스도 영이 들어와 구원은 받았으나 몸은 아직 그리스도 영이 오지 못했기 때문에 그 신자의 몸에는 죄가 그대로 있습니다.

신자의 몸에서 죄가 떠나가게 하려면 죄가 나올 때마다 예수 그리스도로 인하여 죄를 죽여야 합니다. 그럴 때 신자의 몸에서 죄가 사라지고 그리스도 생명으로 채워지는 것입니다.

4. 신자의 몸에 죄의 생명이 남아 있으면 풀무불에 들어갔다가 나와야 됩니다.

(눅16:19~31) 나사로와 부자는 지옥에 갔는데 절대로 거기서 영원히 나올 수 없다고 주 예수님이 친히 말씀하셨습니다.

(마13:47~50) 또 천국은 마치 바다에 치고 각종 물고기를 모는 그물과 같으니 48. 그물에 가득하매 물가로 끌어내고 앉아서 좋은 것은 그릇에 담고 못된 것은 내어 버리느니라 49. 세상 끝에도 이러하리라 천사들이 와서 의인 중에서 악인을 갈라 내어 50. 풀무 불에 던져 넣으리니 거기서 울며 이를 갊이 있으리라

(마13:41-42) 인자가 그 천사들을 보내리니 저희가 그 나라에서 모든 넘

어지게 하는 것과 또 불법을 행하는 자들을 거두어 내어 42. 풀무 불에 던져 넣으리니 거기서 울며 이를 갊이 있으리라

(말4:1)만군의 여호와가 이르노라 보라 극렬한 풀무불 같은 날이 이르리니 교만한 자와 악을 행하는 자는 다 초개 같을 것이라 그 이르는 날이 그들을 살라 그 뿌리와 가지를 남기지 아니할 것이로되

5. 구원받은 신자 속에도 하나님의 자녀와 마귀의 자녀가 있습니다.

(요일3:10)이러므로 하나님의 자녀들과 마귀의 자녀들이 나타나나니 무릇 의를 행치 아니하는 자나 또는 그 형제를 사랑치 아니하는 자는 하나님께 속하지 아니하니라

(렘31:27)여호와께서 가라사대 보라 내가 사람의 씨와 짐승의 씨를 이스라엘 집과 유다 집에 뿌릴 날이 이르리니

(요10:24~28)유대인들이 에워싸고 가로되 당신이 언제까지나 우리 마음을 의혹케 하려나이까 그리스도여든 밝히 말하시오 하니 25. 예수께서 대답하시되 내가 너희에게 말하였으되 믿지 아니하는도다 내가 내 아버지의 이름으로 행하는 일들이 나를 증거하는 것이어늘 26. 너희가 내 양이 아니므로 믿지 아니하는도다 27. 내 양은 내 음성을 들으며 나는 저희를 알며 저희는 나를 따르느니라 28. 내가 저희에게 영생을 주노니 영원히 멸망치 아니할 터이요 또 저희를 내 손에서 빼앗을 자가 없느니라

(고후4:16)그러므로 우리가 낙심하지 아니하노니 겉사람은 후패하나 우리의 속은 날로 새롭도다

(고후5:17)그런즉 누구든지 그리스도 안에 있으면 새로운 피조물이라 이전 것은 지나갔으니 보라 새것이 되었도다

제30강
성경은 하나님과 사람과 천사 이야기

제30강
성경은 하나님과 사람과 천사 이야기

✠ 우주 안의 영적인 3 존재? 하나님, 사람, 천사

1. 사람의 몸은? 그릇, 성전, 집, 밭이다.

(고전3:9) 우리는 하나님의 동역자들이요 너희는 하나님의 밭이요 하나님의 집이니라

(고후4:7) 우리가 이 보배를 질그릇에 가졌으니 이는 능력의 심히 큰 것이 하나님께 있고 우리에게 있지 아니함을 알게 하려 함이라

(렘18:2~4) 너는 일어나 토기장이의 집으로 내려가라 내가 거기서 내 말을 네게 들리리라 하시기로 3. 내가 토기장이의 집으로 내려가서 본즉 그가 녹로로 일을 하는데 4. 진흙으로 만든 그릇이 토기장이의 손에서 파상하매 그가 그것으로 자기 의견에 선한 대로 다른 그릇을 만들더라

(고전3:16) 너희가 하나님의 성전인 것과 하나님의 성령이 너희 안에 거하시는 것을 알지 못하느뇨

(고전6:19) 너희 몸은 너희가 하나님께로부터 받은바 너희 가운데 계신 성령의 전인 줄을 알지 못하느냐 너희는 너희의 것이 아니라

(창1:2) 땅이 혼돈하고 공허하며 흑암이 깊음 위에 있고 하나님의 신은 수면에 운행하시니라

♰ 땅인 사람 속에 하나님이 들어가야 구원인데 하나님의 형상대로 지음 받은 땅인 아담이라는 사람의 심령이 혼돈하고 공허했는데 흑암의 깊음 위에 있기 때문이라고 했습니다. 사람은 자기를 지으신 하나님의 인도를 받고 하나님과 연합되면 혼돈과 공허가 사라지게 되는 것입니다.

(창5:2)남자와 여자를 창조하셨고 그들이 창조되던 날에 하나님이 그들에게 복을 주시고 그들의 이름을 사람이라 일컬으셨더라
(요12:35)예수께서 가라사대 아직 잠시 동안 빛이 너희 중에 있으니 빛이 있을 동안에 다녀 어두움에 붙잡히지 않게 하라 어두움에 다니는 자는 그가 가는 바를 알지 못하느니라
(요12:36)너희에게 아직 빛이 있을 동안에 빛을 믿으라 그리하면 빛의 아들이 되리라 예수께서 이 말씀을 하시고 저희를 떠나가서 숨으시니라
(요8:12)예수께서 또 일러 가라사대 나는 세상의 빛이니 나를 따르는 자는 어두움에 다니지 아니하고 생명의 빛을 얻으리라
(요8:34)예수께서 대답하시되 진실로 진실로 너희에게 이르노니 죄를 범하는 자마다 죄의 종이라

2. 사람은 마귀를 담으면 마귀가 되고, 사단을 담으면 사단이 된다.

(창3:1~5)여호와 하나님의 지으신 들짐승 중에 뱀이 가장 간교하더라 뱀이 여자에게 물어 가로되 하나님이 참으로 너희더러 동산 모든 나무의 실과를 먹지 말라 하시더냐 2. 여자가 뱀에게 말하되 동산 나무의 실과를 우리가 먹을 수 있으나 3. 동산 중앙에 있는 나무의 실과는 하나님의 말씀에 너희는 먹지도 말고 만지지도 말라 너희가 죽을까 하노라 하셨느니라 4. 뱀이 여자에게 이르되 너희가 결코 죽지 아니하리라

5. 너희가 그것을 먹는 날에는 너희 눈이 밝아 하나님과 같이 되어 선악을 알줄을 하나님이 아심이니라

♱ 사람들 속에 뱀의 말을 듣고 사단이 된 죄의 주관자 유다와 같이 사단, 마귀가 가득합니다.

(요6:70-71)예수께서 대답하시되 내가 너희 열둘을 택하지 아니하였느냐 그러나 너희 중에 한 사람은 마귀니라 하시니 71. 이 말씀은 가룟 시몬의 아들 유다를 가리키심이라 저는 열 둘 중의 하나로 예수를 팔 자라

(마16:23)예수께서 돌이키시며 베드로에게 이르시되 사단아 내 뒤로 물러 가라 너는 나를 넘어지게 하는 자로다 네가 하나님의 일을 생각지 아니하고 도리어 사람의 일을 생각하는도다 하시고

(요일3:8)죄를 짓는 자는 마귀에게 속하나니 마귀는 처음부터 범죄함이니라 하나님의 아들이 나타나신 것은 마귀의 일을 멸하려 하심이니라

♱ 예수 그리스도가 오시기 전 사람들은 마귀를 담았기에 마귀만 내놓습니다. (아담 속에 살인하는 마귀가 들어서 살인하는 가인이 나왔습니다.)

(창4:8)가인이 그 아우 아벨에게 고하니라 그 후 그들이 들에 있을 때에 가인이 그 아우 아벨을 쳐 죽이니라

3. 용을 잡으니 옛 뱀, 사단, 마귀 붉은 용이란 무엇인가?

(계20:2-3)용을 잡으니 곧 옛 뱀이요 마귀요 사단이라 잡아 일천년 동안 결박하여 3. 무저갱에 던져 잠그고 그 위에 인봉하여 천년이 차도록 다시는

만국을 미혹하지 못하게 하였다가 그 후에는 반드시 잠간 놓이리라

✞ 구약에는 사단, 마귀라는 단어가 많이 등장하지 않습니다.
마귀라는 단어는 **(신32:17)그들은 하나님께 제사하지 아니하고 마귀에게 하였으니 곧 그들의 알지 못하던 신, 근래에 일어난 새 신, 너희 열조의 두려워하지 않던 것들이로다**
위의 구절 한 번밖에 나오지 않습니다. 그러나 신약에는 마귀라는 단어가 35번 나옵니다. 구약에서는 사단이라는 단어는 18번 나오지만, 신약에서는 37번 나옵니다. 사단이나 마귀는 똑같은 존재지만 그 역사함에 따라 다르게 불립니다. 마귀라고 할 때는 하나님과 사람 사이를 이간질할 때를 말하며, 사단이라고 할 때는 하나님 일을 직접 방해할 때 사단이라고 합니다.

(요8:44)너희는 너희 아비 마귀에게서 났으니 너희 아비의 욕심을 너희도 행하고자 하느니라 저는 처음부터 살인한 자요 진리가 그 속에 없으므로 진리에 서지 못하고 거짓을 말할 때마다 제 것으로 말하나니 이는 저가 거짓말장이요 거짓의 아비가 되었음이니라

4. 천사도 아버지 하나님의 생명으로 창조되지 않았기 때문에 반역한다.

(겔28:14-15)너는 기름 부음을 받은 덮는 그룹임이여 내가 너를 세우매 네가 하나님의 성산에 있어서 화광석 사이에 왕래하였었도다 15. 네가 지음을 받던 날로부터 네 모든 길에 완전하더니 마침내 불의가 드러났도다
(사14:12~15)너 아침의 아들 계명성이여 어찌 그리 하늘에서 떨어졌으

며 너 열국을 엎은 자여 어찌 그리 땅에 찍혔는고 13. 네가 네 마음에 이르기를 내가 하늘에 올라 하나님의 뭇별 위에 나의 보좌를 높이리라 내가 북극 집회의 산 위에 좌정하리라 14. 가장 높은 구름에 올라 지극히 높은 자와 비기리라 하도다 15. 그러나 이제 네가 음부 곧 구덩이의 맨 밑에 빠치우리로다

(유1:6) 또 자기 지위를 지키지 아니하고 자기 처소를 떠난 천사들을 큰 날의 심판까지 영원한 결박으로 흑암에 가두셨으며

(벧후2:4) 하나님이 범죄한 천사들을 용서치 아니하시고 지옥에 던져 어두운 구덩이에 두어 심판 때까지 지키게 하셨으며

✞ 위의 말씀과 같이 마귀는 자기 지위를 지키지 않았습니다. 피조된 존재는 창조주를 섬겨야 하는데 하나님과 똑같이 비기려고 한 것이 천사의 범죄입니다. 천사는 자기 지위만 잘 지키면 능력은 많습니다.

(시103:20) 능력이 있어 여호와의 말씀을 이루며 그 말씀의 소리를 듣는 너희 천사여 여호와를 송축하라

(왕하19:35) 이 밤에 여호와의 사자(천사)가 나와서 앗수르 진에서 군사 십팔만 오천을 친지라 아침에 일찌기 일어나 보니 다 송장이 되었더라

제31강
내가 구원을 받았는가 확인하는 길

제31강
내가 구원을 받았는가 확인하는 길

1. 내가 구원을 받았는가를 정확히 알고 확인합시다.

(고후5:14)그리스도의 사랑이 우리를 강권하시는도다 우리가 생각건대 한 사람이 모든 사람을 대신하여 죽었은즉 모든 사람이 죽은 것이라 15. 저가 모든 사람을 대신하여 죽으심은 산 자들로 하여금 다시는 저희 자신을 위하여 살지 않고 오직 저희를 대신하여 죽었다가 다시 사신 자를 위하여 살게 하려 함이니라

✞ 이상의 말씀과 같이 예수 그리스도께서 십자가에서 죽으심으로 모든 사람이 죽었다고 말씀했습니다. 모든 사람이 죽은 이유는 예수 그리스도께서 그 사람 속에서 살기 위함입니다. (롬5:15)예수 그리스도는 완전한 사람이시고 또 (롬9:5)완전한 하나님이십니다. 완전한 사람이며 완전한 하나님 믿는 자 안에서 믿는 자를 대신하여 사시기 때문에 믿는 자들을 하나님 앞에서 (마5:48)완전한 자가 될 수 있는 것입니다.

(살후2:9~12)악한 자의 임함은 사단의 역사를 따라 모든 능력과 표적과 거짓 기적과 10. 불의의 모든 속임으로 멸망하는 자들에게 임하리니 이는 저희가 진리의 사랑을 받지 아니하여 구원함을 얻지 못함이니라 11. 이러므로 하나님이 유혹을 저의 가운데 역사하게 하사 거짓 것을 믿게 하심은

12. 진리를 믿지 않고 불의를 좋아하는 모든 자로 심판을 받게 하려 하심이니라

(마24:21~24) 이는 그 때에 큰 환난이 있겠음이라 창세로부터 지금까지 이런 환난이 없었고 후에도 없으리라 23. 그 날들을 감하지 아니할 것이면 모든 육체가 구원을 얻지 못할 것이나 그러나 택하신 자들을 위하여 그 날들을 감하시리라 22. 그 때에 사람이 너희에게 말하되 보라 그리스도가 여기 있다 혹 저기 있다 하여도 믿지 말라 24. 거짓 그리스도들과 거짓 선지자들이 일어나 큰 표적과 기사를 보이어 할 수만 있으면 택하신 자들도 미혹하게 하리라

(엡2:5~10) 허물로 죽은 우리를 그리스도와 함께 살리셨고(너희가 은혜로 구원을 얻은 것이) 6. 또 함께 일으키사 그리스도 예수 안에서 함께 하늘에 앉히시니 7. 이는 그리스도 예수 안에서 우리에게 자비하심으로써 그 은혜의 지극히 풍성함을 오는 여러 세대에 나타내려 하심이니라 8. 너희가 그 은혜를 인하여 믿음으로 말미암아 구원을 얻었나니 이것이 너희에게서 난 것이 아니요 하나님의 선물이라 9. 행위에서 난 것이 아니니 이는 누구든지 자랑치 못하게 함이니라 10. 우리는 그의 만드신바라 그리스도 예수 안에서 선한 일을 위하여 지으심을 받은 자니 이 일은 하나님이 전에 예비하사 우리로 그 가운데서 행하게 하려 하심이니

(롬5:9) 그러면 이제 우리가 그 피를 인하여 의롭다 하심을 얻었은즉 더욱 그로 말미암아 진노하심에서 구원을 얻을 것이니

(엡2:12-13) 그 때에 너희는 그리스도 밖에 있었고 이스라엘 나라 밖의 사람이라 약속의 언약들에 대하여 외인이요 세상에서 소망이 없고 하나님도 없는 자이더니 13. 이제는 전에 멀리 있던 너희가 그리스도 예수 안에서 그리스도의 피로 가까워졌느니라

2. 구원을 얻을 만한 다른 이름을 주신 적이 없습니다.

✞ 구원이란? 분리된 두 분 세 분 하나님을 믿으면 구원을 받지 못합니다. 그 이유는 하나님은 예수 그리스도 한 분만 계시기 때문입니다. 즉, 구원이란 하나님의 생명을 분배받는 것입니다.

(행4:12)다른 이로서는 구원을 얻을 수 없나니 천하 인간에 구원을 얻을 만한 다른 이름을 우리에게 주신 일이 없음이니라 하였더라

(요5:43)나는 내 아버지의 이름으로 왔으매 너희가 영접지 아니하나 만일 다른 사람이 자기 이름으로 오면 영접하리라

(갈1:7~9)다른 복음은 없나니 다만 어떤 사람들이 너희를 요란케 하여 그리스도의 복음을 변하려 함이라 8. 그러나 우리나 혹 하늘로부터 온 천사라도 우리가 너희에게 전한 복음 외에 다른 복음을 전하면 저주를 받을찌어다 9. 우리가 전에 말하였거니와 내가 지금 다시 말하노니 만일 누구든지 너희의 받은 것 외에 다른 복음을 전하면 저주를 받을찌어다

(고후11:4)만일 누가 가서 우리의 전파하지 아니한 다른 예수를 전파하거나 혹 너희의 받지 아니한 다른 영을 받게 하거나 혹 너희의 받지 아니한 다른 복음을 받게 할 때에는 너희가 잘 용납하는구나

✞ 위와 같이 구약의 선지자들은 성령의 충만함을 입었을 때는 예언하고 능력을 행하지만, 불순종했을 때에는 신이 떠나게 됩니다.

(삼상10:10)그들이 산에 이를 때에 선지자의 무리가 그를 영접하고 하나님의 신이 사울에게 크게 임하므로 그가 그들 중에서 예언을 하니

(삼상28:7~12)사울이 그 신하들에게 이르되 나를 위하여 신접한 여인을 찾으라

✞ 그러나 사울이 계속 예언을 한 것이 아니라, 불순종했을 때는 성령이 떠나갔습니다. 그랬기 때문에 사울은 하나님께 묻지 않고 점쟁이(귀신)에게 물으러 갔습니다.

(삼상16:14) 여호와의 신이 사울에게서 떠나고 여호와의 부리신 악신이 그를 번뇌케 한지라

✞ 이상의 말씀과 같이, 사울 왕이 불순종을 하자 여호와의 신(성령)이 떠나갔습니다. 구약에서는 단 한 사람이라도 성령이 내재한 자는 없었습니다. 다 밖에서 성령 충만함을 입었습니다.
사람이 옷을 입었다가 벗는 것 같이 성령의 충만함을 입었다가 불순종하면 떠나갑니다. 구약에서 성령의 역사는 겉으로 충만함을 입는 외적인 역사입니다.

(살전5:19) 성령을 소멸치 말며

✞ 많은 신자들이 표적을 행하는 사단에게 속는 이유는 사단도 성령을 빙자하기 때문입니다. 외적으로 성령의 능력을 입어 많은 은사를 나타낼 때 처음은 그들이 하나님께 순종하므로 밖에서 이끄는 성령의 역사로 많은 일을 하게 됩니다.
그러나 성령이 외적으로 죄 성, 악성, 독성이 가득한 첫 아담에게 입혀 주었기 때문에 나도 모르는 사이에 하나님의 계명을 지키지 않으므로 하나님께 불순종하게 되고 하나님께 불순종하면 성령은 그 사람에게서 떠나게 되는 이것을 성령을 소멸한다고 말씀한 것입니다. 성령을 소멸하게 되면 그 후에는 자연스럽게 사단이 그 사람을 사로잡아 사울 왕 같이 사용하는 것입니다.

3. 내적인 성령의 충만함을 받은 자들은 영원히 성령이 떠나가지 않습니다.

(고전3:16)너희가 하나님의 성전인 것과 하나님의 성령이 너희 안에 거하시는 것을 알지 못하느뇨

(고전6:19-20)너희 몸은 너희가 하나님께로부터 받은바 너희 가운데 계신 성령의 전인 줄을 알지 못하느냐 너희는 너희의 것이 아니라 20. 값으로 산 것이 되었으니 그런즉 너희 몸으로 하나님께 영광을 돌리라

(행7:49-50)주께서 가라사대 하늘은 나의 보좌요 땅은 나의 발등상이니 너희가 나를 위하여 무슨 집을 짓겠으며 나의 안식할 처소가 어디뇨 50. 이 모든 것이 다 내 손으로 지은 것이 아니냐 함과 같으니라

(고전1:30)너희는 하나님께로부터 나서 그리스도 예수 안에 있고 예수는 하나님께로서 나와서 우리에게 지혜와 의로움과 거룩함과 구속함이 되셨으니

✞ 위 말씀은 내적인 성령이요 구약은 외적인 성령입니다. 성령이 사람 안에 들어오신 목적은 예수 그리스도께서 사람의 생명 되기 위함입니다. 이상의 말씀과 같이 예수 그리스도께서 믿는 사람 속으로 들어오시어 그 사람의 생명과 의와 거룩이 되면 어떻게 그 사람이 죄를 지을 수 있겠습니까. 신자가 죄를 짓지 않는 신자가 되려면 아버지와 아들이 서로 분리되어 계시는 분으로 믿지 말고 예수 안에 항상 하나로 계시는 분으로 믿어야 하나님의 씨인 **(요1서3:9)**예수 그리스도께서 그 사람 속에 들어와 사시므로 그 사람이 죄를 짓지 않는 신자가 되는 것입니다.

(롬6:16~18)너희 자신을 종으로 드려 누구에게 순종하든지 그 순종함을

받는 자의 종이 되는 줄을 너희가 알지 못하느냐 혹은 죄의 종으로 사망에 이르고 혹은 순종의 종으로 의에 이르느니라 17. 하나님께 감사하리로다 너희가 본래 죄의 종이더니 너희에게 전하여 준바 교훈의 본을 마음으로 순종하여 18. 죄에게서 해방되어 의에게 종이 되었느니라

✞ 이상의 말씀과 같이 예수를 그리스도로 믿는 신자들은 죄에서 해방이 되었기 때문에 죄를 지을 수 없다고 했습니다.

(롬6:1:1-10) 그런즉 우리가 무슨 말 하리요 은혜를 더하게 하려고 죄에 거하겠느뇨 2. 그럴 수 없느니라 죄에 대하여 죽은 우리가 어찌 그 가운데 더 살리요 4. 그러므로 우리가 그의 죽으심과 합하여 세례를 받음으로 그와 함께 장사되었나니 이는 아버지의 영광으로 말미암아 그리스도를 죽은 자 가운데서 살리심과 같이 우리로 또한 새 생명 가운데서 행하게 하려 함이니라 5. 만일 우리가 그의 죽으심을 본받아 연합한 자가 되었으면 또한 그의 부활을 본받아 연합한 자가 되리라

6. 우리가 알거니와 우리 옛 사람이 예수와 함께 십자가에 못 박힌 것은 죄의 몸이 멸하여 다시는 우리가 죄에게 종노릇 하지 아니하려 함이니 7. 이는 죽은 자가 죄에서 벗어나 의롭다 하심을 얻었음이니라 8. 만일 우리가 그리스도와 함께 죽었으면 또한 그와 함께 살 줄을 믿노니 9. 이는 그리스도께서 죽은 자 가운데서 사셨으매 다시 죽지 아니하시고 사망이 다시 그를 주장하지 못할 줄을 앎이로라

10. 그의 죽으심은 죄에 대하여 단번에 죽으심이요 그의 살으심은 하나님께 대하여 살으심이니 11.이와 같이 너희도 너희 자신을 죄에 대하여는 죽은 자요 그리스도 예수 안에서 하나님을 대하여는 산 자로 여길찌어다

(롬8:1-2) 그러므로 이제 그리스도 예수 안에 있는 자에게는 결코 정죄함

이 없나니 2. 이는 그리스도 예수 안에 있는 생명의 성령의 법이 죄와 사망의 법에서 너를 해방하였음이라

(히9:28) 이와 같이 그리스도도 많은 사람의 죄를 담당하시려고 단번에 드리신바 되셨고 구원에 이르게 하기 위하여 죄와 상관없이 자기를 바라는 자들에게 두 번째 나타나시리라

(벧전3:21) 물은 예수 그리스도의 부활하심으로 말미암아 이제 너희를 구원하는 표니 곧 세례라 육체의 더러운 것을 제하여 버림이 아니요 오직 선한 양심이 하나님을 향하여 찾아가는 것이라

(롬8:29-30) 하나님이 미리 아신 자들로 또한 그 아들의 형상을 본받게 하기 위하여 미리 정하셨으니 이는 그로 많은 형제 중에서 맏아들이 되게 하려 하심이니라 30. 또 미리 정하신 그들을 또한 부르시고 부르신 그들을 또한 의롭다 하시고 의롭다 하신 그들을 또한 영화롭게 하셨느니라

(히2:11) 거룩하게 하시는 자와 거룩하게 함을 입은 자들이 다 하나에서 난지라 그러므로 형제라 부르시기를 부끄러워 아니하시고

(롬8:9) 만일 너희 속에 하나님의 영(성령)이 거하시면 너희가 육신에 있지 아니하고 영에 있나니 누구든지 그리스도의 영이 없으면 그리스도의 사람이 아니라

✝ 이상의 말씀과 같이 예수님을 믿는다면 죄의 종이 될 수 없습니다. 예수가 사람 안에 오신 목적은 사람 속의 죄를 없애기 위함입니다. 그러기 위해서는 먼저 **(롬6:3~9)** 하나님의 영이 사람 안에 들어와 사람의 영과 연합되어야 합니다.

(요10:28) 내가 저희에게 영생을 주노니 영원히 멸망치 아니할 터이요 또 저희를 내 손에서 빼앗을 자가 없느니라

✞ 내적으로 역사하시는 성령은 한번 들어오시면 영원히 떠나가지 않습니다.

(요일5:18)하나님께로서 난 자마다 범죄치 아니하는 줄을 우리가 아노라 하나님께로서 나신 자가 저를 지키시매 악한 자가 저를 만지지도 못하느니라

4. 내가 구원받았는가, 못 받았는가, 자신이 알아야 한다.

✞ 구원의 정의란 무엇인가? 사람이 혼자서 구원받는 것이 아니라 예수 그리스도로 존재를 바꿔야 구원입니다.

(갈2:20)내가 그리스도와 함께 십자가에 못 박혔나니 그런즉 이제는 내가 산 것이 아니요 오직 내 안에 그리스도께서 사신 것이라 이제 내가 육체 가운데 사는 것은 나를 사랑하사 나를 위하여 자기 몸을 버리신 하나님의 아들을 믿는 믿음 안에서 사는 것이라

(골3:3-4)이는 너희가 죽었고 너희 생명이 그리스도와 함께 하나님 안에 감취었음이라 4. 우리 생명이신 그리스도께서 나타나실 그 때에 너희도 그와 함께 영광 중에 나타나리라
(롬8:19)피조물의 고대하는 바는 하나님의 아들들의 나타나는 것이니

✞ 하나님의 경륜 안에서 구원을 생각하면 명확해집니다.**(엡3:1-5)**
하나님의 경륜이란? 하나님이 하나님의 아들 되시고 또 아들들이 되는 것입니다.

(엡3:2~6)너희를 위하여 내게 주신 하나님의 그 은혜의 경륜을 너희가 들었을 터이라 3. 곧 계시로 내게 비밀을 알게 하신 것은 내가 이미 대강 기록함과 같으니 4. 이것을 읽으면 그리스도의 비밀을 내가 깨달은 것을 너희가 알 수 있으리라 5. 이제 그의 거룩한 사도들과 선지자들에게 성령으로 나타내신 것 같이 다른 세대에서는 사람의 아들들에게 알게 하지 아니하셨으니 6. 이는 이방인들이 복음으로 말미암아 그리스도 예수 안에서 함께 후사가 되고 함께 지체가 되고 함께 약속에 참예하는 자가 됨이라

✞ 하나님께서 천지를 창조하신 목적?
(엡1:3~5)찬송하리로다 하나님 곧 우리 주 예수 그리스도의 아버지께서 그리스도 안에서 하늘에 속한 모든 신령한 복으로 우리에게 복 주시되 4. 곧 창세 전에 그리스도 안에서 우리를 택하사 우리로 사랑 안에서 그 앞에 거룩하고 흠이 없게 하시려고 5. 그 기쁘신 뜻대로 우리를 예정하사 예수 그리스도로 말미암아 자기의 아들들이 되게 하셨으니

(엡4:9-10)올라가셨다 하였은즉 땅 아랫곳으로 내리셨던 것이 아니면 무엇이냐
내리셨던 그가 곧 모든 하늘 위에 오르신 자니 이는 만물을 충만케 하려 하심이니라

✞ 하나님의 많은 아들들을 얻기 위함입니다. 하나님이 하나님의 아들 되시는 분이 예수 그리스도이시고 이 예수 그리스도가 죽으시고 부활하시기 이전에는 하나님의 아들은 단 한 사람밖에 없습니다. 예수 그리스도가 죽으시고 부활하신 후에는 믿는 사람 속에 들어오시니 그때부터 많은 하나님의 아들들이 태어납니다.

제32강
《계20:2~3》 옛 뱀을 잡으니 용, 사탄, 마귀

제32강

《계20:2~3》 옛 뱀을 잡으니 용, 사탄, 마귀

⋮

1. 영적인 존재? 용을 잡으니 옛 뱀이요, 사단, 마귀라는 것을 알아야 합니다.

✞ 하나님께서 사람을 위해 존재하는가? 사람이 하나님을 위해 존재.
✞ 우수 안의 영석인 세 손재 (1.하나님 2.전사 3.사람)

(계20:2-6) 용을 잡으니 곧 옛 뱀이요 마귀요 사단이라 잡아 일천 년 동안 결박하여 3. 무저갱에 던져 잠그고 그 위에 인봉하여 천년이 차도록 다시는 만국을 미혹하지 못하게 하였다가 그 후에는 반드시 잠간 놓이리라

(계12:7~9) 하늘에 전쟁이 있으니 미가엘과 그의 사자들이 용으로 더불어 싸울쌔 용과 그의 사자들도 싸우나 8. 이기지 못하여 다시 하늘에서 저희의 있을 곳을 얻지 못한지라 9. 큰 용이 내어 쫓기니 옛 뱀 곧 마귀라고도 하고 사단이라고도 하는 온 천하를 꾀는 자라 땅으로 내어 쫓기니 그의 사자들도 저와 함께 내어 쫓기니라

(고후11:14-15) 이것이 이상한 일이 아니라 사단도 자기를 광명의 천사로 가장하나니 15. 그러므로 사단의 일군들도 자기를 의의 일군으로 가장하는 것이 또한 큰일이 아니라 저희의 결국은 그 행위대로 되리라

(겔28:15) 네가 지음을 받던 날로부터 네 모든 길에 완전하더니 마침내 불의가 드러났도다

(벧후2:4)하나님이 범죄한 천사들을 용서치 아니하시고 지옥에 던져 어두운 구덩이에 두어 심판 때까지 지키게 하셨으며

(사14:12~15)너 아침의 아들 계명성이여 어찌 그리 하늘에서 떨어졌으며 너 열국을 엎은 자여 어찌 그리 땅에 찍혔는고 13. 네가 네 마음에 이르기를 내가 하늘에 올라 하나님의 뭇별 위에 나의 보좌를 높이리라

2. 모든 천사는 구약에서는 여호와를 대행하고 신약에서는 예수 그리스도를 대행한다.

(시103:20)능력이 있어 여호와의 말씀을 이루며 그 말씀의 소리를 듣는 너희 천사여 여호와를 송축하라

(창18:1~8)여호와께서 마므레 상수리 수풀 근처에서 아브라함에게 나타나시니라 오정 즈음에 그가 장막 문에 앉았다가 2. 눈을 들어 본즉 사람 셋이 맞은편에 섰는지라 그가 그들을 보자 곧 장막 문에서 달려나가 영접하며 몸을 땅에 굽혀 3. 가로되 내 주여 내가 주께 은혜를 입었사오면 원컨대 종을 떠나 지나가지 마옵시고 4. 물을 조금 가져오게 하사 당신들의 발을 씻으시고 나무 아래서 쉬소서 5. 내가 떡을 조금 가져오리니 당신들의 마음을 쾌활케 하신 후에 지나가소서 당신들이 종에게 오셨음이니이다 그들이 가로되 네 말대로 그리하라 6. 아브라함이 급히 장막에 들어가 사라에게 이르러 이르되 속히 고운 가루 세 스아를 가져다가 반죽하여 떡을 만들라 하고 7. 아브라함이 또 짐승 떼에 달려가서 기름지고 좋은 송아지를 취하여 하인에게 주니 그가 급히 요리한지라 8. 아브라함이 뻐터와 우유와 하인이 요리한 송아지를 가져다가 그들의 앞에 진설하고 나무 아래 모셔 서매 그들이 먹으니라

(히1:14)모든 천사들은 부리는 영으로서 구원 얻을 후사들을 위하여 섬기라고 보내심이 아니뇨

(출3:2~5)여호와의 사자가 떨기나무 불꽃 가운데서 그에게 나타나시니라 그가 보니 떨기나무에 불이 붙었으나 사라지지 아니하는지라 3. 이에 가로되 내가 돌이켜 가서 이 큰 광경을 보리라 떨기나무가 어찌하여 타지 아니하는고 하는 동시에 4. 여호와께서 그가 보려고 돌이켜 오는 것을 보신지라 하나님이 떨기나무 가운데서 그를 불러 가라사대 모세야 모세야 하시매 그가 가로되 내가 여기 있나이다 5. 하나님이 가라사대 이리로 가까이 하지 말라 너의 선 곳은 거룩한 땅이니 네 발에서 신을 벗으라

(행23:11)그날 밤에 주께서 바울 곁에 서서 이르시되 담대하라 네가 예루살렘에서 나의 일을 증거한 것 같이 로마에서도 증거하여야 하리라 하시니라

(행27:23)나의 속한바 곧 나의 섬기는 하나님의 사자가 어제 밤에 내 곁에 서서 말하되

✞ 하나님의 말씀을 이루는 대단한 피조물인 천사는 영체의 형체는 있으나 사람과 같이 육체가 없으므로 사람과 같이 영생(부활)은 할 수는 없습니다.
아담이 에덴동산에서 선악과를 먹고 죄를 짓게 되자 하나님께 쫓겨나게 됩니다.

3. 사람과 하나님이 연합되어야 예수보다 더 큰 일을 하는 자가 된다.

(창1:26-27)하나님이 가라사대 우리의 형상을 따라 우리의 모양대로 우리가 사람을 만들고 그로 바다의 고기와 공중의 새와 육축과 온 땅과 땅에

기는 모든 것을 다스리게 하자 하시고 27. 하나님이 자기 형상 곧 하나님의 형상대로 사람을 창조하시되 남자와 여자를 창조하시고**(히1:5)**하나님께서 어느 때에 천사 중 누구에게 네가 내 아들이라 오늘날 내가 너를 낳았다 하셨으며 또 다시 나는 그에게 아버지가 되고 그는 내게 아들이 되리라 하셨느뇨

(히1:6-7)또 맏아들을 이끌어 세상에 다시 들어 오게 하실 때에 하나님의 모든 천사가 저에게 경배할찌어다 말씀하시며 7. 또 천사들에 관하여는 그는 그의 천사들을 바람으로, 그의 사역자들을 불꽃으로 삼으시느니라 하셨으되

(요16:10)의에 대하여라 함은 내가 아버지께로 가니 너희가 다시 나를 보지 못함이요

(요14:12)내가 진실로 진실로 너희에게 이르노니 나를 믿는 자는 나의 하는 일을 저도 할 것이요 또한 이보다 큰 것도 하리니 이는 내가 아버지께로 감이니라(죽으시고 부활하신 예수가 아버지의 원위치로 가면 영생이신 그리스도 영으로 연합된 자가 예수보다 더 큰 일 하는 자가 된다.)

(마28:18)예수께서 나아와 일러 가라사대 하늘과 땅의 모든 권세를 내게 주셨으니

✞ 부활하신 영생이신 그리스도와 연합된 신자는 하늘과 땅의 모든 권세가 있습니다.

(요20:11~17)마리아는 무덤 밖에 서서 울고 있더니 울면서 구푸려 무덤 속을 들여다보니 12. 흰 옷 입은 두 천사가 예수의 시체 뉘었던 곳에 하나는 머리 편에, 하나는 발 편에 앉았더라 13. 천사들이 가로되 여자여 어찌

하여 우느냐 가로되 사람이 내 주를 가져다가 어디 두었는지 내가 알지 못함이니이다 14. 이 말을 하고 뒤로 돌이켜 예수의 서신 것을 보나 예수신 줄 알지 못하더라 15. 예수께서 가라사대 여자여 어찌하여 울며 누구를 찾느냐 하시니 마리아는 그가 동산지기인 줄로 알고 가로되 주여 당신이 옮겨 갔거든 어디 두었는지 내게 이르소서 그리하면 내가 가져가리이다 16. 예수께서 마리아야 하시거늘 마리아가 돌이켜 히브리 말로 랍오니여 하니(이는 선생님이라) 17. 예수께서 이르시되 나를 만지지 말라 내가 아직 아버지께로 올라가지 못하였노라 너는 내 형제들에게 가서 이르되 내가 내 아버지 곧 너희 아버지, 내 하나님 곧 너희 하나님께로 올라간다 하라 하신대

✞ 무덤에서 부활하신 예수 그리스도는 그날 아버지의 원위치로 가고 막달라 마리아가 본 예수는 대행하는 천사를 본 것입니다.

(눅24:39~49) 내 손과 발을 보고 나인 줄 알라 또 나를 만져보라 영은 살과 뼈가 없으되 너희 보는 바와 같이 나는 있느니라 40. 이 말씀을 하시고 손과 발을 보이시나 41. 저희가 너무 기쁘므로 오히려 믿지 못하고 기이히 여길 때에 이르시되 여기 무슨 먹을 것이 있느냐 하시니 42. 이에 구운 생선 한 토막을 드리매 43. 받으사 그 앞에서 잡수시더라 44. 또 이르시되 내가 너희와 함께 있을 때에 너희에게 말한바 곧 모세의 율법과 선지자의 글과 시편에 나를 가리켜 기록된 모든 것이 이루어져야 하리라 한 말이 이것이라 하시고 45. 이에 저희 마음을 열어 성경을 깨닫게 하시고 46. 또 이르시되 이같이 그리스도가 고난을 받고 제 삼일에 죽은 자 가운데서 살아날 것과 47. 또 그의 이름으로 죄 사함을 얻게 하는 회개가 예루살렘으로부터 시작하여 모든 족속에게 전파될 것이 기록되었으니 48. 너희는 이 모든 일의 증인이라 49. 볼찌어다 내가 내 아버지의 약속하신 것을 너희에

게 보내리니 너희는 위로부터 능력을 입히울 때까지 이 성에 유하라 하시니라(제자, 사도들에게 나타나신 천사는 예수님을 대행하는 천사다)

✝ 구약에서 모세에게 말씀하신 주님도 여호와를 대행하는 천사입니다. 구약이나 신약이나 하나님은 영이시기에 보고 살 자가 없습니다. 하나님은 천사를 통해, 사람 안에서만 당신을 표현하고 나타낼 수가 있습니다.

(요6:28) 저희가 묻되 우리가 어떻게 하여야 하나님의 일을 하오리이까

✝ 예수께서 사람 안에 들어와서 하실 일을 바로 알고 믿으면, 내가 말하고 행동할 때 주님의 마음이 나가야 합니다.

(계1:1~17) 예수 그리스도의 계시라 이는 하나님이 그에게 주사 반드시 속히 될 일을 그 종들에게 보이시려고 그 천사를 그 종 요한에게 보내어 지시하신 것이라 2. 요한은 하나님의 말씀과 예수 그리스도의 증거 곧 자기의 본 것을 다 증거하였느니라 3. 이 예언의 말씀을 읽는 자와 듣는 자들과 그 가운데 기록한 것을 지키는 자들이 복이 있나니 때가 가까움이라 4. 요한은 아시아에 있는 일곱 교회에 편지하노니 이제도 계시고 전에도 계시고 장차 오실 이와 그 보좌 앞에 일곱 영과 5. 또 충성된 증인으로 죽은 자들 가운데서 먼저 나시고 땅의 임금들의 머리가 되신 예수 그리스도로 말미암아 은혜와 평강이 너희에게 있기를 원하노라 우리를 사랑하사 그의 피로 우리 죄에서 우리를 해방하시고 6.그 아버지 하나님을 위하여 우리를 나라와 제사장으로 삼으신 그에게 영광과 능력이 세세토록 있기를 원하노라 아멘 7. 볼찌어다 구름을 타고 오시리라 각인의 눈이 그를 보겠고 그를 찌른 자들도 볼 터이요 땅에 있는 모든 족속이 그를 인하여 애곡하리니 그러하

리라 아멘 8. 주 하나님이 가라사대 나는 알파와 오메가라 이제도 있고 전에도 있었고 장차 올 자요 전능한 자라 하시더라 9. 나 요한은 너희 형제요 예수의 환난과 나라와 참음에 동참하는 자라 하나님의 말씀과 예수의 증거를 인하여 밧모라 하는 섬에 있더니 17. 내가 볼 때에 그 발 앞에 엎드러져 죽은 자 같이 되매 그가 오른손을 내게 얹고 가라사대 두려워 말라 나는 처음이요 나중이니

♱ 천사가 부활하신 예수 그리스도라는 것을 모르는 신자는 타락한 광명한 천사 루시퍼, 사탄에게 다 속임 당하게 됩니다.
초림 예수만 믿고 구원받은 줄 아는 기존 교회 신자들은 부활하신 예수가 육체로 오실 것을 기다리며 예수님 손목을 꼭 붙잡고 이 세상 떠나갈 때 곧 영생 얻으리.
구약 4,000년 동안, 그 이전의 2,000년 부활한 무덤이 하나도 열리지 않았다면 어떤 주님을 기다리고 있을까요?

제33강
귀신론

제33강

귀신론

1. 오브세션 : 사람 몸에 붙어 다니며.

　(막9:17)무리 중에 하나가 대답하되 선생님 벙어리 귀신 들린 내 아들을 선생님께 데려왔나이다

　(약2:19)네가 하나님은 한 분이신 줄을 믿느냐 잘하는도다 귀신들도 믿고 떠느니라

　(행8:6~8)무리가 빌립의 말도 듣고 행하는 표적도 보고 일심으로 그의 말하는 것을 좇더라 7. 많은 사람에게 붙었던 더러운 귀신들이 크게 소리를 지르며 나가고 또 많은 중풍병자와 앉은뱅이가 나으니 8. 그 성에 큰 기쁨이 있더라

　(마9:34)바리새인들은 가로되 저가 귀신의 왕을 빙자하여 귀신을 쫓아낸다 하더라

　(마10:1)예수께서 그 열 두 제자를 부르사 더러운 귀신을 쫓아내며 모든 병과 모든 약한 것을 고치는 권능을 주시니라

　(마12:25~28)예수께서 저희생각을 아시고 가라사대 스스로 분쟁하는 나라마다 황폐하여질 것이요 스스로 분쟁하는 동네나 집마다 서지 못하리라 26. 사단이 만일 사단을 쫓아내면 스스로 분쟁하는 것이니 그리하고야 저의 나라가 어떻게 서겠느냐 27. 또 내가 바알세불을 힘입어 귀신을 쫓아내면 너희 아들들은 누구를 힘입어 쫓아내느냐 그러므로 저희가 너희 재판관

이 되리라 28. 그러나 내가 하나님의 성령을 힘입어 귀신을 쫓아내는 것이면 하나님의 나라가 이미 너희에게 임하였느니라

(눅13:32-33) 가라사대 가서 저 여우에게 이르되 오늘과 내일 내가 귀신을 쫓아내며 병을 낫게 하다가 제 삼일에는 완전하여지리라 하라

그러나 오늘과 내일과 모레는 내가 갈 길을 가야 하리니 선지자가 예루살렘 밖에서는 죽는 법이 없느니라

2. 오브레션 : 압력. 끌려다니며 원치 않는 행동.

(막9:21) 예수께서 그 아비에게 물으시되 언제부터 이렇게 되었느냐 하시니 가로되 어릴 때부터니이다

✞ 아이에게 귀먹고 벙어리 된 귀신이 들어와 거하니 아이가 귀먹고 말 못하는 벙어리가 되었습니다. 신자들도 귀가 막히면 살아있는 생명의 말씀을 들어도 깨닫지 못합니다.

(마17:18) 이에 예수께서 꾸짖으시니 귀신이 나가고 아이가 그때부터 나으니라

(막1:23-24) 마침 저희 회당에 더러운 귀신 들린 사람이 있어 소리질러 가로되 24. 나사렛 예수여 우리가 당신과 무슨 상관이 있나이까 우리를 멸하러 왔나이까 나는 당신이 누구인 줄 아노니 하나님의 거룩한 자니이다

(막1:27) 다 놀라 서로 물어 가로되 이는 어찜이뇨 권세 있는 새 교훈이로다 더러운 귀신들을 명한즉 순종하는도다 하더라(부활하신 그리스도의 생명이 실제 된 권세 있는 아들이 명해야 귀신이 나가고 다시 들어오지 않습니다.)

✞ 귀신들은 영이라 한 사람 속에 2,000마리로 떼를 지어 다니며 귀신들의 생명을 나타냅니다.

(막5:3~13)그 사람은 무덤 사이에 거처하는데 이제는 아무나 쇠사슬로도 맬 수 없게 되었으니 4. 이는 여러 번 고랑과 쇠사슬에 매였어도 쇠사슬을 끊고 고랑을 깨뜨렸음이러라 그리하여 아무도 저를 제어할 힘이 없는지라 5. 밤낮 무덤 사이에서나 산에서나 늘 소리지르며 돌로 제 몸을 상하고 있었더라 6. 그가 멀리서 예수를 보고 달려와 절하며 7. 큰 소리로 부르짖어 가로되 지극히 높으신 하나님의 아들 예수여 나와 당신과 무슨 상관이 있나이까 원컨대 하나님 앞에 맹세하고 나를 괴롭게 마옵소서 하니 8. 이는 예수께서 이미 저에게 이르시기를 더러운 귀신아 그 사람에게서 나오라 하셨음이라 9. 이에 물으시되 네 이름이 무엇이냐 가로되 내 이름은 군대니 우리가 많음이니이다 하고 10. 자기를 이 지방에서 내어 보내지 마시기를 간절히 구하더니 11. 마침 거기 돼지의 큰 떼가 산 곁에서 먹고 있는지라 12. 이에 간구하여 가로되 우리를 돼지에게로 보내어 들어가게 하소서 하니 13. 허락하신대 더러운 귀신들이 나와서 돼지에게로 들어가니 거의 이천 마리 되는 떼가 바다를 향하여 비탈로 내리달아 바다에서 몰사하거늘

3. 디프레이션 : 슬픔, 우울, 허망.

(마13:13~17)그러므로 내가 저희에게 비유로 말하기는 저희가 보아도 보지 못하며 들어도 듣지 못하며 깨닫지 못함이니라 14. 이사야의 예언이 저희에게 이루었으니 일렀으되 너희가 듣기는 들어도 깨닫지 못할 것이요 보기는 보아도 알지 못하리라 15. 이 백성들의 마음이 완악하여져서 그 귀는

듣기에 둔하고 눈은 감았으니 이는 눈으로 보고 귀로 듣고 마음으로 깨달아 돌이켜 내게 고침을 받을까 두려워함이라 하였느니라 16. 그러나 너희 눈은 봄으로, 너희 귀는 들음으로 복이 있도다 17. 내가 진실로 너희에게 이르노니 많은 선지자와 의인이 너희 보는 것들을 보고자 하여도 보지 못하였고 너희 듣는 것들을 듣고자 하여도 듣지 못하였느니라

(딤전4:1)그러나 성령이 밝히 말씀하시기를 후일에 어떤 사람들이 믿음에서 떠나 미혹케 하는 영과 귀신의 가르침을 좇으리라 하셨으니 2. 자기 양심이 화인 맞아서 외식함으로 거짓말하는 자들이라

(막9:28)집에 들어가시매 제자들이 종용히 묻자오되 우리는 어찌하여 능히 그 귀신을 쫓아 내지 못하였나이까(주님과 연합이 실제가 되지 못하면 귀신을 제어할 권세가 없고, 또 나간다 해도 더 악한 일곱 귀신이 들어와 살므로 상태는 더욱 전보다 더 심하게 됩니다.)

(요10:8)나보다 먼저 온 자는 다 절도요 강도니 양들이 듣지 아니하였느니라

(요10:10)도적이 오는 것은 도적질하고 죽이고 멸망시키려는 것뿐이요 내가 온 것은 양으로 생명을 얻게 하고 더 풍성히 얻게 하려는 것이라

(마12:43~45)더러운 귀신이 사람에게서 나갔을 때에 물 없는 곳으로 다니며 쉬기를 구하되 얻지 못하고 44. 이에 가로되 내가 나온 내 집으로 돌아가리라 하고 와 보니 그 집이 비고 소제되고 수리되었거늘 45. 이에 가서 저보다 더 악한 귀신 일곱을 데리고 들어가서 거하니 그 사람의 나중 형편이 전보다 더욱 심하게 되느니라 이 악한 세대가 또한 이렇게 되리라

4. 포세션 : 의지 포기, 절망.

✡ 사람의 육체는 귀신의 처소.

(마12:22) 그 때에 귀신들려 눈 멀고 벙어리 된 자를 데리고 왔거늘 예수께서 고쳐 주시매 그 벙어리가 말하며 보게 되지라

(마12:28~29) 그러나 내가 하나님의 성령을 힘입어 귀신을 쫓아내는 것이면 하나님의 나라가 이미 너희에게 임하였느니라 29. 사람이 먼저 강한 자를 결박하지 않고야 어떻게 그 강한 자의 집에 들어가 그 세간을 늑탈하겠느냐 결박한 후에야 그 집을 늑탈하리라

(계16:14) 저희는 귀신의 영이라 이적을 행하여 온 천하 임금들에게 가서 하나님 곧 전능하신 이의 큰 날에 전쟁을 위하여 그들을 모으더라

(계18:2~5) 힘센 음성으로 외쳐 가로되 무너졌도다 무너졌도다 큰 성 바벨론이여 귀신의 처소와 각종 더러운 영의 모이는 곳과 각종 더럽고 가증한 새가 모이는 곳이 되었도다 3. 그 음행의 진노의 포도주를 인하여 만국이 무너졌으며 또 땅의 왕들이 그로 더불어 음행하였으며 땅의 상고들도 그 사치의 세력을 인하여 치부하였도다 하더라 4. 또 내가 들으니 하늘로서 다른 음성이 나서 가로되 내 백성아, 거기서 나와 그의 죄에 참예하지 말고 그의 받을 재앙들을 받지 말라 5. 그 죄는 하늘에 사무쳤으며 하나님은 그의 불의한 일을 기억하신지라

5. 이방인들도 자기 조상이 귀신이라는 것을 잘 알고 있다.

(고전10:20~22) 대저 이방인의 제사하는 것은 귀신에게 하는 것이요 하나님께 제사하는 것이 아니니 나는 너희가 귀신과 교제하는 자 되기를 원치 아니하노라 21. 너희가 주의 잔과 귀신의 잔을 겸하여 마시지 못하고 주의 상과 귀신의 상에 겸하여 참예치 못하리라 22. 그러면 우리가 주를 노여워하시게 하겠느냐 우리가 주보다 강한 자냐

(시106:28-29)저희가 또 바알브올과 연합하여 죽은 자에게 제사한 음식을 먹어서 29. 그 행위로 주를 격노케 함을 인하여 재앙이 그 중에 유행하였도다

(사8:19)혹이 너희에게 고하기를 지절거리며 속살거리는 신접한 자와 마술사에게 물으라 하거든 백성이 자기 하나님께 구할것이 아니냐 산 자를 위하여 죽은 자에게 구하겠느냐 하라

✞ 4복음서에서도 예수님은 천국 복음을 전하기 전에 귀신부터 쫓습니다.
✞ 귀신과 사탄, 마귀는 하는 일이 다릅니다.
✞ **사탄(마16:21~23 베드로), 마귀(요6:70 유다 속에)(요13:27)**는 타락한 하나님께 쫓겨난 천사(루시퍼) 영원히 죽지 않는 피조물이기에 사람의 육체 안에 살 수 없고 하나님과 사람 사이에서 나누는 일을 합니다. (이간, 송사, 참소)

(요13:27~30)조각을 받은 후 곧 사단이 그 속에 들어간지라 이에 예수께서 유다에게 이르시되 네 하는 일을 속히 하라 하시니 28. 이 말씀을 무슨 뜻으로 하셨는지 그 앉은 자 중에 아는 이가 없고 29. 어떤이들은 유다가 돈 궤를 맡았으므로 명절에 우리의 쓸 물건을 사라 하시는지 혹 가난한 자들에게 무엇을 주라 하시는 줄로 생각하더라 30. 유다가 그 조각을 받고 곧 나가니 밤이러라

(눅22:21~23)그러나 보라 나를 파는 자의 손이 나와 함께 상위에 있도다 22. 인자는 이미 작정된 대로 가거니와 그를 파는 그 사람에게는 화가 있으리로다 하시니 23. 저희가 서로 문되 우리 중에서 이 일을 행할 자가 누구일까 하더라

(요6:70-71)예수께서 대답하시되 내가 너희 열 둘을 택하지 아니하였느

냐 그러나 너희 중에 한 사람은 마귀니라 하시니 71. 이 말씀은 가룟 시몬의 아들 유다를 가리키심이라 저는 열 둘 중의 하나로 예수를 팔 자러라

(마16:23)예수께서 돌이키시며 베드로에게 이르시되 사단아 내 뒤로 물러 가라 너는 나를 넘어지게 하는 자로다 네가 하나님의 일을 생각지 아니하고 도리어 사람의 일을 생각하는도다 하시고(베드로에게 사단의 생명이…)

(눅4:40)해 질 적에 각색병으로 앓는 자 있는 사람들이 다 병인을 데리고 나아오매 예수께서 일일이 그 위에 손을 얹으사 고치시니

(눅10:17~20)칠십인이 기뻐 돌아와 가로되 주여 주의 이름으로 귀신들도 우리에게 항복하더이다 18. 예수께서 이르시되 사단이 하늘로서 번개 같이 떨어지는 것을 내가 보았노라 19. 내가 너희에게 뱀과 전갈을 밟으며 원수의 모든 능력을 제어할 권세(익슈큐아)를 주었으니 너희를 해할 자가 결단코 없으리라 20. 그러나 귀신들이 너희에게 항복하는 것으로 기뻐하지 말고 너희 이름이 하늘에 기록된 것으로 기뻐하라 하시니라

(마10:1)예수께서 그 열 두 제자를 부르사 더러운 귀신을 쫓아내며 모든 병과 모든 약한 것을 고치는 권능(듀나미스)을 주시니라

제34강
은사론(하나님이 계시는데 내 밖에서)

제34강

은사론(하나님이 계시는데 내 밖에서)

⋮

1. 구약의 하나님 신은? 사람 밖에서 순종할 때는 역사하는 것 같다가 불순종하면 떠나가는 것입니다.

✞ 신약의 하나님의 영은? 사람 안에서 **(롬8:9)**하나님의 영이 너희 안에 거하시면

✞ 은사는 사람 밖에서 옷을 입고 벗듯 역사하는 것입니다.

(삼상10:10-11)그들이 산에 이를 때에 선지자의 무리가 그를 영접하고 하나님의 신이 사울에게 크게 임하므로 그가 그들 중에서 예언을 하니 11. 전에 사울을 알던 모든 사람이 사울의 선지자들과 함께 예언함을 보고 서로 이르되

(삼상28:7~9)사울이 그 신하들에게 이르되 나를 위하여 신접한 여인을 찾으라 내가 그리로 가서 그에게 물으리라 그 신하들이 그에게 이르되 보소서 엔돌에 신접한 여인이 있나이다 8. 사울이 다른 옷을 입어 변장하고 두 사람과 함께 갈쌔 그들이 밤에 그 여인에게 이르러는 사울이 가로되 청하노니 나를 위하여 신접한 술법으로 내가 네게 말하는 사람을 불러올리라 9. 여인이 그에게 이르되 네가 사울의 행한 일 곧 그가 신접한 자와 박수를 이 땅에서 멸절시켰음을 아나니 네가 어찌하여 내 생명에 올무를 놓아 나를 죽게 하려느냐

(삼상16:14)여호와의 신이 사울에게서 떠나고 여호와의 부리신 악신이 그를 번뇌케 한지라

✝ 구약에는 단 한 사람이라도 성령이 사람 안에 내재하지 않고 사람 밖에서 입을 때에는 예언하고 벗을 때에는 불순종했을 때는 떠났습니다.

(갈3:23~29)믿음이 오기 전에 우리가 율법 아래 매인바 되고 계시될 믿음의 때까지 갇혔느니라 24. 이같이 율법이 우리를 그리스도에게로 인도하는 몽학선생이 되어 우리로 하여금 믿음으로 말미암아 의롭다 함을 얻게 하려 함이니라 25. 믿음이 온 후로는 우리가 몽학선생 아래 있지 아니하도다 26. 너희가 다 믿음으로 말미암아 그리스도 예수 안에서 하나님의 아들이 되었으니 27. 누구든지 그리스도와 합하여 세례를 받은 자는 그리스도로 옷 입었느니라 28. 너희는 유대인이나 헬라인이나 종이나 자주자나 남자나 여자 없이 다 그리스도 예수 안에서 하나이니라 29. 너희가 그리스도께 속한 자면 곧 아브라함의 자손이요 약속대로 유업을 이을 자니라

(살후2:9-10)악한 자의 임함은 사단의 역사를 따라 모든 능력과 표적과 거짓 기적과 10. 불의의 모든 속임으로 멸망하는 자들에게 임하리니 이는 저희가 진리의 사랑을 받지 아니하여 구원함을 얻지 못함이니라

2. 가장 큰 은사는 표적, 이적이 아니라 "영생"입니다.

(롬6:23)죄의 삯은 사망이요 하나님의 은사는 그리스도 예수 우리 주 안에 있는 영생이니라

✿ 은사는 부분적인 것이라면 영생은 하나님을 바로 알고 하나님께서 우리 안에 오시면 주님께 양육 받고 주님께 배운 대로 행하는 것입니다.

(롬5:13)이 은사는 그 범죄와 같지 아니하니 곧 한 사람의 범죄를 인하여 많은 사람이 죽었은즉 더욱 하나님의 은혜와 또는 한 사람 예수 그리스도의 은혜로 말미암은 선물이 많은 사람에게 넘쳤으리라

(엡4:20~24)오직 너희는 그리스도를 이같이 배우지 아니하였느니라 21.진리가 예수 안에 있는 것 같이 너희가 과연 그에게서 듣고 또한 그 안에서 가르침을 받았을찐대 22. 너희는 유혹의 욕심을 따라 썩어져 가는 구습을 좇는 옛 사람을 벗어 버리고 23. 오직 심령으로 새롭게 되어 24. 하나님을 따라 의와 진리의 거룩함으로 지으신을 받은 새 사람을 입으라

(롬8:32)자기 아들을 아끼지 아니하시고 우리 모든 사람을 위하여 내어주신 이가 어찌 그 아들과 함께 모든 것을 우리에게 은사로 주지 아니하시겠느뇨

(롬8:35)누가 우리를 그리스도의 사랑에서 끊으리요 환난이나 곤고나 핍박이나 기근이나 적신이나 위험이나 칼이랴

(롬6:22)그러나 이제는 너희가 죄에게서 해방되고 하나님께 종이 되어 거룩함에 이르는 열매를 얻었으니 이 마지막은 영생이라

(롬6:23)죄의 삯은 사망이요 하나님의 은사는 그리스도 예수 우리 주 안에 있는 영생이니라

(고전12:31)너희는 더욱 큰 은사를 사모하라 내가 또한 제일 좋은 길을 너희에게 보이리라

(고전13:8~12)사랑은 언제까지든지 떨어지지 아니하나 예언도 폐하고 방언도 그치고 지식도 폐하리라 9. 우리가 부분적으로 알고 부분적으로 예언하니 10. 온전한 것이 올 때에는 부분적으로 하던 것이 폐하리라 11. 내가

어렸을 때에는 말하는 것이 어린 아이와 같고 깨닫는 것이 어린 아이와 같고 생각하는 것이 어린 아이와 같다가 장성한 사람이 되어서는 어린 아이의 일을 버렸노라 12. 우리가 이제는 거울로 보는것 같이 희미하나 그 때에는 얼굴과 얼굴을 대하여 볼 것이요 이제는 내가 부분적으로 아나 그 때에는 주께서 나를 아신 것 같이 내가 온전히 알리라

(계11:1~5) 또 내게 지팡이 같은 갈대를 주며 말하기를 일어나서 하나님의 성전과 제단과 그 안에서 경배하는 자들을 척량하되 2. 성전 밖 마당은 척량하지 말고 그냥 두라 이것을 이방인에게 주었은즉 저희가 거룩한 성을 마흔 두달 동안 짓밟으리라 3. 내가 나의 두 증인에게 권세를 주리니 저희가 굵은 베옷을 입고 일천 이백 육십 일을 예언하리라 4. 이는 이 땅의 주 앞에 섰는 두 감람나무와 두 촛대니 5. 만일 누구든지 저희를 해하고자 한즉 저희 입에서 불이 나서 그 원수를 소멸할찌니 누구든지 해하려 하면 반드시 이와 같이 죽임을 당하리라

(고전14:8-9) 만일 나팔이 분명치 못한 소리를 내면 누가 전쟁을 예비하리요 9. 이와 같이 너희도 혀로서 알아 듣기 쉬운 말을 하지 아니하면 그 말하는 것을 어찌 알리요 이는 허공에다 말하는 것이라

3. 성경 속의 비밀을 세 가지를 알아야, 하나님을 바로 알게 되고 바른 믿음을 소유하게 됩니다.

① **(골2:2-3)** "하나님 아버지의 비밀은? 예수 그리스도"
이는 저희로 마음에 위안을 받고 사랑 안에서 연합하여 원만한 이해의 모든 부요에 이르러 하나님의 비밀인 그리스도를 깨닫게 하려 함이라

② (골1:27) "예수 그리스도의 비밀은? 너희 안에 계신 그리스도"
하나님이 그들로 하여금 이 비밀의 영광이 이방인 가운데 어떻게 풍성한 것을 알게 하려 하심이라 이 비밀은 너희 안에 계신 그리스도시니 곧 영광의 소망이니라
③ (엡5:32) "가장 큰 비밀은? 그리스도와 교회에 대하여" 말하노라
이 비밀이 크도다 내가 그리스도와 교회에 대하여 말하노라

(엡1:17)우리 주 예수 그리스도의 하나님, 영광의 아버지께서 지혜와 계시의 정신을 너희에게 주사 하나님을 알게 하시고

(눅10:22)내 아버지께서 모든 것을 내게 주셨으니 아버지 외에는 아들이 누군지 아는 자가 없고 아들과 또 아들의 소원대로 계시를 받는 자 외에는 아버지가 누군지 아는 자가 없나이다 하시고

(눅10:20)그러나 귀신들이 너희에게 항복하는 것으로 기뻐하지 말고 너희 이름이 하늘에 기록된 것으로 기뻐하라 하시니라

(계1:1~3)예수 그리스도의 계시라 이는 하나님이 그에게 주사 반드시 속히 될 일을 그 종들에게 보이시려고 그 천사를 그 종 요한에게 보내어 지시하신 것이라 2. 요한은 하나님의 말씀과 예수 그리스도의 증거 곧 자기의 본 것을 다 증거하였느니라 3. 이 예언의 말씀을 읽는 자와 듣는 자들과 그 가운데 기록한 것을 지키는 자들이 복이 있나니 때가 가까움이라

(빌3:5~14)내가 팔일만에 할례를 받고 이스라엘의 족속이요 베냐민의 지파요 히브리인 중의 히브리인이요 율법으로는 바리새인이요 6. 열심으로는 교회를 핍박하고 율법의 의로는 흠이 없는 자로라 7. 그러나 무엇이든지 내게 유익하던 것을 내가 그리스도를 위하여 다 해로 여길뿐더러 8. 또한 모든 것을 해로 여김은 내 주 그리스도 예수를 아는 지식이 가장 고상함을 인함이라 내가 그를 위하여 모든 것을 잃어버리고 배설물로 여김은 그리스도

를 얻고 9. 그 안에서 발견되려 함이니 내가 가진 의는 율법에서 난 것이 아니요 오직 그리스도를 믿음으로 말미암은 것이니 곧 믿음으로 하나님께로서 난 의라 10. 내가 그리스도와 그 부활의 권능과 그 고난에 참예함을 알려하여 그의 죽으심을 본받아 11. 어찌하든지 죽은 자 가운데서 부활에 이르려 하노니 12. 내가 이미 얻었다 함도 아니요 온전히 이루었다 함도 아니라 오직 내가 그리스도 예수께 잡힌바 된 그것을 잡으려고 좇아가노라 13. 형제들아 나는 아직 내가 잡은 줄로 여기지 아니하고 오직 한 일 즉 뒤에 있는 것은 잊어버리고 앞에 있는 것을 잡으려고 14. 푯대를 향하여 그리스도 예수 안에서 하나님이 위에서 부르신 부름의 상을 위하여 좇아가노라

제35강
군대장관

제35강
군대장관

⋮

1. 군대장관은? 하나님을 대행하는 천사.

♱ 하나님을 대행하는 천사는 여호수아를 도와서 대적을 물리치기 위하여 군대장관으로 일하십니다.

 (수5:13~15) 여호수아가 여리고에 가까왔을 때에 눈을 들어본즉 한 사람이 칼을 빼어 손에 들고 마주섰는지라 여호수아가 나아가서 그에게 묻되 너는 우리를 위하느냐 우리의 대적을 위하느냐 14. 그가 가로되 아니라 나는 여호와의 군대장관으로 이제 왔느니라 여호수아가 땅에 엎드려 절하고 가로되 나의 주여 종에게 무슨 말씀을 하려 하시나이까 15. 여호와의 군대장관이 여호수아에게 이르되 네 발에서 신을 벗으라 네가 선 곳은 거룩하니라 여호수아가 그대로 행하니라
 (대상10:13-14) 사울의 죽은 것은 여호와께 범죄하였음이라 저가 여호와의 말씀을 지키지 아니하고 또 신접한 자에게 가르치기를 청하고
 14. 여호와께 묻지 아니하였으므로 여호와께서 저를 죽이시고 그 나라를 이새의 아들 다윗에게 돌리셨더라

♱ 위의 말씀은 신접한 자를 찾아가서 앞으로 있을 일을 점치는 사울을 범죄함으로 죽이시고 하나님 마음에 합한 다윗을 왕으로 세우신다. 다윗은

무엇이 하나님께 합한 자였을까? 하나님을 사랑하고 경외하며 그 말씀을 듣고 행하는 자였기 때문입니다.

(삼상16:6-7) 그들이 오매 사무엘이 엘리압을 보고 마음에 이르기를 여호와의 기름 부으실 자가 과연 그 앞에 있도다 하였더니 7. 여호와께서 사무엘에게 이르시되 그 용모와 신장을 보지 말라 내가 이미 그를 버렸노라 나의 보는 것은 사람과 같지 아니하니 사람은 외모를 보거니와 나 여호와는 중심을 보느니라

(시|20:6~8) 여호와께서 자기에게 속한바 기름 부음 받은 자를 구원하시는 줄 이제 내가 아노니 그 오른손에 구원하는 힘으로 그 거룩한 하늘에서 저에게 응락하시리로다 7. 혹은 병거, 혹은 말을 의지하나 우리는 여호아 우리 하나님의 이름을 자랑하리로다 8. 저희는 굽어 엎드러지고 우리는 일어나 바로 서도다

(시|24:7~10) 문들아 너희 머리를 들찌어다 영원한 문들아 들릴찌어다 영광의 왕이 들어 가시리로다 8. 영광의 왕이 뉘시뇨 강하고 능한 여호와시요 전쟁에 능한 여호와시로다 9. 문들아 너희 머리를 들찌어다 영원한 문들아 들릴찌어다 영광의 왕이 들어 가시리로다 10. 영광의 왕이 뉘시뇨 만군의 여호와께서 곧 영광의 왕이시로다 (셀라)

2. 하나님의 일 하심은 하나님과 마음이 연합된 자 속에서 일하십니다.

(행13:21~23) 그 후에 저희가 왕을 구하거늘 하나님이 베냐민 지파 사람 기스의 아들 사울을 사십 년간 주셨다가 22. 폐하시고 다윗을 왕으로 세우시고 증거하여 가라사대 내가 이새의 아들 다윗을 만나니 내 마음에 합한

사람이라 내 뜻을 다 이루게 하리라 하시더니 23. 하나님이 약속하신 대로 이 사람의 씨에서 이스라엘을 위하여 구주를 세우셨으니 곧 예수라

(왕상2:1~4)다윗이 죽는 날이 임박하매 그 아들 솔로몬에게 명하여 가로되… 유언은? 너는 힘써 대장부가 되고 3. 네 하나님 명령을 지켜 그 길로 행하여 그 법률과 계명과 율례와 증거를 지키라 그리하면 네가 무엇을 하든지 어디로 가든지 형통할찌라

(왕상3:4~13)이에 왕이 제사하러 기브온으로 가니 거기는 산당이 큼이라 솔로몬이 그 단에 일천 번제를 드렸더니 5. 기브온에서 밤에 여호와께서 솔로몬의 꿈에 나타나시니라 하나님이 이르시되 내가 네게 무엇을 줄꼬 너는 구하라 6. 솔로몬이 가로되 주의 종 내 아비 다윗이 성실과 공의와 정직한 마음으로 주와 함께 주의 앞에서 행하므로 주께서 저에게 큰 은혜를 베푸셨고 주께서 또 저를 위하여 이 큰 은혜를 예비하시고 오늘날과 같이 저의 위에 앉을 아들을 저에게 주셨나이다 7. 나의 하나님 여호와여 주께서 종으로 종의 아비 다윗을 대신하여 왕이 되게 하셨사오나 종은 작은 아이라 출입할줄을 알지 못하고 8. 주의 빼신 백성 가운데 있나이다 저희는 큰 백성이라 수효가 많아서 셀 수도 없고 기록할 수도 없사오니 9. 누가 주의 이 많은 백성을 재판할 수 있사오리이까 지혜로운 마음을 종에게 주사 주의 백성을 재판하여 선악을 분별하게 하옵소서 10. 솔로몬이 이것을 구하매 그 말씀이 주의 마음에 맞은지라 11. 이에 하나님이 저에게 이르시되 네가 이것을 구하도다 자기를 위하여 수도 구하지 아니하며 부도 구하지 아니하며 자기의 원수의 생명 멸하기도 구하지 아니하고 오직 송사를 듣고 분별하는 지혜를 구하였은즉 12. 내가 네 말대로 하여 네게 지혜롭고 총명한 마음을 주노니 너의 전에도 너와 같은 자가 없었거니와 너의 후에도 너와 같은 자가 일어남이 없으리라 13. 내가 또 너의 구하지 아니한 부와 영광도 네게 주노니 네 평생에 열왕 중에 너와 같은 자가 없을 것이라

✞ 미국 16대 대통령 에이브러햄 링컨의 일화입니다. 노예 해방을 위한 남북 전쟁이 패전 위기에 처해 기도하는 그의 모습을 보며 참모가 묻습니다. "하나님은 우리 편입니까, 대적의 편입니까?" 그러자 링컨이 대답했습니다. "하나님은 우리와 항상 함께하신다네. 문제는 '우리가 하나님 편에 서 있는가'일세." 이처럼 내가 하나님 편인 것이 중요합니다.

(요15:16) 너희가 나를 택한 것이 아니요 내가 너희를 택하여 세웠나니 이는 너희로 가서 과실을 맺게 하고 또 너희 과실이 항상 있게 하여 내 이름으로 아버지께 무엇을 구하든지 다 받게 하려 함이니라

3. 나와 내 집은 오직 하나님 경외하고 명령을 지켜 그 도를 행하라.

(신11:10~12) 네가 들어가 얻으려 하는 땅은 네가 나온 애굽 땅과 같지 아니하니 거기서는 너희가 파종한 후에 발로 물 대기를 채소밭에 댐과 같이 하였거니와 11. 너희가 건너가서 얻을 땅은 산과 골짜기가 있어서 하늘에서 내리는 비를 흡수하는 땅이요 12. 네 하나님 여호와께서 권고하시는 땅이라 세초부터 세말까지 네 하나님 여호와의 눈이 항상 그 위에 있느니라

(신8:1~14) 내가 오늘날 명하는 모든 명령을 너희는 지켜 행하라 그리하면 너희가 살고 번성하고 여호와께서 너희의 열조에게 맹세하신 땅에 들어가서 그것을 얻으리라 2. 네 하나님 여호와께서 이 사십년 동안에 너로 광야의 길을 걷게 하신 것을 기억하라 이는 너를 낮추시며 너를 시험하사 네 마음이 어떠한지 그 명령을 지키는지 아니 지키는지 알려하심이라 3. 너를 낮추시며 너로 주리게 하시며 또 너도 알지 못하며 네 열조도 알지 못하던 만나를 네게 먹이신 것은 사람이 떡으로만 사는 것이 아니요 여호와의 입

에서 나오는 모든 말씀으로 사는 줄을 너로 알게 하려 하심이니라 6. 네 하나님 여호와의 명령을 지켜 그 도를 행하며 그를 경외할찌니라 13. 또 네 우양이 번성하며 네 은금이 증식되며 네 소유가 다 풍부하게 될 때에 14. 두렵건대 네 마음이 교만하여 네 하나님 여호와를 잊어버릴까 하노라

(수1:3~9) 내가 모세에게 말한 바와 같이 무릇 너희 발바닥으로 밟는 곳을 내가 다 너희에게 주었노니 4. 곧 광야와 이 레바논에서부터 큰 하수 유브라데에 이르는 헷 족속의 온 땅과 또 해 지는 편 대해까지 너희 지경이 되리라 5. 너의 평생에 너를 능히 당할 자 없으리니 내가 모세와 함께 있던 것 같이 너와 함께 있을 것임이라 내가 너를 떠나지 아니하며 버리지 아니하리니 6. 마음을 강하게 하라 담대히 하라 너는 이 백성으로 내가 그 조상에게 맹세하여 주리라 한 땅을 얻게 하리라 7. 오직 너는 마음을 강하게 하고 극히 담대히 하여 나의 종 모세가 네게 명한 율법을 다 지켜 행하고 좌로나 우로나 치우치지 말라 그리하면 어디로 가든지 형통하리니 8. 이 율법책을 네 입에서 떠나지 말게 하며 주야로 그것을 묵상하여 그 가운데 기록한 대로 다 지켜 행하라 그리하면 네 길이 평탄하게 될 것이라 네가 형통하리라 9. 내가 네게 명한 것이 아니냐 마음을 강하게 하고 담대히 하라 두려워 말며 놀라지 말라 네가 어디로 가든지 네 하나님 여호와가 너와 함께 하느니라 하시니라

(수22:16~18) 여호와의 온 회중이 말하기를 너희가 어찌하여 이스라엘 하나님께 범죄하여 오늘날 여호와를 좇는 데서 떠나서 자기를 위하여 단을 쌓아 여호와를 거역하고자 하느냐 17. 브올의 죄악으로 인하여 여호와의 회중에 재앙이 내렸으나 오늘날까지 우리가 그 죄에서 정결함을 얻지 못하였거늘 그 죄악이 우리에게 부족하여서 18. 오늘날 너희가 돌이켜 여호와를 좇지 않고자 하느냐

(수23:7~10) 너희 중에 남아 있는 이 나라들 중에 가지 말라 그 신들의 이

름을 부르지 말라 그것을 가리켜 맹세하지 말라 또 그것을 섬겨서 그것에게 절하지 말라 8. 오직 너희 하나님 여호와를 친근히 하기를 오늘날까지 행한 것 같이 하라 9. 대저 여호와께서 강대한 나라들을 너희 앞에서 쫓아내셨으므로 오늘날까지 너희를 당한 자가 하나도 없었느니라 10. 너희 중 한 사람이 천명을 쫓으리니 이는 너희 하나님 여호와 그가 너희에게 말씀하신 것 같이 너희를 위하여 싸우심이라

(수24:24) 백성이 여호수아에게 말하되 우리 하나님 여호와를 우리가 섬기고 그 목소리를 우리가 청종하리이다 한지라

(수24:31) 이스라엘이 여호수아의 사는 날 동안과 여호수아 뒤에 생존한 장로들 곧 여호와께서 이스라엘을 위하여 행하신 모든 일을 아는 자의 사는 날 동안 여호와를 섬겼더라

제36강
하나님의 일하시는 목적은 엘로힘

제36강
하나님의 일하시는 목적은 엘로힘

✟ 기독교는 한 분 하나님이 하나님의 아들 되시고 많은 아들들을 얻는 것입니다.

(창1:26~28) 하나님이 가라사대 "우리의 형상을" 따라 "우리의 모양대로" "우리가 사람을 만들고" 그로 바다의 고기와 공중의 새와 육축과 온 땅과 땅에 기는 모든 것을 다스리게 하자 하시고 27. 하나님이 자기 형상 곧 하나님의 형상대로 사람을 창조하시되 남자와 여자를 창조하시고 28. 하나님이 그들에게 복을 주시며 그들에게 이르시되 생육하고 번성하여 땅에 충만하라, 땅을 정복하라, 바다의 고기와 공중의 새와 땅에 움직이는 모든 생물을 다스리라 하시니라

(창2:3~8) 하나님이 일곱째 날을 복 주사 거룩하게 하셨으니 이는 하나님이 그 창조하시며 만드시던 모든 일을 마치시고 이 날에 안식하셨음이더라 4. 여호와 하나님이 천지를 창조하신 때에 천지의 창조된 대략이 이러하니라 5. 여호와 하나님이 땅에 비를 내리지 아니하셨고 경작할 사람도 없었으므로 들에는 초목이 아직 없었고 밭에는 채소가 나지 아니하였으며 6. 안개만 땅에서 올라와 온 지면을 적셨더라 7. 여호와 하나님이 흙으로 사람을 지으시고 생기를 그 코에 불어 넣으시니 사람이 생령이 된지라 8. 여호와 하나님이 동방의 에덴에 동산을 창설하시고 그 지으신 사람을 거기 두시고

(창5:1-2)아담 자손의 계보가 이러하니라 하나님이 사람을 창조하실 때에 하나님의 형상대로 지으시되 2. 남자와 여자를 창조하셨고 그들이 창조되던 날에 하나님이 그들에게 복을 주시고 그들의 이름을 사람이라 일컬으셨더라

(요14:19-21)조금 있으면 세상은 다시 나를 보지 못할 터이로되 너희는 나를 보리니 이는 내가 살았고 너희도 살겠음이라 20. 그 날에는 내가 아버지 안에, 너희가 내 안에, 내가 너희 안에 있는 것을 너희가 알리라 21. 나의 계명을 가지고 지키는 자라야 나를 사랑하는 자니 나를 사랑하는 자는 내 아버지께 사랑을 받을 것이요 나도 그를 사랑하여 그에게 나를 나타내리라

(요17:20-23)내가 비옵는 것은 이 사람들만 위함이 아니요 또 저희 말을 인하여 나를 믿는 사람들도 위함이니 21. 아버지께서 내 안에, 내가 아버지 안에 있는것 같이 저희도 다 하나가 되어 우리 안에 있게 하사 세상으로 아버지께서 나를 보내신 것을 믿게 하옵소서 22. 내게 주신 영광을 내가 저희에게 주었사오니 이는 우리가 하나가 된것 같이 저희도 하나가 되게 하려 함이니이다 23. 곧 내가 저희 안에, 아버지께서 내 안에 계셔 저희로 온전함을 이루어 하나가 되게 하려 함은 아버지께서 나를 보내신 것과 또 나를 사랑하심 같이 저희도 사랑하신 것을 세상으로 알게 하려 함이로소이다

(신6:4)이스라엘아 들으라 우리 하나님 여호와는 오직 하나인 여호와(고유명사)시니

(고전8:4-5)그러므로 우상의 제물 먹는 일에 대하여는 우리가 우상은 세상에 아무 것도 아니며 또한 하나님은 한분(고유명사) 밖에 없는 줄 아노라 5. 비록 하늘에나 땅에나 신이라 칭하는 자가 있어 많은 신(일반명사)과 많은 주가 있으나

(시136:2-3) 모든 신에(일반명사) 뛰어나신 하나님께 감사하라 그 인자하심이 영원함이로다 3. 모든 주에 뛰어나신 주께(고유명사) 감사하라 그 인자하심이 영원함이로다

(시82:6) 내가 말하기를 너희는 신들(일반명사)이며 다 지존자의 아들들이라 하였으나

(요10:34~35) 예수께서 가라사대 너희 율법에 기록한바 내가 너희를 신이라 하였노라 하지 아니하였느냐 35. 성경은 폐하지 못하나니 하나님의 말씀을 받은 사람들을 신이라 하셨거든

(롬8:14~17) 무릇 하나님의 영으로 인도함을 받는 그들은 곧 하나님의 아들이라 15. 너희는 다시 무서워하는 종의 영을 받지 아니하였고 양자의 영을 받았으므로 아바 아버지라 부르짖느니라 16. 성령이 친히 우리 영으로 더불어 우리가 하나님의 자녀인 것을 증거하시나니 17. 자녀이면 또한 후사 곧 하나님의 후사요 그리스도와 함께한 후사니 우리가 그와 함께 영광을 받기 위하여 고난도 함께 받아야 될 것이니라

(롬8:19) 피조물의 고대하는 바는 하나님의 아들들의 나타나는 것이니

(롬8:29) 하나님이 미리 아신 자들로 또한 그 아들의 형상을 본받게 하기 위하여 미리 정하셨으니 이는 그로 많은 형제 중에서 맏아들이 되게 하려 하심이니라

(롬9:7-8) 또한 아브라함의 씨가 다 그 자녀가 아니라 오직 이삭으로부터 난 자라야 네 씨라 칭하리라 하셨으니 8. 곧 육신의 자녀가 하나님의 자녀가 아니라 오직 약속의 자녀가 씨로 여기심을 받느니라

(행2:36) 그런즉 이스라엘 온 집이 정녕 알찌니 너희가 십자가에 못 박은 이 예수를 하나님이 주와 그리스도가 되게 하셨느니라 하니라

(요12:31-32) 이제 이 세상의 심판이 이르렀으니 이 세상 임금이 쫓겨나리라 32. 내가 땅에서 들리면 모든 사람을 내게로 이끌겠노라 하시니

(계18:2~5)힘센 음성으로 외쳐 가로되 무너졌도다 무너졌도다 큰 성 바벨론이여 귀신의 처소와 각종 더러운 영의 모이는 곳과 각종 더럽고 가증한 새의 모이는 곳이 되었도다 3. 그 음행의 진노의 포도주를 인하여 만국이 무너졌으며 또 땅의 왕들이 그로 더불어 음행하였으며 땅의 상고들도 그 사치의 세력을 인하여 치부하였도다 하더라 4. 또 내가 들으니 하늘로서 다른 음성이 나서 가로되 내 백성아 거기서 나와 그의 죄에 참예하지 말고 그의 받을 재앙들을 받지 말라 5. 그 죄는 하늘에 사무쳤으며 하나님은 그의 불의한 일을 기억하신지라

(계16:12~16)또 여섯째가 그 대접을 큰 강 유브라데에 쏟으매 강물이 말라서 동방에서 오는 왕들의 길이 예비되더라 13. 또 내가 보매 개구리 같은 세 더러운 영이 용의 입과 짐승의 입과 거짓 선지자의 입에서 나오니 14. 저희는 귀신의 영이라 이적을 행하여 온 천하 임금들에게 가서 하나님 곧 전능하신이의 큰 날에 전쟁을 위하여 그들을 모으더라 15. 보라 내가 도적 같이 오리니 누구든지 깨어 자기 옷을 지켜 벌거벗고 다니지 아니하며 자기의 부끄러움을 보이지 아니하는 자가 복이 있도다 16. 세 영이 히브리 음으로 아마겟돈이라 하는 곳으로 왕들을 모으더라

(창19:31-32)큰 딸이 작은 딸에게 이르되 우리 아버지는 늙으셨고 이 땅에는 세상의 도리를 좇아 우리의 배필 될 사람이 없으니 32. 우리가 우리 아버지에게 술을 마시우고 동침하여 우리 아버지로 말미암아 인종을 전하자 하고

(계7:5~8)유다 지파 중에 인맞은 자가 일만 이천이요 르우벤 지파 중에 일만 이천이요 갓 지파 중에 일만 이천이요 6. 아셀 지파 중에 일만 이천이요 납달리 지파 중에 일만 이천이요 므낫세 지파 중에 일만 이천이요 7. 시므온 지파 중에 일만 이천이요 레위 지파 중에 일만 이천이요 잇사갈 지파 중에 일만 이천이요 8. 스불론 지파 중에 일만 이천이요 요셉 지파 중에 일

만 이천이요 베냐민 지파 중에 인맞은 자가 일만 이천이라

(계14:1~6)또 내가 보니 보라 어린 양이 시온산에 섰고 그와 함께 십 사만 사천이 섰는데 그 이마에 어린 양의 이름과 그 아버지의 이름을 쓴 것이 있도다 2. 내가 하늘에서 나는 소리를 들으니 많은 물소리도 같고 큰 뇌성도 같은데 내게 들리는 소리는 거문고 타는 자들의 그 거문고 타는 것 같더라 3. 저희가 보좌와 네 생물과 장로들 앞에서 새 노래를 부르니 땅에서 구속함을 얻은 십 사만 사천인 밖에는 능히 이 노래를 배울 자가 없더라 4. 이 사람들은 여자로 더불어 더럽히지 아니하고 정절이 있는 자라 어린 양이 어디로 인도하든지 따라가는 자며 사람 가운데서 구속을 받아 처음 익은 열매로 하나님과 어린 양에게 속한 자들이니 5. 그 입에 거짓말이 없고 흠이 없는 자들이더라 6. 또 보니 다른 천사가 공중에 날아가는데 땅에 거하는 자들 곧 여러 나라와 족속과 방언과 백성에게 전할 영원한 복음을 가졌더라

제37강
예수님이 우리들에게 가르쳐준 기도의 의미

제37강
예수님이 우리들에게 가르쳐준 기도의 의미

⋮

✝ 예수님이 살아 계실 때는 아버지께 기도하여 중보했으나 예수님께서 아버지께 가신 후에는 중보자는 인자된 육체 있고 영을 담은 우리가 인자이며 중보자가 되는 것입니다.

1. 예수님이 제자들에게 가르쳐 준 기도란?

(마6:5~13) 또 너희가 기도할 때에 외식 하는 자와 같이 되지 말라 저희는 사람에게 보이려고 회당과 큰 거리 어귀에 서서 기도 하기를 좋아 하느니라 내가 진실로 너희에게 이르노니 저희는 자기 상을 이미 받았느니라 6. 너는 기도할 때에 네 골방에 들어가 문을 닫고 은밀한 중에 계신 네 아버지께 기도하라 은밀한 중에 보시는 네 아버지께서 갚으시리라 7. 또 기도할 때에 이방인과 같이 중언부언하지 말라 저희는 말을 많이 하여야 들으실 줄 생각하느니라 8. 그러므로 저희를 본받지 말라 구하기 전에 너희에게 있어야 할 것을 하나님 너희 아버지께서 아시느니라 9. 그러므로 너희는 이렇게 기도하라 하늘에 계신 우리 아버지여 이름이 거룩히 여김을 받으시오며 10. 나라이 임하옵시며 뜻이 하늘에서 이룬 것같이 땅에서도 이루어지이다 11. 오늘날 우리에게 일용할 양식을 주옵시고 12. 우리가 우리에게 죄 지은 자를 사하여 준 것 같이 우리 죄를 사하여 주옵시고 13. 우리

를 시험에 들게 하지 마옵시고 다만 악에서 구하옵소서 (나라와 권세와 영광이 아버지께 영원히 있사옵나이다 아멘)

2. 아버지께 기도하는 중보자는 아들인 인자이다.

　(눅9:58)예수께서 가라사대 여우도 굴이 있고 공중의 새도 집이 있으되 인자는 머리 둘 곳이 없도다 하시고

　(눅5:24)그러나 인자가 땅에서 죄를 사하는 권세가 있는 줄을 알게 하리라

　(눅22:69)그러나 이제 후로는 인자가 하나님의 권능의 우편에 앉아있으리라

　(요3:13)하늘에서 온자 곧 인자 외에는 하늘에 올라간 자가 없느니라

　(요16:26)너희가 내 이름으로 구할 것이요 내가 너희를 위하여 아버지께 구하겠다 하는 말이 아니니

　(요14:12~17)내가 진실로 진실로 너희에게 이르노니 나를 믿는 자는 나의 하는 일을 저도 할 것이요 또한 이보다 큰 것도 하리니 이는 내가 아버지께로 감이니라 13. 너희가 내 이름으로 무엇을 구하든지 내가 시행하리니 이는 아버지로 하여금 아들을 인하여 영광을 얻으시게 하려 함이라 14. 내 이름으로 무엇이든지 내게 구하면 내가 시행하리라 15. 너희가 나를 사랑하면 나의 계명을 지키리라 16. 내가 아버지께 구하겠으니 그가 또 다른 보혜사를 너희에게 주사 영원토록 너희와 함께 있게 하시리니 17. 저는 진리의 영이라 세상은 능히 저를 받지 못하나니 이는 저를 보지도 못하고 알지도 못함이라 그러나 너희는 저를 아나니 저는 너희와 함께 거하심이요 또 너희 속에 계시겠음이라

　(딤전2:5)하나님은 한분 이시요 또 하나님과 사람 사이의 중보도 한 분 이시니 곧 사람이신 그리스도 예수라

3. 기도의 간구란 무엇인가? (권세 있는 새 교훈)

(창4:3~5)세월이 지난후에 가인은 땅의 소산으로 제물을 삼아 여호와께 드렸고 4. 아벨은 자기도 양의 첫 새끼와 기름으로 드렸더니 여호와께서 아벨과 그 제물은 열납하셨으나 5. 가인과 그 제물은 열납하지 아니 하신지라

(창20:17)아브라함이 하나님께 기도하매 하나님이 아비멜렉과 그 아내와 여종을 치료하사 생산케 하셨으니

(마10:19-20)너희를 넘겨줄 때에 어떻게 또는 무엇을 말할까 염려치 말라 그 때에 무슨 말할 것을 주시리니 20. 말하는 이는 너희가 아니라 너희 속에서 말씀하시는 자 곧 너희 아버지의 성령이시니라

(눅5:33~35)저희가 예수께 말하되 요한의 제자는 자주 금식하며 기도하고 바리새인의 제자들도 또한 그리하되 당신의 제자들은 먹고 마시나이다 34. 예수께서 저희에게 이르시되 혼인집 손님들이 신랑과 함께 있을 때에 너희가 그 손님으로 금식하게 할 수 있느뇨 35. 그러나 그 날에 이르러 저희가 신랑을 빼앗기리니 그 날에는 금식할 것이니라

(눅9:28-29)이 말씀을 하신 후 팔일쯤 되어 예수께서 베드로와 요한과 야고보를 데리시고 기도하시러 산에 올라가사 29. 기도하실 때에 용모가 변화되고 그 옷이 희어져 광채가 나더라

(눅19:46)저희에게 이르시되 기록된바 내 집은 기도하는 집이 되리라 하였거늘 너희는 강도의 굴혈을 만들었도다 하시니라

(눅22:44~46)예수께서 힘쓰고 애써 더욱 간절히 기도하시니 땀이 땅에 떨어지는 피방울 같이 되더라 45. 기도 후에 일어나 제자들에게 가서 슬픔을 인하여 잠든 것을 보시고 46. 이르시되 어찌하여 자느냐 시험에 들지 않게 일어나 기도하라 하시니라

(막1:22)뭇사람이 그의 교훈에 놀라니 이는 그 가르치시는 것이 권세 있는 자와 같고 서기관들과 같지 아니함일러라

(막1:27)다 놀라 서로 물어 가로되 이는 어찜이뇨 권세 있는 새 교훈이로 다 더러운 귀신들을 명한즉 순종하는도다 하더라

(막9:28)집에 들어가시매 제자들이 종용히 묻자오되 우리는 어찌하여 능히 그 귀신을 쫓아 내지 못하였나이까

(막9:29)이르시되 기도 외에 다른 것으로는 이런 유가 나갈 수 없느니라 하시니라

(약5:16)너희 죄를 서로 고하며 병 낫기를 위하여 서로 기도하라 의인의 간구는 역사하는 힘이 많으니라

(롬8:26)이와 같이 성령도 우리의 연약함을 도우시나니 오직 성령이 말할 수 없는 탄식으로 우리를 위하여 친히 간구하시느니라

(골4:2~4)기도를 항상 힘쓰고 기도에 감사함으로 깨어 있으라 3. 또한 우리를 위하여 기도하되 하나님이 전도할 문을 우리에게 열어 주사 그리스도의 비밀을 말하게 하시기를 구하라 내가 이것을 인하여 매임을 당하였노라 4. 그리하면 내가 마땅히 할 말로써 이 비밀을 나타내리라

(롬8:34)누가 정죄하리요 죽으실 뿐 아니라 살아나신 이는 그리스도 예수시니그는 하나님 우편에 계신 자요 우리를 위하여 간구하시는 자시니라

(엡6:18-19)모든 기도와 간구로 하되 무시로 성령 안에서 기도하고 이를 위하여 깨어 구하기를 항상 힘쓰며 여러 성도를 위하여 구하고 19.또 나를 위하여 구할 것은 내게 말씀을 주사 나로 입을 벌려 복음의 비밀을 담대히 알리게 하옵소서 할 것이니

(빌1:9)내가 기도하노라 너희 사랑을 지식과 모든 총명으로 점점 더 풍성하게 하사

(빌4:6-7)아무 것도 염려하지 말고 오직 모든 일에 기도와 간구로, 너희

구할 것을 감사함으로 하나님께 아뢰라 7. 그리하면 모든 지각에 뛰어난 하나님의 평강이 그리스도 예수 안에서 너희 마음과 생각을 지키시리라

(골1:9)이로써 우리도 듣던 날부터 너희를 위하여 기도하기를 그치지 아니하고 구하노니 너희로 하여금 모든 신령한 지혜와 총명에 하나님의 뜻을 아는 것으로 채우게 하시고 10. 주께 합당히 행하여 범사에 기쁘시게 하고 모든 선한 일에 열매를 맺게 하시며 하나님을 아는 것에 자라게 하시고

(히7:24-25)예수는 영원히 계시므로 그 제사 직분도 갈리지 아니하나니 25. 그러므로 자기를 힘입어 하나님께 나아가는 자들은 온전히 구원하실 수 있으니 이는 그가 항상 살아서 저희를 위하여 간구하심이니라

제38강
영이란 사람의 형체라는 성경적 근거

제38강

영이란 사람의 형체라는 성경적 근거

1. 영이 사람의 형체라고 믿고 내 안에 실제 내용이 되면 죄에서 떠나가고 죄에서 해방됩니다.

✝ 하나님은 영이시기에 육체는 없으시되 천사같이 영체로 계시면서 지, 정, 의, 인격을 갖춘 존재를 영이라 합니다. 육제를 가신 인간이 볼 수 없는데 영이신 하나님이 사람과 같이 육신을 입으시고 사람이 되시니 이때는 모든 사람이 보는 것입니다.

(사40:5)여호와의 영광이 나타나고 모든 육체가 그것을 함께 보리라

(요4:23-24)아버지께 참으로 예배하는 자들은 신령과 진정으로 예배할 때가 오나니 곧 이때라 아버지께서는 이렇게 자기에게 예배하는 자들을 찾으시느니라 24. 하나님은 영이시니 예배하는 자가 신령과 진정으로 예배할찌니라

(욥4:14~16)두려움과 떨림이 내게 이르러서 모든 골절이 흔들렸었느니라 15. 그 때에 영이 내 앞으로 지나매 내 몸에 털이 주뼛하였었느니라 16.그 영이 서는데 그 형상을 분변치는 못하여도 오직 한 형상이 내 눈앞에 있었느니라 그 때 내가 종용한 중에 목소리를 들으니 이르기를

✝ 초림예수? 보이는 형상, 형체.

✝ 그리스도는? 예수 안의 영체.

(요1:18)아버지 속에 있는 독생하신 하나님이 나타나셨느니라

(요1:41)우리가 메시아를 만났다 하고 (메시아는 번역하면 그리스도라)

(요3:28)나의 말한바 나는 그리스도가 아니요 그의 앞에 보내심을 받은 자라고 한 것을 증거할 자는 너희니라

2. 하나님의 씨를 내 마음의 밭에 심으면 아버지께서 죄를 처리합니다.

(요7:42)성경에 이르기를 그리스도는 다윗의 씨로 또 다윗의 살던 촌 베들레헴에서 나오리라 하지 아니하였느냐 하며

(창21:12)하나님이 아브라함에게 이르시되 네 아이나 네 여종을 위하여 근심치 말고 사라가 네게 이른 말을 다 들으라 이삭에게서 나는 자라야 네 씨라 칭할 것임이니라

(창22:17-18)내가 네게 큰 복을 주고 네 씨로 크게 성하여 하늘의 별과 같고 바닷가의 모래와 같게 하리니 네 씨가 그 대적의 문을 얻으리라 18. 또 네 씨로 말미암아 천하 만민이 복을 얻으리니 이는 네가 나의 말을 준행하였음이니라 하셨다 하니라

(롬9:7-8)또한 아브라함의 씨가 다 그 자녀가 아니라 오직 이삭으로부터 난 자라야 네 씨라 칭하리라 하셨으니 8. 곧 육신의 자녀가 하나님의 자녀가 아니라 오직 약속의 자녀가 씨로 여기심을 받느니라

(사11:1-2)이새의 줄기에서 한 싹이 나며 그 뿌리에서 한 가지가 나서 결실할 것이요 2. 여호와의 신 곧 지혜와 총명의 신이요 모략과 재능의 신이요 지식과 여호와를 경외하는 신이 그 위에 강림하시리니

(사11:11)그 날에 이새의 뿌리에서 한 싹이 나서 만민의 기호로 설 것이요 열방이 그에게로 돌아오리니 그 거한 곳이 영화로우리라

(렘2:2)예루살렘 거민의 귀에 외쳐 말할찌니라 여호와께서 이같이 말씀하시기를 네 소년 때의 우의와 네 결혼 때의 사랑 곧 씨 뿌리지 못하는 땅, 광야에서 어떻게 나를 좇았음을 내가 너를 위하여 기억하노라

(렘31:27)여호와께서 가라사대 보라 내가 사람의 씨와 짐승의 씨를 이스라엘 집과 유다 집에 뿌릴 날이 이르리니

(딤후2:8)나의 복음과 같이 다윗의 씨로 죽은 자 가운데서 다시 살으신 예수 그리스도를 기억하라

(벧전1:23)너희가 거듭난 것이 썩어질 씨로 된 것이 아니요 썩지 아니할 씨로 된 것이니 하나님의 살아 있고 항상 있는 말씀으로 되었느니라

(요1서3:9)하나님께로서 난 자마다 죄를 짓지 아니하나니 이는 하나님의 씨가 그의 속에 거함이요 저도 범죄치 못하는 것은 하나님께로서 났음이라

(롬14:11-12)기록되었으되 주께서 가라사대 내가 살았노니 모든 무릎이 내게 꿇을 것이요 모든 혀가 하나님께 자백하리라 하였느니라 12. 이러므로 우리 각인이 자기 일을 하나님께 직고하리라

(빌2:5)그는 근본 하나님의 본체시나 하나님과 동등됨을 취할 것으로 여기지 아니하시고 6. 오히려 자기를 비워 종의 형체를 가져 사람들과 같이 되었고 7. 사람의 모양으로 나타나셨으매 자기를 낮추시고 죽기까지 복종하셨으니 곧 십자가에 죽으심이라

3. 예수와 연합하여 몸을 버리신 예수를 믿읍시다.

✝ **(갈2:20)**몸을 버리신 예수와 연합하여 **(롬6:4-6)**십자가에서 장사 지내

고 부활하심으로 연합하여 내 몸을 버리고 새 생명으로 살리심을 받아 하나님의 인도하심에 순종, 복종하여 배워서 존재 바뀐 행동을 표현해내야 합니다.

(갈5:24-25)그리스도 예수의 사람들은 육체와 함께 그 정과 욕심을 십자가에 못 박았느니라 25. 만일 우리가 성령으로 살면 또한 성령으로 행할찌니

(갈6:14)그러나 내게는 우리 주 예수 그리스도의 십자가 외에 결코 자랑할 것이 없으니 그리스도로 말미암아 세상이 나를 대하여 십자가에 못 박히고 내가 또한 세상을 대하여 그러하니라

(빌3:7~11)그러나 무엇이든지 내게 유익하던 것을 내가 그리스도를 위하여 다 해로 여길뿐더러 8. 또한 모든 것을 해로 여김은 내 주 그리스도 예수를 아는 지식이 가장 고상함을 인함이라 내가 그를 위하여 모든 것을 잃어버리고 배설물로 여김은 그리스도를 얻고 9. 그 안에서 발견되려 함이니 내가 가진 의는 율법에서 난 것이 아니요 오직 그리스도를 믿음으로 말미암은 것이니 곧 믿음으로 하나님께로서 난 의라 10. 내가 그리스도와 그 부활의 권능과 그 고난에 참예함을 알려하여 그의 죽으심을 본받아 11. 어찌하든지 죽은 자 가운데서 부활에 이르려 하노니

(사43:10~13)나 여호와가 말하노라 너희는 나의 증인, 나의 종으로 택함을 입었나니 이는 너희로 나를 알고 믿으며 내가 그인줄 깨닫게 하려 함이라 나의 전에 지음을 받은 신이 없었느니라 나의 후에도 없으리라 11. 나 곧 나는 여호와라 나 외에 구원자가 없느니라 12. 내가 고하였으며 구원하였으며 보였고 너희 중에 다른 신이 없었나니 그러므로 너희는 나의 증인이요 나는 하나님이니라 여호와의 말이니라 13. 과연 태초로부터 나는 그니 내 손에서 능히 건질 자가 없도다 내가 행하리니 누가 막으리요

(사63:16)주는 우리의 아버지시라 상고 전부터 주의 이름은 우리의 구속자라

(사64:8)여호와여 주는 우리의 아버지시라 우리는 진흙이요 주는 토기장이 우리는 다 주의 손으로 지으신 것이라

(신6:4)이스라엘아 들으라 우리 하나님 여호와는 오직 하나인 여호와시니

(벧전3:18~21)그리스도께서도 한번 죄를 위하여 죽으사 의인으로서 불의한 자를 대신하셨으니 이는 우리를 하나님 앞으로 인도하려 하심이라 육체로는 죽임을 당하시고 영으로는 살리심을 받으셨으니 19. 저가 또한 영으로 옥에 있는 영들에게 전파하시니라 20. 그들은 전에 노아의 날 방주 예비할 동안 하나님이 오래 참고 기다리실 때에 순종치 아니하던 자들이라 방주에서 물로 말미암아 구원을 얻은 자가 몇 명 뿐이니 겨우 여덟 명이라 21. 물은 예수 그리스도의 부활하심으로 말미암아 이제 너희를 구원하는 표니 곧 세례라 육체의 더러운 것을 제하여 버림이 아니요 오직 선한 양심이 하나님을 향하여 찾아가는 것이라

(벧전4:5~6)저희가 산 자와 죽은 자 심판하기를 예비하신 자에게 직고하리라 6. 이를 위하여 죽은 자들에게도 복음이 전파되었으니 이는 육체로는 사람처럼 심판을 받으나 영으로는 하나님처럼 살게 하려 함이니라

4. 하나님의 형상은 사람의 형상입니다.

(창5:1~2)아담 자손의 계보가 이러하니라 하나님이 사람을 창조하실 때에 하나님의 형상대로 지으시되 2. 남자와 여자를 창조하셨고 그들이 창조되던 날에 하나님이 그들에게 복을 주시고 그들의 이름을 사람이라 일컬으셨더라

(단3:16~25)사드락과 메삭과 아벳느고가 왕에게 대답하여 가로되 느부갓네살이여 우리가 이 일에 대하여 왕에게 대답할 필요가 없나이다 17. 만

일 그럴 것이면 왕이여 우리가 섬기는 우리 하나님이 우리를 극렬히 타는 풀무 가운데서 능히 건져내시겠고 왕의 손에서도 건져내시리이다 18. 그리 아니하실찌라도 왕이여 우리가 왕의 신들을 섬기지도 아니하고 왕의 세우신 금 신상에게 절하지도 아니할 줄을 아옵소서 19.느부갓네살이 분이 가득하여 사드락과 메삭과 아벳느고를 향하여 낯빛을 변하고 명하여 이르되 그 풀무를 뜨겁게 하기를 평일보다 칠배나 뜨겁게 하라 하고 20. 군대 중 용사 몇 사람을 명하여 사드락과 메삭과 아벳느고를 결박하여 극렬히 타는 풀무 가운데 던지라 하니 24. 때에 느부갓네살왕이 놀라 급히 일어나서 모사들에게 물어가로되 우리가 결박하여 불 가운데 던진 자는 세 사람이 아니었느냐 그들이 왕에게 대답하여 가로되 왕이여 옳소이다 25. 왕이 또 말하여 가로되 내가 보니 결박되지 아니한 네 사람이 불 가운데로 다니는데 상하지도 아니하였고 그 네째의 모양은 신들의 아들과 같도다 하고

(겔1:26~28) 그 머리 위에 있는 궁창 위에 보좌의 형상이 있는데 그 모양이 남보석 같고 그 보좌의 형상 위에 한 형상이 있어 사람의 모양 같더라 27. 내가 본즉 그 허리 이상의 모양은 단 쇠 같아서 그 속과 주위가 불 같고 그 허리 이하의 모양도 불 같아서 사면으로 광채가 나며 28. 그 사면 광채의 모양은 비 오는날 구름에 있는 무지개 같으니 이는 여호와의 영광의 형상의 모양이라 내가 보고 곧 엎드리어 그 말씀하시는 자의 음성을 들으니라

(왕상22:19~22) 미가야가 가로되 그런즉 왕은 여호와의 말씀을 들으소서 내가 보니 여호와께서 그 보좌에 앉으셨고 하늘의 만군이 그 좌우편에 모시고 서 있는데 20. 여호와께서 말씀하시기를 누가 아합을 꾀어 저로 길르앗 라못에 올라가서 죽게 할꼬 하시니 하나는 이렇게 하겠다 하고 하나는 하되 저렇게 하겠다 하였는데 21. 한 영이 나아와 여호와 앞에 서서 말하되 저를 꾀이겠나이다 22. 여호와께서 저에게 이르시되 어떻게 하겠느냐 가로되 내가 나가서 거짓말 하는 영이 되어 그 모든 선지자의 입에 있겠나이다

♱ 아브라함에게 나타나신 하나님은 사람의 모양으로 천사 셋이 났을 때 여호와를 대행하는 천사 둘은 수종을 드는 천사입니다.

(창18:1~7)여호와께서 마므레 상수리 수풀 근처에서 아브라함에게 나타나시니라 오정 즈음에 그가 장막 문에 앉았다가 2. 눈을 들어 본즉 사람 셋이 맞은편에 섰는지라 그가 그들을 보자 곧 장막 문에서 달려나가 영접하며 몸을 땅에 굽혀 3. 가로되 내 주여 내가 주께 은혜를 입었사오면 원컨대 종을 떠나 지나가지 마옵시고 6. 아브라함이 급히 장막에 들어가 사라에게 이르러 이르되 속히 고운 가루 세 스아를 가져다가 반죽하여 떡을 만들라 하고 7. 아브라함이 또 짐승 떼에 달려가서 기름지고 좋은 송아지를 취하여 하인에게 주니 그가 급히 요리한지라

(고전15:49)우리가 흙에 속한 자의 형상을 입은 것 같이 또한 하늘에 속한 자의 형상을 입으리라

(고후4:4)그 중에 이 세상 신이 믿지 아니하는 자들의 마음을 혼미케 하여 그리스도의 영광의 복음의 광채가 비취지 못하게 함이니 그리스도는 하나님의 형상이니라

(갈4:19)나의 자녀들아 너희 속에 그리스도의 형상이 이루기까지 다시 너희를 위하여 해산하는 수고를 하노니

(골1:13~15)그가 우리를 흑암의 권세에서 건져내사 그의 사랑의 아들의 나라로 옮기셨으니 14. 그 아들 안에서 우리가 구속 곧 죄 사함을 얻었도다 15. 그는 보이지 아니하시는 하나님의 형상이요 모든 창조물보다 먼저 나신 자니

(골3:10)새 사람을 입었으니 이는 자기를 창조하신 자의 형상을 좇아 지식에까지 새롭게 하심을 받는 자니라

제39강
영생의 정의

제39강

영생의 정의

1. 부자 관원 청년은 영생을 얻는 방법을 알지 못한다.

(눅18:18~30) 어떤 관원이 물어 가로되 선한 선생님이여 내가 무엇을 하여야 영생을 얻으리이까 19. 예수께서 이르시되 네가 어찌하여 나를 선하다 일컫느냐 하나님 한 분 외에는 선한 이가 없느니라 20. 네가 계명을 아나니 간음하지 말라, 살인하지 말라, 도적질하지 말라, 거짓 증거하지 말라, 네 부모를 공경하라 하였느니라 21. 여짜오되 이것은 내가 어려서부터 다 지키었나이다 22. 예수께서 이 말을 들으시고 이르시되 네가 오히려 한 가지 부족한 것이 있으니 네게 있는 것을 다 팔아 가난한 자들을 나눠 주라 그리하면 하늘에서 보화가 네게 있으리라 그리고 와서 나를 좇으라 하시니 23. 그 사람이 큰 부자인 고로 이 말씀을 듣고 심히 근심하더라 24. 예수께서 저를 보시고 가라사대 재물이 있는 자는 하나님의 나라에 들어가기가 어떻게 어려운지 25. 약대가 바늘귀로 들어가는 것이 부자가 하나님의 나라에 들어가는 것보다 쉬우니라 하신대 26. 듣는 자들이 가로되 그런즉 누가 구원을 얻을 수 있나이까 27. 가라사대 무릇 사람의 할 수 없는 것을 하나님은 하실 수 있느니라 28. 베드로가 여짜오되 보옵소서 우리가 우리의 것을 다 버리고 주를 좇았나이다 29. 이르시되 내가 진실로 너희에게 이르노니 하나님의 나라를 위하여 집이나 아내나 형제나 부모나 자녀를 버린 자는 30. 금세에 있어 여러 배를 받고 내세에 영생을 받지 못할 자가 없느니라 하시니라

(마19:29)또 내 이름을 위하여 집이나 형제나 자매나 부모나 자식이나 전토를 버린 자마다 여러 배를 받고 또 영생을 상속하리라
　(마25:46)저희는 영벌에, 의인들은 영생에 들어가리라 하시니라
　(행13:48)이방인들이 듣고 기뻐하여 하나님의 말씀을 찬송하며 영생을 주시기로 작정된 자는 다 믿더라

2. 자는 자(죽은 자)가 살아나야 영생 얻을 자도 있고 수욕을 받아 무궁히 부끄러움을 입을 자도 있다.

　(단12:2~4)땅의 티끌 가운데서 자는 자 중에 많이 깨어 "영생"을 얻는 자도 있겠고 수욕을 받아서 무궁히 부끄러움을 입을 자도 있을 것이며 3. 지혜 있는 자는 궁창의 빛과 같이 빛날 것이요 많은 사람을 옳은 데로 돌아오게 한 자는 별과 같이 영원토록 비취리라 4. 다니엘아 마지막 때까지 이 말을 간수하고 이 글을 봉함하라 많은 사람이 빨리 왕래하며 지식이 더하리라
　(단12:7)내가 들은즉 그 세마포 옷을 입고 강물 위에 있는 자가 그 좌우 손을 들어 하늘을 향하여 영생하시는 자를 가리켜 맹세하여 가로되 반드시 한때 두때 반때를 지나서 성도의 권세가 다 깨어지기까지니 그렇게 되면 이 모든 일이 다 끝나리라 하더라
　(창3:22)여호와 하나님이 가라사대 보라 이 사람이 선악을 아는 일에 우리 중 하나 같이 되었으니 그가 그 손을 들어 생명나무 실과도 따먹고 "영생"할까 하노라
　(창21:33)아브라함은 브엘세바에 에셀나무를 심고 거기서 "영생하시는 하나님"여호와의 이름을 불렀으며
　(시133:1~3)형제가 연합하여 동거함이 어찌 그리 선하고 아름다운고 2.

머리에 있는 보배로운 기름이 수염 곧 아론의 수염에 흘러서 그 옷깃까지 내림 같고 3. 힐몬의 이슬이 시온의 산들에 내림 같도다 거기서 여호와께서 복을 명하셨나니 곧 "영생"이로다

3. 영생을 살아서 얻지 못하면 멸망 당한다.

(요3:16-17)하나님이 세상을 이처럼 사랑하사 독생자를 주셨으니 이는 저를 믿는 자마다 멸망치 않고 영생을 얻게 하려 하심이니라 하나님이 그 아들을 세상에 보내신 것은 세상을 심판하려 하심이 아니요 저로 말미암아 세상이 구원을 받게 하려 하심이라

(요3:35-36)아버지께서 아들을 사랑하사 만물을 다 그 손에 주셨으니 36. 아들을 믿는 자는 영생이 있고 아들을 순종치 아니하는 자는 영생을 보지 못하고 도리어 하나님의 진노가 그 위에 머물러 있느니라

(요5:24~27)내가 진실로 진실로 너희에게 이르노니 내 말을 듣고 또 나 보내신 이를 믿는 자는 영생을 얻었고 심판에 이르지 아니하나니 사망에서 생명으로 옮겼느니라 25. 진실로 진실로 너희에게 이르노니 죽은 자들이 하나님의 아들의 음성을 들을 때가 오나니 곧 이 때라 듣는 자는 살아나리라 26. 아버지께서 자기 속에 생명이 있음 같이 아들에게도 생명을 주어 그 속에 있게 하셨고 27. 또 인자됨을 인하여 심판하는 권세를 주셨느니라

(요5:39-40)너희가 성경에서 영생을 얻는 줄 생각하고 성경을 상고하거니와 이 성경이 곧 내게 대하여 증거하는 것이로다 40. 그러나 너희가 영생을 얻기 위하여 내게 오기를 원하지 아니하는도다

(요6:51~54)나는 하늘로서 내려온 산 떡이니 사람이 이 떡을 먹으면 영생하리라 나의 줄 떡은 곧 세상의 생명을 위한 내 살이로라 하시니라

52. 이러므로 유대인들이 서로 다투어 가로되 이 사람이 어찌 능히 제 살을 우리에게 주어 먹게 하겠느냐 53. 예수께서 이르시되 내가 진실로 진실로 너희에게 이르노니 인자의 살을 먹지 아니하고 인자의 피를 마시지 아니하면 너희 속에 생명이 없느니라 54. 내 살을 먹고 내 피를 마시는 자는 영생을 가졌고 마지막 날에 내가 그를 다시 살리리니

(요10:28~30)내가 저희에게 영생을 주노니 영원히 멸망치 아니할 터이요 또 저희를 내 손에서 빼앗을 자가 없느니라 28. 저희를 주신 내 아버지는 만유보다 크시매 아무도 아버지 손에서 빼앗을 수 없느니라 30. 나와 아버지는 하나이니라 하신대

(요17:2-3)아버지께서 아들에게 주신 모든 자에게 영생을 주게 하시려고 만민을 다스리는 권세를 아들에게 주셨음이로소이다 3. 영생은 곧 유일하신 참 하나님과 그의 보내신 자 예수 그리스도를 아는 것이니이다

(롬5:21)이는 죄가 사망 안에서 왕노릇 한 것 같이 은혜도 또한 의로 말미암아 왕노릇 하여 우리 주 예수 그리스도로 말미암아 영생에 이르게 하려 함이니라

(롬6:22-23)그러나 이제는 너희가 죄에게서 해방되고 하나님께 종이 되어 거룩함에 이르는 열매를 얻었으니 이 마지막은 영생이라 23. 죄의 삯은 사망이요 하나님의 은사는 그리스도 예수 우리 주 안에 있는 영생이니라

(갈6:8)자기의 육체를 위하여 심는 자는 육체로부터 썩어진 것을 거두고 성령을 위하여 심는 자는 성령으로부터 영생을 거두리

(딤6:12)믿음의 선한 싸움을 싸우라 영생을 취하라 이를 위하여 네가 부르심을 입었고 많은 증인 앞에서 선한 증거를 증거하였도다

(딛1:2)영생의 소망을 인함이라 이 영생은 거짓이 없으신 하나님이 영원한 때 전부터 약속하신 것인데

(딛3:7)우리로 저의 은혜를 힘입어 의롭다 하심을 얻어 영생의 소망을 따

라 후사가 되게 하려 하심이라

(요1서5:11~13)또 증거는 이것이니 하나님이 우리에게 영생을 주신 것과 이 생명이 그의 아들 안에 있는 그것이니라 아들이 있는 자에게는 생명이 있고 하나님의 아들이 없는 자에게는 생명이 없느니라 13. 내가 하나님의 아들의 이름을 믿는 너희에게 이것을 쓴 것은 너희로 하여금 너희에게 영생이 있음을 알게 하려 함이라

(요1서5:20)또 아는 것은 하나님의 아들이 이르러 우리에게 지각을 주사 우리로 참된 자를 알게 하신 것과 또한 우리가 참된 자 곧 그의 아들 예수 그리스도 안에 있는 것이니 그는 참 하나님이시요 영생이시라

(유1:21)하나님의 사랑 안에서 자기를 지키며 영생에 이르도록 우리 주 예수 그리스도의 긍휼을 기다리라

(계14:6)또 보니 다른 천사가 공중에 날아가는데 땅에 거하는 자들 곧 여러 나라와 족속과 방언과 백성에게 전할 "영원한 복음"을 가졌더라

제40강
복음의 정의

제40강

복음의 정의

⋮

(막1:1)하나님의 아들 예수 그리스도의 복음의 시작

1. 복음이란? 예수는 그리스도 나의 구원자, 메시아.

(요1:41)그가 먼저 자기의 형제 시몬을 찾아 말하되 우리가 메시야를 만났다 하고 (메시야는 번역하면 그리스도라)

(마16:15~18)가라사대 너희는 나를 누구라 하느냐 16. 시몬 베드로가 대답하여 가로되 주는 그리스도시요 살아계신 하나님의 아들이시니이다 17. 예수께서 대답하여 가라사대 바요나 시몬아 네가 복이 있도다 이를 네게 알게 한 이는 혈육이 아니요 하늘에 계신 내 아버지시니라 18. 또 내가 네게 이르노니 너는 베드로라 내가 이 반석 위에 내 교회를 세우리니 음부의 권세가 이기지 못하리라

(요3:16-17)하나님이 세상을 이처럼 사랑하사 독생자를 주셨으니 이는 저를 믿는 자마다 멸망치 않고 영생을 얻게 하려 하심이니라 17. 하나님이 그 아들을 세상에 보내신 것은 세상을 심판하려 하심이 아니요 저로 말미암아 세상이 구원을 받게 하려 하심이라

(롬1:1)예수 그리스도의 종 바울은 사도로 부르심을 받아 하나님의 복음을 위하여 택정함을 입었으니

(롬1:17) 복음에는 하나님의 의가 나타나서 믿음으로 믿음에 이르게 하나니 기록된바 오직 의인은 믿음으로 말미암아 살리라 함과 같으니라

(롬16:25~27) 나의 복음과 예수 그리스도를 전파함은 영세 전부터 감추었다가 26. 이제는 나타내신바 되었으며 영원하신 하나님의 명을 좇아 선지자들의 글로 말미암아 모든 민족으로 믿어 순종케 하시려고 알게 하신 바 그 비밀의 계시를 좇아 된 것이니 이 복음으로 너희를 능히 견고케 하실 27. 지혜로우신 하나님께 예수 그리스도로 말미암아 영광이 세세 무궁토록 있을찌어다 아멘.

(계14:6) 또 보니 다른 천사가 공중에 날아가는데 땅에 거하는 자들 곧 여러 나라와 족속과 방언과 백성에게 전할 영원한 복음을 가졌더라

(고후10:14~16) (복음의 실제는 위대한 복음)우리가 너희에게 미치지 못할 자로서 스스로 지나쳐 나아간 것이 아니요 그리스도의 복음으로 너희에게까지 이른 것이라 15. 우리는 남의 수고를 가지고 분량 밖에 자랑하는 것이 아니라 오직 너희 믿음이 더할수록 우리의 한계를 따라 너희 가운데서 더욱 위대하여지기를 바라노라 16. 이는 남의 한계 안에 예비한 것으로 자랑하지 아니하고 너희 지경을 넘어 복음을 전하려 함이라

(고전9:14, 16) 이와 같이 주께서도 복음 전하는 자들이 복음으로 말미암아 살리라 명하셨느니라

16. 내가 복음을 전할찌라도 자랑할 것이 없음은 내가 부득불 할 일임이라 만일 복음을 전하지 아니하면 내게 화가 있을 것임이로라

(고전9:23) 내가 복음을 위하여 모든 것을 행함은 복음에 참예하고자 함이라

(고후4:3-4) 만일 우리 복음이 가리웠으면 망하는 자들에게 가리운 것이

라 4. 그 중에 이 세상 신이 믿지 아니하는 자들의 마음을 혼미케 하여 그리스도의 영광의 복음의 광채가 비취지 못하게 함이니 그리스도는 하나님의 형상이니라.

(고후11:4)만일 누가 가서 우리의 전파하지 아니한 다른 예수를 전파하거나 혹 너희의 받지 아니한 다른 영을 받게 하거나 혹 너희의 받지 아니한 다른 복음을 받게 할 때에는 너희가 잘 용납하는구나

(갈1:6~10)그리스도의 은혜로 너희를 부르신 이를 이같이 속히 떠나 다른 복음 좇는 것을 내가 이상히 여기노라 7. 다른 복음은 없나니 다만 어떤 사람들이 너희를 요란케 하여 그리스도의 복음을 변하려 함이라 8. 그러나 우리나 혹 하늘로부터 온 천사라도 우리가 너희에게 전한 복음 외에 다른 복음을 전하면 저주를 받을찌어다 9. 우리가 전에 말하였거니와 내가 지금 다시 말하노니 만일 누구든지 너희의 받은 것 외에 다른 복음을 전하면 저주를 받을찌어다 10. 이제 내가 사람들에게 좋게 하랴 하나님께 좋게 하랴 사람들에게 기쁨을 구하랴 내가 지금까지 사람의 기쁨을 구하는 것이었더면 그리스도의 종이 아니니라

(갈2:5)우리가 일시라도 복종치 아니하였으니 이는 복음의 진리로 너희 가운데 항상 있게 하려 함이라

(엡3:6~11)이는 이방인들이 복음으로 말미암아 그리스도 예수 안에서 함께 후사가 되고 함께 지체가 되고 함께 약속에 참예하는 자가 됨이라 7. 이 복음을 위하여 그의 능력이 역사하시는 대로 내게 주신 하나님의 은혜의 선물을 따라 내가 일군이 되었노라 8. 모든 성도 중에 지극히 작은 자보다 더 작은 나에게 이 은혜를 주신 것은 측량할 수 없는 그리스도의 풍성을 이방인에게 전하게 하시고 9. 영원부터 만물을 창조하신 하나님 속에 감취었던 비밀의 경륜이 어떠한 것을 드러내게 하려 하심이라 10. 이는 이제 교

회로 말미암아 하늘에서 정사와 권세들에게 하나님의 각종 지혜를 알게 하려 하심이니 11. 곧 영원부터 우리 주 그리스도 예수 안에서 예정하신 뜻대로 하신 것이라

(빌1:5-6)간구할 때마다 너희 무리를 위하여 기쁨으로 항상 간구함은 첫날부터 이제까지 복음에서 너희가 교제함을 인함이라 6. 너희 속에 착한 일을 시작하신 이가 그리스도 예수의 날까지 이루실 줄을 우리가 확신하노라

(살전2:4)오직 하나님의 옳게 여기심을 입어 복음 전할 부탁을 받았으니 우리가 이와 같이 말함은 사람을 기쁘게 하려 함이 아니요 오직 우리 마음을 감찰하시는 하나님을 기쁘시게 하려 함이라

(살후1:8~10)하나님을 모르는 자들과 우리 주 예수의 복음을 복종치 않는 자들에게 형벌을 주시리니 9. 이런 자들이 주의 얼굴과 그의 힘의 영광을 떠나 영원한 멸망의 형벌을 받으리로다 10. 그날에 강림하사 그의 성도들에게서 영광을 얻으시고 모든 믿는 자에게서 기이히 여김을 얻으시리라 (우리의 증거가 너희에게 믿어졌음이라)

(딤후1:8~12)그러므로 네가 우리 주의 증거와 또는 주를 위하여 갇힌 자된 나를 부끄러워 말고 오직 하나님의 능력을 좇아 복음과 함께 고난을 받으라 9. 하나님이 우리를 구원하사 거룩하신 부르심으로 부르심은 우리의 행위대로 하심이 아니요 오직 자기 뜻과 영원한 때 전부터 그리스도 예수 안에서 우리에게 주신 은혜대로 하심이라 10. 이제는 우리 구주 그리스도 예수의 나타나심으로 말미암아 나타났으니 저는 사망을 폐하시고 복음으로써 생명과 썩지 아니할 것을 드러내신지라 11. 내가 이 복음을 위하여 반포자와 사도와 교사로 세우심을 입었노라 12. 이를 인하여 내가 또 이 고난을 받되 부끄러워하지 아니함은 나의 의뢰한 자를 내가 알고 또한 나

의 의탁한 것을 그 날까지 저가 능히 지키실 줄을 확신함이라

(딤후2:8-9)나의 복음과 같이 다윗의 씨로 죽은 자 가운데서 다시 살으신 예수 그리스도를 기억하라 9. 복음을 인하여 내가 죄인과 같이 매이는 데까지 고난을 받았으나 하나님의 말씀은 매이지 아니하니라

(계10:7)일곱째 천사가 소리 내는 날 그 나팔을 불게 될 때에 하나님의 비밀이 그 종 선지자들에게 전하신 복음과 같이 이루리라

제41강
하나님의 형체와 영체

제41강
하나님의 형체와 영체

1. (요4:23)아버지께 참으로 예배하는 자들은 신령과 진정으로 예배할 때가 오나니 곧 이때라 아버지께서는 이렇게 자기에게 예배하는 자들을 찾으시느니라

✞ 초림하신 예수님은 보이는 사람의 형상(육체)**(창1:26-28)**하나님이 가라사대 우리의 형상을 따라 우리의 모양대로 우리가 사람을 만들고
27.하나님이 자기 형상 곧 하나님의 형상대로 사람을 창조하시되 남자와 여자를 창조하시고
재림하신 그리스도는 예수 속의 영체**(빌2:6)**예수는 아버지의 근본 본체 예수님은 영원 전부터 계신 것이 아니라 여호와 아버지 직접 오셔서 아들 속의 영체로 **(말2:10)**우리는 한 아버지를 가지지 아니하였느냐 한 하나님의 지으신 바가 아니냐.

(고전15:38-40)하나님이 그 뜻대로 저에게 형체를 주시되 각 종자에게 그 형체를 주시느니라 39.육체는 다 같은 육체가 아니니 하나는 사람의 육체요 하나는 짐승의 육체요 하나는 새의 육체요 하나는 물고기의 육체라 40. 하늘에 속한 형체도 있고 땅에 속한 형체도 있으나 하늘에 속한 자의 영광이 따로 있고 땅에 속한 자의 영광이 따로 있으니
(고후4:3-4)만일 우리 복음이 가리웠으면 망하는 자들에게 가리운 것이

라 4. 그 중에 이 세상 신이 믿지 아니하는 자들의 마음을 혼미케 하여 그리스도의 영광의 복음의 광채가 비취지 못하게 함이니 그리스도는 하나님의 형상이니라

(요6:63)살리는 것은 영이니 육은 무익하니라 내가 너희에게 이른 말이 영이요 생명이라

(히1:3)이는 하나님의 영광의 광채시요 그 본체의 형상이시라 그의 능력의 말씀으로 만물을 붙드시며 죄를 정결케 하는 일을 하시고

(계22:6)나 예수는 교회들을 위하여 내 사자를 보내어 이것들을 너희에게 증거하게 하였노라 나는 다윗의 뿌리요 자손이니 곧 광명한 새벽 별(선과 진리 안에 있는 사람)이라 하시더라

(사63:16)주는 우리 아버지시라 아브라함은 우리를 모르고 이스라엘은 우리를 인정치 아니할찌라도 여호와여 주는 우리의 아버지시라 상고부터 주의 이름을 우리의 구속자라 하셨거늘(여호와의 이름은? "고유명사" 아버지 하나님)

(사64:8)그러나 여호와여 주는 우리 아버지시니이다 우리는 진흙이요 주는 토기장이시니 우리는 다 주의 손으로 지으신 것이라

(출3:13-14)모세가 하나님께 고하되 내가 이스라엘 자손에게 가서 이르기를 너희 조상의 하나님이 나를 너희에게 보내셨다 하면 그들이 내게 묻기를 그의 이름이 무엇이냐 하리니 내가 무엇이라고 그들에게 말하리이까 14. 하나님이 모세에게 이르시되 나는 스스로 있는 자니라 또 이르시되 너는 이스라엘 자손에게 이같이 이르기를 스스로 있는 자가 나를 너희에게 보내셨다 하라

2. (신6:4)이스라엘아 들으라 우리 하나님 여호와는 오직 하나인 여호와시니

　(고전8:6)그러나 우리에게는 한 하나님 곧 아버지가 계시니 만물이 그에게서 났고 우리도 그를 위하며 또한 한 주 예수 그리스도께서 계시니 만물이 그로 말미암고 우리도 그로 말미암았느니라

　(롬8:9)만일 너희 속에 하나님의 영이 거하시면 너희가 육신에 있지 아니하고 영에 있나니 누구든지 그리스도의 영이 없으면 그리스도의 사람이 아니라

　(요10:34-35)예수께서 가라사대 너희 율법에 기록한바 내가 너희를 신이라 하였노라 하지 아니하였느냐(살아계신 말씀 받은 자를 하나님) 35. 성경은 폐하지 못하나니 하나님의 말씀을 받은 사람들을 신이라 하셨거든

　(신18:13)너는 네 하나님 여호와 앞에 완전하라

　(벧전1:15-16)오직 너희를 부르신 거룩한 자처럼 너희도 모든 행실에 거룩한 자가 되라 16. 기록하였으되 내가 거룩하니 너희도 거룩할찌어다 하셨느니라

　(살전5:22-23)악은 모든 모양이라도 버리라 23.평강의 하나님이 친히 너희로 온전히 거룩하게 하시고 또 너희 온 영과 혼과 몸이 우리 주 예수 그리스도 강림하실 때에 흠 없게 보전되기를 원하노라

　(요1서2:6)저 안에 거한다 하는 자는 그의 행하시는 대로 자기도 행할찌니라

　✝ 여러 각도로 불리우는 하나님의 이름을 분별하지 못하면 하나님의 하실 일을 깨달을 수 없습니다.

(창2:4)여호와 하나님이 천지를 창조하신 때에 천지의 창조(여호와 하나님)

(딛2:13)복스러운 소망과 우리의 크신 하나님 구주 예수 그리스도의 영광이 나타나심을 기다리게 하셨으니(구주 예수 그리스도 하나님)

(롬9:5)조상들도 저희 것이요 육신으로 하면 그리스도가 저희에게서 나셨으니 저는 만물 위에 계셔 세세에 찬양을 받으실 하나님(그리스도 하나님)

(행5:3)베드로가 가로되 아나니아야 어찌하여 사단이 네 마음에 가득하여 네가 성령을 속이고 땅값 얼마를 감추었느냐(성령 하나님)

(요1:1~5)태초에 말씀이 계시니라 이 말씀이 하나님과 함께 계셨으니 이 말씀은 곧 하나님이시니라(말씀 하나님)

(요1서5:20)우리로 참된 자를 알게 하신 것과 또한 우리가 참된 자 곧 그의 아들 예수 그리스도 안에 있는 것이니 그는 참 하나님이시요 영생이시라(예수 그리스도 하나님)

3. (말2:15)여호와는 영이 유여하실찌라도 오직 하나를 짓지 아니하셨느냐 어찌하여 하나만 지으셨느냐 이는 경건한 자손을 얻고자 하심이니라

✞ 영체에 대하여 바르게 이해하지 못하면 구원을 받을 수 없고 자기 안에 하나님의 일을 하도록 인도받을 수도 없다.

(계16:13)또 내가 보매 개구리 같은 세 더러운 영이 용의 입과 짐승의 입과 거짓 선지자의 입에서 나오니

(출24:9-11)모세와 아론과 나답과 아비후와 이스라엘 장로 칠십 인이 올라가서 10. 이스라엘 하나님을 보니 그 발 아래에는 청옥을 편 듯하고 하

늘 같이 청명하더라 11. 하나님이 이스라엘의 존귀한 자들에게 손을 대지 아니하셨고 그들은 하나님을 보고 먹고 마셨더라

(역하18:20~23) 한 영이 나아와 여호와 앞에 서서 말하되 내가 저를 꾀이겠나이다 여호와께서 저에게 이르시되 어떻게 하겠느냐 21. 가로되 내가 나가서 거짓말 하는 영이 되어 그 모든 선지자의 입에 있겠나이다 여호와께서 가라사대 너는 꾀이겠고 또 이루리라 나가서 그리하라 하셨은즉 22. 이제 여호와께서 거짓말 하는 영을 왕의 이 모든 선지자의 입에 넣으셨고 23. 그나아나의 아들 시드기야가 가까이 와서 미가야의 뺨을 치며 이르되 여호와의 영이 나를 떠나 어디로 말미암아 가서 네게 말씀하더냐

(욥4:14~16) 두려움과 떨림이 내게 이르러서 모든 골절이 흔들렸었느니라 15. 그 때에 영이 내 앞으로 지나매 내 몸에 털이 주뼛하였었느니라 16. 그 영이 서는데 그 형상을 분변치는 못하여도 오직 한 형상이 내 눈앞에 있었느니라 그 때 내가 종용한 중에 목소리를 들으니 이르기를

(왕상22:19~21) 미가야가 가로되 그런즉 왕은 여호와의 말씀을 들으소서 내가 보니 여호와께서 그 보좌에 앉으셨고 하늘의 만군이 그 좌우편에 모시고 서 있는데 20. 여호와께서 말씀하시기를 누가 아합을 꾀어 저로 길르앗 라못에 올라가서 죽게 할꼬 하시니 하나는 이렇게 하겠다 하고 하나는 저렇게 하겠다 하였는데 21. 한 영이 나아와 여호와 앞에 서서 말하되 내가 저를 꾀이겠나이다 22. 여호와께서 저에게 이르시되 어떻게 하겠느냐 가로되 내가 나가서 거짓말 하는 영이 되어 그 모든 선지자의 입에 있겠나이다 여호와께서 가라사대 너는 꾀이겠고 또 이루리라 나가서 그리하라 하셨은즉

제42강
이신칭의와 이신득의

제42강
이신칭의와 이신득의

1. "이신칭의"는 첫 사람 아담이 죄사함 받고 의롭다 함을 받는 것을 말합니다.

✞ 오늘날 기독교가 죄에서 떠나지 못하는 이유가 "이신칭의로 구원함을 얻었다" 하는 교리입니다.

(엡1:7) 우리가 그리스도 안에서 그의 은혜의 풍성함을 따라 그의 피로 말미암아 구속 곧 죄 사함을 받았으니
(요1:29) 이튿날 요한이 예수께서 자기에게 나아오심을 보고 가로되 보라 세상 죄를 지고 가는 하나님의 어린 양이로다

✞ 이상의 말씀을 보면 예수의 피로 죄 사함을 받았다고 말씀했는데 "이신칭의"로 구원을 받았다고 주장합니다. 이신칭의로 구원받았다는 것은 아담이라는 사람이 구원을 받았으므로 의롭다 함을 받았다고 합니다. 이것은 "이신칭의"가 아니고 죄 사함은 의를 얻기 위한 하나의 첫 단계인 과정일 뿐입니다.

(갈3:13) 그리스도께서 우리를 위하여 저주를 받은바 되사 율법의 저주에서 우리를 속량하셨으니 기록된바 나무에 달린 자마다 저주 아래 있는 자라 하였음이라

✞ 이상의 말씀을 보면 그리스도께서 우리를 위하여 저주를 받은바 되었기 때문에 이 사실을 믿음으로 "이신칭의"를 얻어서 죄 사함을 받고 첫 사람 아담이 구원을 받았다고 주장합니다. 그러나 성경은 짝을 맞추어서 자세히 보면 그리스도께서 우리를 위하여 저주를 받으신 것은 첫 사람 아담을 의롭게 하시기 위함이 아니고 그리스도를 첫 사람 아담 안에 집어넣기 위함입니다.

(사53:6) 우리는 다 양 같아서 그릇 행하여 각기 제 길로 갔거늘 여호와께서는 우리 무리의 죄악을 그에게 담당시키셨도다

✞ 이상의 말씀과 같이 예수님께 그릇된 길로 간 첫 사람 아담이 죄를 담당시켜서 그것으로 믿는 자들을 구원함이 아니고 이 사실을 믿는 자들에게 그리스도를 넣기 위함입니다.
아담이라는 첫 사람이 죄 사함 받아도 하나님의 아들이 될 수가 없고 처음 창조될 때의 위치인 선악과를 따먹기 전의 위치로 갑니다. 아담이 선악과를 따먹지 않았어도 아담은 하나님 아들이 될 수는 없습니다. 아담은 아버지의 생명 받아서 아들이 된 것이 아니고 아버지의 생기를 받아서 아담이 되었기 때문에 **(창2:7)** 절대로 아들이 될 수는 없는 것입니다.

2. "이신칭의"가 구원이라고 믿는 자들은 절대로 죄에서 해방을 받을 수 없다.

(롬6:1-2) 그런즉 우리가 무슨 말 하리요 은혜를 더하게 하려고 죄에 거하겠느뇨 2. 그럴 수 없느니라 죄에 대하여 죽은 우리가 어찌 그 가운데 더 살리요

(롬8:1-2) 그러므로 이제 그리스도 예수 안에 있는 자에게는 결코 정죄함이 없나니 2. 이는 그리스도 예수 안에 있는 생명의 성령의 법이 죄와 사망의 법에서 너를 해방하였음이라

✞ 이상의 말씀을 보면 죄 사함 받기 전에는 죄가 더한 곳에 은혜가 더욱 넘치지만 **(롬5:20)** 예수님의 보혈로 죄 사함 받은 다음에는 절대로 죄를 지을 수 없다고 말씀했습니다.

(롬5:17~21) 한 사람의 범죄를 인하여 사망이 그 한 사람으로 말미암아 왕노릇 하였은즉 더욱 은혜와 의의 선물을 넘치게 받는 자들이 한 분 예수 그리스도로 말미암아 생명 안에서 왕노릇 하리로다 18. 그런즉 한 범죄로 많은 사람이 정죄에 이른것 같이 의의 한 행동으로 말미암아 많은 사람이 의롭다 하심을 받아 생명에 이르렀느니라 19. 한 사람의 순종치 아니함으로 많은 사람이 죄인 된것 같이 한 사람의 순종하심으로 많은 사람이 의인이 되리라 20. 율법이 가입한 것은 범죄를 더하게 하려 함이라 그러나 죄가 더한 곳에 은혜가 더욱 넘쳤나니

21. 이는 죄가 사망 안에서 왕노릇 한 것 같이 은혜도 또한 의로 말미암아 왕노릇 하여 우리 주 예수 그리스도로 말미암아 영생에 이르게 하려 함이니라

(벧전1:15-16) 오직 너희를 부르신 거룩한 자처럼 너희도 모든 행실에 거룩한 자가 되라 16. 기록하였으되 내가 거룩하니 너희도 거룩할찌어다 하셨느니라

✞ 이상의 말씀과 같이 구원받은 자들에게는 하나님과 똑같은 행동과 수준을 요구합니다. 구원이란, 단순히 죄 사함만 받으면 구원이 아니고 예수 그리스도께서 믿는 자 속에 사시기 때문에 예수 그리스도와 똑같은 행동을 할 것을 성경은 요구합니다.

(마5:48)그러므로 하늘에 계신 너희 아버지의 온전하심과 같이 너희도 온전하라
(신18:13)너는 네 하나님 여호와 앞에 완전하라

3. 죄는 하나님만 다스릴 수 있습니다.

(히10:9~14)그 후에 말씀하시기를 보시옵소서 내가 하나님의 뜻을 행하러 왔나이다 하셨으니 그 첫 것을 폐하심은 둘째 것을 세우려 하심이니라 10. 이 뜻을 좇아 예수 그리스도의 몸을 단번에 드리심으로 말미암아 우리가 거룩함을 얻었노라 11. 제사장마다 매일 서서 섬기며 자주 같은 제사를 드리되 이 제사는 언제든지 죄를 없게 하지 못하거니와 12. 오직 그리스도는 죄를 위하여 한 영원한 제사를 드리시고 하나님 우편에 앉으사 13. 그 후에 자기 원수들로 자기 발등상이 되게 하실 때까지 기다리시나니 14. 저가 한 제물로 거룩하게 된 자들을 영원히 온전케 하셨느니라

✝ 이상의 말씀과 같이 그리스도는 죄를 위하여 영원한 제사를 드렸기 때문에 여호와께서는 예수님 십자가 이후의 사람들이 예수 믿으나 믿지 않으나 죄가 없다고 여겨 주시는 것입니다. 여호와께서 그릇된 길로 간 아담들의 죄를 예수님께 담당시켰기 때문입니다.
(사53:6)우리는 다 양 같아서 그릇 행하여 각기 제 길로 갔거늘 여호와께서는 우리 무리의 죄악을 그에게 담당시키셨도다
자기의 죄는 자기가 책임을 져야 합니다.

(마7:21~23)나더러 주여 주여 하는 자마다 천국에 다 들어갈 것이 아니

요 다만 하늘에 계신 내 아버지의 뜻대로 행하는 자라야 들어가리라 22. 그 날에 많은 사람이 나더러 이르되 주여 주여 우리가 주의 이름으로 선지자 노릇하며 주의 이름으로 귀신을 쫓아 내며 주의 이름으로 많은 권능을 행치 아니하였나이까 하리니 23. 그때에 내가 저희에게 밝히 말하되 내가 너희를 도무지 알지 못하니 불법을 행하는 자들아 내게서 떠나가라 하리라

(고후13:5) 너희가 믿음에 있는가 너희 자신을 시험하고 너희 자신을 확증하라 예수 그리스도께서 너희 안에 계신 줄을 너희가 스스로 알지 못하느냐 그렇지 않으면 너희가 버리운 자니라

4. "이신칭의"를 받고 "이신득의"를 한 신자들은 죄를 100% 다스릴 수 있습니다.

☧ "이신칭의"와 "이신득의"의 차이점이 무엇입니까? "이신칭의"는 아담이라는 첫 사람이 예수님의 죄 대속함을 믿고 아담이 죄 사함 받은 것을 "이신칭의"라 하고 "이신득의"는 "이신칭의"를 입은 사람들에게 하나님의 의이신 예수 그리스도께서 믿는 자의 의로 들어와서 사시는 것을 "이신득의"라고 하는 것입니다. "이신칭의"만 입은 자들은 여전히 아담이 죄와 싸워야 하기 때문에 죄를 다스리거나 이길 수는 없는 것이요 "이신득의"를 한 자들은 하나님의 의이신 예수 그리스도께서 믿는 자를 대신하여 사시기 때문에 죄를 100% 다스리게 되고 이길 수 있는 것입니다.

(고후5:21) 하나님이 죄를 알지도 못하신 자로 우리를 대신하여 죄를 삼으신 것은 우리로 하여금 저의 안에서 하나님의 의가 되게 하려 하심이니라

(롬1:17) 복음에는 하나님의 의가 나타나서 믿음으로 믿음에 이르게 하나

니 기록된 바 오직 의인은 믿음으로 말미암아 살리라 함과 같으니라

(롬10:2-4)내가 증거하노니 저희가 하나님께 열심이 있으나 지식을 좇은 것이 아니라 3.하나님의 의를 모르고 자기 의를 세우려고 힘써 하나님의 의를 복종치 아니하였느니라 4.그리스도는 모든 믿는 자에게 의를 이루기 위하여 율법의 마침이 되시니라

(롬10:9-10)네가 만일 네 입으로 예수를 주로 시인하며 또 하나님께서 그를 죽은 자 가운데서 살리신 것을 네 마음에 믿으면 구원을 얻으리니 10. 사람이 마음으로 믿어 의에 이르고 입으로 시인하여 구원에 이르느니라

(롬10:17)그러므로 믿음은 들음에서 나며 들음은 그리스도의 말씀으로 말미암았느니라

(롬11:24)그러므로 하나님께서 저희를 마음의 정욕대로 더러움에 내어 버려두사 저희 몸을 서로 욕되게 하셨으니

✝ 이상의 말씀을 보면 하나님께서 죄를 알지도 못하신 자로 우리를 대신하여 죄를 삼으신 목적이 우리로 하여금 예수 그리스도의 대속의 피로 죄 사함을 받고 첫 사람 아담이 의롭게 되어 사는 것이 아니라 하나님의 의이신 예수 그리스도가 믿는 자의 의가 되시기 위함이라고 말씀했습니다.

(롬3:20~22)그러므로 율법의 행위로 그의 앞에 의롭다 하심을 얻을 육체가 없나니 율법으로는 죄를 깨달음이니라 21. 이제는 율법 외에 하나님의 한 의가 나타났으니 율법과 선지자들에게 증거를 받은 것이라 22. 곧 예수 그리스도를 믿음으로 말미암아 모든 믿는 자에게 미치는 하나님의 의니 차별이 없느니라

✝ 이상의 말씀과 같이 믿음으로 모든 사람에게 미치는 의는 첫 사람 아담

이 죄 사함 받고 믿음으로 의인이 되는 것을 말하지 않고 하나님의 의이신 예수 그리스도께서 믿는 자들 속에 들어오셔서 사시므로 의롭게 되는 것을 믿음으로 의롭게 된다고 성경은 말씀합니다. (믿음이란? 그리스도가 믿는 사람 속에 계신 것을 믿는 것이 믿음입니다. **(엡3:17)믿음으로 말미암아 그리스도께서 너희 마음에 계시게 하옵시고 너희가 사랑 가운데서 뿌리가 박히고 터가 굳어져서)**

(눅24:44)또 이르시되 내가 너희와 함께 있을 때에 너희에게 말한바 곧 모세의 율법과 선지자의 글과 시편에 나를 가리켜 기록된 모든 것이 이루어져야 하리라 한 말이 이것이라 하시고

✞ 이상의 말씀은 율법과 선지자가 예수님에 대하여 기록했다고 예수님은 말씀합니다.

(요5:39)너희가 성경에서 영생을 얻는 줄 생각하고 성경을 상고하거니와 이 성경이 곧 내게 대하여 증거하는 것이로다

(롬1:17)복음에는 하나님의 의가 나타나서 믿음으로 믿음에 이르게 하나니 기록된바 오직 의인은 믿음으로 말미암아 살리라 함과 같으니라

✞ 하나님 의로 나타나신 분은 예수 그리스도입니다.

(롬10:2-3)내가 증거하노니 저희가 하나님께 열심이 있으나 지식을 좇은 것이 아니라 3. 하나님의 의를 모르고 자기 의를 세우려고 힘써 하나님의 의를 복종치 아니하였느니라

✟ 이상의 말씀에서 하나님 의와 자기 의가 나오는데 하나님 의는 예수 그리스도이고 자기 의는 아담이라는 첫 사람이 율법을 지키므로 세우는 의입니다.

(고전1:30) 너희는 하나님께로부터 나서 그리스도 예수 안에 있고 예수는 하나님께로서 나와서 우리에게 지혜와 의로움과 거룩함과 구속함이 되셨으니

✟ 믿는 자들이 죄 사함 받고 "이신칭의"를 입어서 구원받는 것이 아니고 "이신득의"를 해야 구원을 받습니다. "이신득의"란, 바리새인과 서기관보다 더 나은 의이신 예수 그리스도가 믿는 자의 의가 되어야 그들보다 더 나은 의를 가지게 됩니다.

제43강
만든 자와 창조된 자

제43강

만든 자와 창조된 자

✞ 만든자와 창조된자는 10가지가 바꿔져야 합니다

(창1:26)①만들고 ②우리의 형상(복수) ③모양대로 ④ 사람을 만들고 ⑤복을 주지 않았고 ⑥생육은 없고 ⑦번성은 없고 ⑧ 땅에 충만하지 못했고 ⑨정복하지 못했고 ⑩다스리자 소원은 주시고

(창1:27-8)①창조하시되 ②자기의 형상(단수) ③하나님의 형상대로 ④남자와 여자를 창조하시고 ⑤창조된 자에게 복을 주시고 ⑥생육하고 ⑦번성하여 ⑧땅에 충만하라 ⑨땅을 정복하라 ⑩다스리라

(마12:8)인자는 안식일의 주인이니라 하시니라

(막16:9~12)예수께서 안식 후 첫날 이른 아침에 살아나신 후 전에 일곱 귀신을 쫓아내어 주신 막달라 마리아에게 먼저 보이시니 10. 마리아가 가서 예수와 함께하던 사람들의 슬퍼하며 울고 있는 중에 이 일을 고하매 11. 그들은 예수의 살으셨다는 것과 마리아에게 보이셨다는 것을 듣고도 믿지 아니하니라 12. 그 후에 저희 중 두 사람이 걸어서 시골로 갈 때에 예수께서 다른 모양으로 저희에게 나타나시니

✞ 위의 말씀과 같이 예수님은 우리 믿는자의 죄를 담당하시고**(사53:5)**십자가에서 몸을 버리시고**(갈2:20)**아버지께로 가셨다**(요13:3)(요16:28)**내가 아버지께로 나와서 세상에 왔고 다시 세상을 떠나 아버지께로 가노라

하시니 이후 부활하신 예수님은 육체로는 볼 수 없고 믿는 사람 안에서 영으로 다른 모양으로 볼 수 있는 것입니다.

(겔36:26-28)또 새 영을 너희 속에 두고 새 마음을 너희에게 주되 너희 육신에서 굳은 마음을 제하고 부드러운 마음을 줄 것이며 27.또 내 신을 너희 속에 두어 너희로 내 율례를 행하게 하리니 너희가 내 규례를 지켜 행할찌라 28.내가 너희 열조에게 준 땅에 너희가 거하여 내 백성이 되고 나는 너희 하나님이 되리라

(렘2:13)내 백성이 두 가지 악을 행하였나니 곧 ①생수의 근원되는 나를 버린 것과 ②스스로 웅덩이를 판 것인데 그것은 물을 저축하지 못할 터진 웅덩이니라

(렘3:13~15)13 너는 오직 네 죄를 자복하라 이는 네 하나님 여호와를 배반하고 네 길로 달려 모든 푸른 나무 아래서 이방 신에게 절하고 내 목소리를 듣지 아니하였음이니라 여호와의 말이니라 14. 나 여호와가 말하노라 배역한 자식들아 돌아오라 나는 너희 남편임이니라 내가 너희를 성읍에서 하나와 족속 중에서 둘을 택하여 시온으로 데려오겠고 15. 내가 또 내 마음에 합하는 목자를 너희에게 주리니 그들이 지식과 명철로 너희를 양육하리라

(렘31:22)패역한 딸아 네가 어느 때까지 방황하겠느냐 여호와가 새 일을 세상에 창조하였나니 곧 여자가 남자를 안으리라

(사54:5)이는 너를 지으신 자는 네 남편이시라 그 이름은 만군의 여호와시며 네 구속자는 이스라엘의 거룩한 자시라 온 세상의 하나님이라 칭함을 받으실 것이며

(잠30:7~9)내가 두 가지 일을 주께 구하였사오니 나의 죽기 전에 주시옵소서 8. 곧 허탄과 거짓말을 내게서 멀리 하옵시며 나로 가난하게도 마옵시고 부하게도 마옵시고 오직 필요한 양식으로 내게 먹이시옵소서 9. 혹

내가 배불러서 하나님을 모른다 여호와가 누구냐 할까 하오며 혹 내가 가난하여 도적질하고 내 하나님의 이름을 욕되게 할까 두려워함이니이다

(전12:13-14)일의 결국을 다 들었으니 하나님을 경외하고 그 명령을 지킬찌어다 이것이 사람의 본분이니라 14. 하나님은 모든 행위와 모든 은밀한 일을 선악간에 심판하시리라

(슥3:1~7)대제사장 여호수아는 여호와의 사자 앞에 섰고 사단은 그의 우편에 서서 그를 대적하는 것을 여호와께서 내게 보이시니라 2. 여호와께서 사단에게 이르시되 사단아 여호와가 너를 책망하노라 예루살렘을 택한 여호와가 너를 책망하노라 이는 불에서 꺼낸 그슬린 나무가 아니냐 하실 때에 3. 여호수아가 더러운 옷을 입고 천사 앞에 섰는지라 4.여호와께서 자기 앞에 선 자들에게 명하사 그 더러운 옷을 벗기라 하시고 또 여호수아에게 이르시되 내가 네 죄과를 제하여 버렸으니 네게 아름다운 옷을 입히리라 하시기로 5. 내가 말하되 정한 관을 그 머리에 씌우소서 하매 곧 정한 관을 그 머리에 씌우며 옷을 입히고 여호와의 사자는 곁에 섰더라 6. 여호와의 사자가 여호수아에게 증거하여 가로되 7. 만군의 여호와의 말씀에 네가 만일 내 도를 준행하며 내 율례를 지키면 네가 내 집을 다스릴 것이요 내 뜰을 지킬 것이며 내가 또 너로 여기 섰는 자들 중에 왕래케 하리라

(창34:24~31)야곱은 홀로 남았더니 어떤 사람이 날이 새도록 야곱과 씨름하다가 25. 그 사람이 자기가 야곱을 이기지 못함을 보고 야곱의 환도뼈를 치매 야곱의 환도뼈가 그 사람과 씨름할 때에 위골되었더라 26. 그 사람이 가로되 날이 새려하니 나로 가게 하라 야곱이 가로되 당신이 내게 축복하지 아니하면 가게 하지 아니하겠나이다 27. 그 사람이 그에게 이르되 네 이름이 무엇이냐 그가 가로되 야곱이니이다 28. 그 사람이 가로되 네 이름을 다시는 야곱이라 부를 것이 아니요 이스라엘이라 부를 것이니 이는 네가 하나님과 사람으로 더불어 겨루어 이기었음이니라 29. 야곱이 청하여

가로되 당신의 이름을 고하소서 그 사람이 가로되 어찌 내 이름을 묻느냐 하고 거기서 야곱에게 축복한지라 30. 그러므로 야곱이 그곳 이름을 브니엘이라 하였으니 그가 이르기를 내가 하나님과 대면하여 보았으나 내 생명이 보전되었다 함이더라 31. 그가 브니엘을 지날 때에 해가 돋았고 그 환도뼈로 인하여 절었더라

✞ 야곱은 홀로 남아 얍복나루에서 하나님과 겨루어 이긴 이후로부터 야곱은 환도뼈를 하나님께서 치신 고로 '이스라엘'이라 계명을 받고 하나님께서 야곱을 축복하시고 그곳의 이름을 브니엘(하나님의 얼굴)이라 하셨으니 자기를 의지하지 않고 하나님을 의지하며 말씀을 지켜 행동하고 순종하는 삶과 신앙입니다

(롬7:6,10) 전에 법을 깨닫지 못할 때에는 내가 살았더니 계명이 이르매 죄는 살아나고 나는 죽었도다
10. 생명에 이르게 할 그 계명이 내게 대하여 도리어 사망에 이르게 하는 것이 되었도다

(딤후2:8-9) 전에 법을 깨닫지 못할 때에는 내가 살았더니 계명이 이르매 죄는 살아나고 나는 죽었도다 9. 생명에 이르게 할 그 계명이 내게 대하여 도리어 사망에 이르게 하는 것이 되었도다

(딛2:13-14) 복스러운 소망과 우리의 크신 하나님 구주 예수 그리스도의 영광이 나타나심을 기다리게 하셨으니 14. 그가 우리를 대신하여 자신을 주심은 모든 불법에서 우리를 구속하시고 우리를 깨끗하게 하사 선한 일에 열심하는 친 백성이 되게 하려 하심이니라

(딤전6:16-17) 기약이 이르면 하나님이 그의 나타나심을 보이시리니 하

나님은 복되시고 홀로 한 분이신 능하신 자이며 만왕의 왕이시며 만주의 주시오 17. 오직 그에게만 죽지 아니함이 있고 가까이 가지 못할 빛에 거하시고 아무 사람도 보지 못하였고 또 볼 수 없는 자시니 그에게 존귀와 영원한 능력을 돌릴찌어다 아멘

(행2:31)미리 보는 고로 그리스도의 부활하심을 말하되 저가 음부에 버림이 되지 않고 육신이 썩음을 당하지 아니하시리라 하더니 이 예수를 하나님이 살리신지라 우리가 다 이 일에 증인이로다

(행13:36-37)다윗은 당시에 하나님의 뜻을 좇아 섬기다가 잠들어 그 조상들과 함께 묻혀 썩음을 당하였으되 37. 하나님의 살리신 이는 썩음을 당하지 아니하였나니

제44강
너희 앞서 행하시는 하나님

제44강

너희 앞서 행하시는 하나님

1. 우리 앞서 일하시는 하나님.

(신1:30)너희 앞서 행하시는 너희 하나님 여호와께서 애굽에서 너희를 위하여 너희 목전에서 모든 일을 행하신 것 같이 이제도 너희를 위하여 싸우실 것이며

(신18:13)너는 네 앞에 행하여 완전하라

(출17:8-11)때에 아말렉이 이르러 이스라엘과 르비딤(휴식처)에서 싸우니라 9.모세가 여호수아에게 이르되 우리를 위하여 사람들을 택하여 나가서 아말렉과 싸우라 내일 내가 하나님의 지팡이를 손에 잡고 산꼭대기에 서리라 10. 여호수아가 모세의 말대로 행하여 아말렉과 싸우고 모세와 아론과 훌은 산꼭대기에 올라가서 11. 모세가 손을 들면 이스라엘이 이기고 손을 내리면 아말렉이 이기더니 12. 모세의 팔이 피곤하매 그들이 돌을 가져다가 모세의 아래에 놓아 그로 그 위에 앉게 하고 아론과 훌이 하나는 이편에서, 하나는 저편에서 모세의 손을 붙들어 올렸더니 그 손이 해가 지도록 내려오지 아니한지라 13.여호수아가 칼날로 아말렉과 그 백성을 쳐서 파하니라

(마5:48)그러므로 하늘에 계신 너희 아버지의 온전 하심과 같이 너희도 온전하라

(빌2:13)너희 안에서 행하시는 이는 하나님이시니 자기의 기쁘신 뜻을 위

하여 너희로 소원을 두고 행하게 하시나니

(요1서2:6)저 안에 거한다 하는 자는 그의 행하시는 대로 자기도 행할찌니라

(벧전1:15-16)오직 너희를 부르신 거룩한 자처럼 너희도 모든 행실에 거룩한 자가 되라 16. 기록하였으되 내가 거룩하니 너희도 거룩할찌어다 하셨느니라

(신1:11, 18)너희 열조의 하나님 여호와께서 너희를 현재보다 천배나 많게 하시며 너희에게 허락하신 것과 같이 너희에게 복 주시기를 원하노라 18. 내가 너희의 행할 모든 일을 그 때에 너희에게 다 명하였느니라

(출24:12)여호와께서 모세에게 이르시되 너는 산에 올라 내게로 와서 거기 있으라 너로 그들을 가르치려고 내가 율법과 계명을 친히 기록한 돌판을 네게 주리라

(딤후3:16-17)모든 성경은 하나님의 감동으로 된 것으로 교훈과 책망과 바르게 함과 의로 교육하기에 유익하니 17. 이는 하나님의 사람으로 온전케 하며 모든 선한 일을 행하기에 온전케 하려 함이니라

(딤후4:3-4)때가 이르리니 사람이 바른 교훈을 받지 아니하며 귀가 가려워서 자기의 사욕을 좇을 스승을 많이 두고 4. 또 그 귀를 진리에서 돌이켜 허탄한 이야기를 좇으리라

(신7:6~11)지상 만민 중에서 너희를 택하여 이스라엘 성민이 되게 하여 9. 그런즉 너는 알라 오직 네 하나님 여호와는 하나님이시요 신실하신 하나님이시라 그를 사랑하고 그 계명을 지키는 자에게는 천대까지 그 언약을 이행하시며 인애를 베푸시되 10. 그를 미워하는 자에게는 당장에 보응하여 멸하시나니 여호와는 자기를 미워하는 자에게 지체하지 아니하시고 당장에 그에게 보응하시느니라 11. 그런즉 너는 오늘날 내가 네게 명하는 명령과 규례와 법도를 지켜 행할찌니라

2. 사람 속에 오신 하나님은 교훈하시는 하나님.

(사54:13)네 자녀는 여호와께 교훈을 받을 것이요 네 자녀가 크게 평강할 것이며

(욥22:21~23)너는 하나님과 화목하고 평안하라 그리하면 복이 네게 임하리라 22. 청컨대 너는 그 입에서 교훈을 받고 그 말씀을 네 마음에 두라 23. 네가 만일 전능자에게로 돌아가고 또 네 장막에서 불의를 멀리 버리면 다시 흥하리라

(욥14:19)물은 돌을 닳게 하고 넘치는 물은 땅의 티끌을 씻어 버리나이다

(욥33:16~18)사람의 귀를 여시고 인치듯 교훈하시나니 17. 이는 사람으로 그 꾀를 버리게 하려 하심이며 사람에게 교만을 막으려 하심이라 18. 그는 사람의 혼으로 구덩이에 빠지지 않게 하시며 그 생명으로 칼에 멸망치 않게 하시느니라

(욥36:10-11)그들의 귀를 열어 교훈을 듣게 하시며 명하여 죄악에서 돌아오게 하시나니 11. 만일 그들이 청종하여 섬기면 형통히 날을 보내며 즐거이 해를 지낼 것이요

(욥36:22)하나님은 그 권능으로 큰 일을 행하시나니 누가 그같이 교훈을 베풀겠느냐

(시16:7)나를 훈계하신 여호와를 송축할찌라 밤마다 내 심장이 나를 교훈하도다

(시19:7~10)여호와의 율법은 완전하여 영혼을 소성케 하고 여호와의 증거는 확실하여 우둔한 자로 지혜롭게 하며 8. 여호와의 교훈은 정직하여 마음을 기쁘게 하고 여호와의 계명은 순결하여 눈을 밝게 하도다 9.여호와를 경외하는 도는 정결하여 영원까지 이르고 여호와의 규례는 확실하여 다 의로우니 10. 금 곧 많은 정금보다 더 사모할 것이며 꿀과 송이꿀보다 더 달도다

(시25:5)주의 진리로 나를 지도하시고 교훈하소서 주는 내 구원의 하나님이시니 내가 종일 주를 바라나이다

(잠9:9-10)지혜 있는 자에게 교훈을 더하라 그가 더욱 지혜로와질 것이요 의로운 사람을 가르치라 그의 학식이 더하리라 10. 여호와를 경외하는 것이 지혜의 근본이요 거룩하신 자를 아는 것이 명철이니라

(잠13:13-14)말씀을 멸시하는 자는 패망을 이루고 계명을 두려워하는 자는 상을 얻느니라 14. 지혜 있는 자의 교훈은 생명의 샘이라 사람으로 사망의 그물을 벗어나게 하느니라

(요6:44~46)선지자의 글에 저희가 다 하나님의 가르치심을 받으리라 기록되었은즉 아버지께 듣고 배운 사람마다 내게로 오느니라 45. 이는 아버지를 본 자가 있다는 것이 아니라 오직 하나님에게서 온 자만 아버지를 보았느니라 46. 이는 아버지를 본 자가 있다는 것이 아니라 오직 하나님에게서 온 자만 아버지를 보았느니라

(요7:16-17)예수께서 대답하여 가라사대 내 교훈은 내 것이 아니요 나를 보내신 이의 것이니라 17. 사람이 하나님의 뜻을 행하려 하면 이 교훈이 하나님께로서 왔는지 내가 스스로 말함인지 알리라

제45강
예수님은 영원 전부터 계신 아들이 오신 것인가

제45강

예수님은 영원 전부터 계신 아들이 오신 것인가

⋮

1. 마리아의 아들로 오신 예수 그리스도는 여호와 아버지 하나님이 직접 오셔서 사람이 되신 분입니다.

말씀을 확인하겠습니다.

(빌2:6~8) "그(예수)는 하나님의 본체시나" 하나님과 동등됨을 취할 것으로 여기지 아니하시고 7. 오히려 자기를 비워 종의 형체를 가져 사람들과 같이 되었고 8. 사람의 모양으로 나타나셨으매 자기를 낮추시고 죽기까지 복종하셨으니 곧 십자가에 죽으심이라

(히1:3) 이는 하나님의 영광의 광채시요 그 본체의 형상이시라 그의 능력의 말씀으로 만물을 붙드시며 죄를 정결케 하는 일을 하시고 높은 곳에 계신 위엄의 우편에 앉으셨느니라

(시16:7) 나를 훈계하신 여호와를 송축할지라 밤마다 내 심장이 나를 교훈하도다

✞ 이상의 말씀을 보면 예수 그리스도는 영원부터 계신 아들이 오신 것이 아니고 여호와 아버지 직접 오셔서 사람이 되신 분이라고 말씀했습니다. 그래서 이사야 선지자는 예수 그리스도에 대해서 다음과 같이 말씀했습니다.

(사9:6)이는 한 아기가 우리에게 났고 한 아들을 우리에게 주신바 되었는데 그 어깨에는 정사를 메었고 그 이름은 기묘자라, 모사라, 전능하신 하나님이라, 영존하시는 아버지라, 평강의 왕이라 할 것임이라

✞ 이상의 말씀과 같이 마리아의 배 속에서 태어나신 아기가 곧 하나님 아버지의 아들이신 예수 그리스도이시고 여호와 하나님이 영존하신 아버지시고 일하시는 성령이신 전능하신 하나님이시라는 것입니다. 아버지와 아들 성령은 오늘날 기독교인들이 알고 있는 것 같이 서로 분리되어 계시는 것이 아니라 예수 그리스도 안에서 아버지도 성령도 계신다는 것입니다.

2. 하나님은 아버지 하나님 한 분만 계십니다.

(고전8:6)그러나 우리에게는 "한 하나님 곧 아버지가 계시니 만물이 그에게서 났고"

(사45:5)나는 여호와라 나 외에 다른 이가 없나니 나 밖에 신이 없느니라 너는 나를 알지 못하였을지라도 나는 네 띠를 동일 것이요

✞ 이상의 말씀을 보면 세 분 하나님들이 계시는 것이 아니라 오직 아버지 하나님 한 분만 계신다고 말씀합니다. 아들과 성령은 아버지에게서 나오시는 말씀과 생명의 활동입니다.

(딤전6:15)기약이 이르면 하나님이 그의 나타나심을 보이시리니 하나님은 복되시고 홀로 한 분이신 능하신 자이며 만왕의 왕이시며 만주의 주시오

✟ 이상의 말씀을 보면 하나님은 홀로 한 분이라고 말씀했습니다. 아들 하나님 따로 계시고 성령 하나님 따로 계신 것이 아니라 하나님은 아버지 하나님 한 분만 계신다고 성경은 말씀합니다.

(엡4:5-6)주도 하나이요 믿음도 하나이요 세례도 하나이요 6.하나님도 하나이시니 곧 만유의 아버지시라 만유 위에 계시고 만유를 통일하시고 만유 가운데 계시도다

(사44:6)이스라엘의 왕인 여호와, 이스라엘의 구속자인 만군의 여호와가 말하노라 나는 처음이요 나는 마지막이라 나 외에 다른 신이 없느니라

(계1:8)주 하나님이 가라사대 나는 알파와 오메가라 이제도 있고 전에도 있었고 장차 올 자요 전능한 자라 하시더라

✟ 이상의 말씀을 보면 하나님은 여호와 하나님 아버지 그분만 이 처음이요 나중이라고 말씀합니다. 아버지와 아들과 성령 하나님이 세 분이 계시면서 처음과 나중이라고 말씀하지 않습니다. 예수 그리스도는 여호와 하나님 아버지가 직접 오셔서 아들이 되신 분이기 때문에 사44:6절과 계시록 말씀과 동일합니다.

(사25:9)그 날에 말하기를 이는 우리의 하나님이시라 우리가 그를 기다렸으니 그가 우리를 구원하시리로다 이는 여호와시라 우리가 그를 기다렸으니 우리는 그 구원을 기뻐하며 즐거워하리라 할 것이며

✟ 이상의 말씀에도 신은 여호와 하나님밖에는 없다고 말씀했습니다. 그런데 요한계시록 22:13절에서도 주 예수님과 동일한 말씀을 하십니다.

(계22:12-13)보라 내가 속히 오리니 내가 줄 상이 내게 있어 각 사람에게 그의 일한 대로 갚아 주리라 13. 나는 알파와 오메가요 처음과 나중이요 시작과 끝이라

(사44:24)네 구속자요 모태에서 너를 조성한 나 여호와가 말하노라 나는 만물을 지은 여호와라 나와 함께한 자 없이 홀로 하늘을 폈으며 땅을 베풀었고

✝ 이상의 말씀에서도 여호와 하나님과 함께한 자 없이 여호와 하나님 혼자서 땅과 하늘과 만물을 창조했다고 말씀했습니다. 그런데 요한복음 1장 3절에 보면 만물이 예수 그리스도로 말미암아 지음 받았다고 했습니다.

(요1:3)만물이 그로 말미암아 지은바 되었으니 지은 것이 하나도 그가 없이는 된 것이 없느니라

(요1:10)그가 세상에 계셨으며 세상은 그로 말미암아 지은바 되었으되 세상이 그를 알지 못하였고

(요1:14, 18)말씀이 육신이 되어 우리 가운데 거하시매 우리가 그 영광을 보니 아버지의 독생자의 영광이요 은혜와 진리가 충만하더라 18.본래 하나님을 본 사람이 없으되 아버지 품속에 있는 독생하신 하나님이 나타내셨느니라

✝ 이상의 말씀에서 예수님은 영체로 계시는 여호와 아버지께서 나타나셨기 때문에 그 본체의 형상이라고 여호와 아버지의 본체는 사람**(창1:26)**의 형상이시고 사람의 형상(형체) 위에 옷 입듯이 육체를 입으니 보이는 육체는 아들이요, 육체 안에 계신 여호와 하나님 아버지 본체는 아버지가 되시는 것입니다. 그래서 예수님께서는 나와 아버지는 하나다, 라고 말씀합니다.

(요10:30)나와 아버지는 하나이니라 하신대
(골1:19)아버지께서는 모든 충만으로 예수 안에 거하게 하시고

✝ 육체이신 예수님과 영체로 하나님 아버지의 본체이신 예수님과는 서로 떨어져 계시는 것이 아니라 하나로 계시기 때문에 예수님께서는 제자들에게 예수님을 본 자는 아버지를 보았다고 말씀하는 것입니다.

(요14:7)너희가 나를 알았더면 내 아버지도 알았으리로다 이제부터는 너희가 그를 알았고 또 보았느니라
(요14:8)빌립이 가로되 주여 아버지를 우리에게 보여 주옵소서 그리하면 족하겠나이다

✝ 이상의 말씀과 같이 빌립은 예수님 밖에 계시는 아버지를 찾고 있습니다. 그런데 지금 온 세계 교회가 거의 100% 이 빌립의 신앙을 갖고 있습니다.
예수님 안에 계신 아버지를 믿는 것이 아니라 예수님 밖에 계시는 아버지를 믿습니다. 이렇게 되면 아버지 따로 계시고 아들이 따로 계시는 것입니다. 이런 신앙으로는 구원을 받을 수가 없습니다.
그 증거로 빌립은 3년 반 동안 예수님을 따라다녔어도 예수님 십자가에 못 박힐 때 도망가고 말았습니다. 빌립이 구원을 받으려면 예수님 죽으시고 부활하신 다음 아버지와 아들이 서로 하나로 믿게 되었을 때 빌립 안으로 들어오시어 비로소 구원을 받는 것입니다.
오늘날 기독교인들도 마찬가지입니다. 사도신경을 암송할 때 아버지는 보좌 중앙에 앉아 계시고 아들은 장차 재림하시기 위해 아버지 보좌 우편에 앉아 계신다고 믿으면 절대 구원을 받을 수 없는 것입니다.

(요8:56)너희 조상 아브라함은 나의 때 볼 것을 즐거워하다가 보고 기뻐하였느니라

✞ 이상의 말씀과 같이 예수님은 여호와 하나님 아버지께서 직접 오셔서 사람이 되신 분이기 때문에 예수님으로부터 약 2,000년 전 아브라함이 예수님을 보고 기뻐했다고 말씀하신 것입니다. 그러나 예수님이 누구신지 모르는 유대인들은 그들이 모세로부터 약 1,500년 동안 기다렸던 메시아 곧 여호와 하나님께서 오셨는데 **(요8:57)**유대인들이 가로되 네가 아직 오십도 못되었는데 아브라함을 보았느냐, 로 질문을 했습니다.)

(요8:58)예수께서 가라사대 진실로 진실로 너희에게 이르노니 아브라함이 나기 전부터 내가 있느니라 하시니 말씀하시자 유대인들은 **(요8:59)**저희가 돌을 들어 치려하거늘 예수께서 숨어 성전에서 나가시니라

제46강
두 증인의 증거는? 두 감람나무, 두 촛대

제46강
두 증인의 증거는? 두 감람나무, 두 촛대

⋮

(계11:1~5) 또 내게 지팡이 같은 갈대를 주며 말하기를 일어나서 하나님의 성전과 제단과 그 안에서 경배하는 자들을 척량하되 2. 성전 밖 마당은 척량하지 말고 그냥 두라 이것을 이방인에게 주었은즉 저희가 거룩한 성을 마흔두 달 동안 짓밟으리라 3. 내가 나의 두 증인에게 권세를 주리니 저희가 굵은 베옷을 입고 일천 이백 육십 일을 예언하리라 4. 이는 이 땅의 주 앞에 섰는 두 감람나무와 두 촛대니 5. 만일 누구든지 저희를 해하고자 한즉 저희 입에서 불이 나서 그 원수를 소멸할찌니 누구든지 해하려 하면 반드시 이와 같이 죽임을 당하리라

1. 지팡이 같은 갈대는 그 갈대가 금갈대의 신앙 상태.

▸시몬 베드로는 흔들리는 갈대.(그 갈대)

(엡3:16~19) 그 영광의 풍성을 따라 그의 성령으로 말미암아 너희 속 사람을 능력으로 강건하게 하옵시며 17. 믿음으로 말미암아 그리스도께서 너희 마음에 계시게 하옵시고 너희가 사랑 가운데서 뿌리가 박히고 터가 굳어져서 18. 능히 모든 성도와 함께 지식에 넘치는 그리스도의 사랑을 알아 19. 그 넓이와 길이와 높이와 깊이가 어떠함을 깨달아 하나님의 모든 충만

하신 것으로 너희에게 충만하게 하시기를 구하노라

(계21:15~17)내게 말하는 자가 그 성과 그 문들과 성곽을 척량하려고 금 갈대를 가졌더라 16. 그 성은 네모가 반듯하여 장광이 같은지라 그 갈대로 그 성을 척량하니 일만 이천 스다디온이요 장과 광과 고가 같더라 17. 그 성곽을 척량하매 일백 사십 사 규빗이니 사람의 척량 곧 천사의 척량이라

✞ 두 증인이란? 두 감람나무, 두 촛대.

2. 두 감람나무란?

(시52:8)오직 나는 하나님의 집에 있는 푸른 감람나무 같음이여 하나님의 인자하심을 영영히 의지하리로다

(슥4:11~14)내가 그에게 물어 가로되 등대 좌우의 두 감람나무는 무슨 뜻이니이까 하고 12. 다시 그에게 물어 가로되 금 기름을 흘려내는 두 금관 옆에 있는 이 감람나무 두 가지는 무슨 뜻이니이까 13. 그가 내게 대답하여 가로되 네가 이것이 무엇인지 알지 못하느냐 대답하되 내 주여 알지 못하나이다 14. 가로되 이는 기름 발리운 자 둘이니 온 세상의 주 앞에 모셔 섰는 자니라 하더라

(요1서2:20)너희는 거룩하신 자에게서 기름 부음을 받고 모든 것을 아느니라

(요1서2:27-28)너희는 주께 받은바 기름 부음이 너희 안에 거하나니 아무도 너희를 가르칠 필요가 없고 오직 그의 기름 부음이 모든 것을 너희에게 가르치며 또 참되고 거짓이 없으니 너희를 가르치신 그대로 주 안에 거하라 28. 자녀들아 이제 그 안에 거하라 이는 주께서 나타내신바 되면 그의

강림하실 때에 우리로 담대함을 얻어 그 앞에서 부끄럽지 않게 하려 함이라

(시128:3-4)네 집 내실에 있는 네 아내는 결실한 포도나무 같으며 네 상에 둘린 자식은 어린 감람나무 같으리로다 4. 여호와를 경외하는 자는 이같이 복을 얻으리로다

(롬11:17)또한 가지 얼마가 꺾여졌는데 돌감람나무인 네가 그들 중에 접붙임이 되어 참감람나무 뿌리의 진액을 함께 받는 자 되었은즉

(롬11:24)네가 원 돌감람나무에서 찍힘을 받고 본성을 거스려 좋은 감람나무에 접붙임을 얻었은즉 원 가지인 이 사람들이야 얼마나 더 자기 감람나무에 접붙이심을 얻으랴

(렘5:13-14)선지자들은 바람이라 말씀이 그들의 속에 있지 아니한즉 그 같이 그들이 당하리라 하느니라 14. 그러므로 만군의 하나님 여호와가 이같이 말하노라 그들이 이 말을 하였은즉 볼찌어다 내가 네 입에 있는 나의 말로 불이 되게 하고 이 백성으로 나무가 되게 하리니 그 불이 그들을 사르리라

(대하7:14)내 이름으로 일컫는 내 백성이 그 악한 길에서 떠나 스스로 겸비하고 기도하여 내 얼굴을 구하면 내가 하늘에서 듣고 그 죄를 사하고 그 땅을 고칠찌라

(슥3:1~4)여호수아는 여호와 사자 앞에 섰고 사단은 그 우편에 서서 그를 대적하는 것을 여호와께서 내게 보이시니라 2, 너를 책망하노라 이는 불에서 꺼낸 그슬린 나무가 아니냐 3. 여호수아가 더러운 옷을 입고 천사 앞에 섰는지라 4. 여호와께서 자기 앞에 선 자들에게 명하사 그 더러운 옷을 벗기라 하시고 또 여호수아에게 이르시되 내가 네 죄과를 제하여 버렸으니 네게 아름다운 옷을 입히리라

3. 두 촛대.

(계1:13~20)촛대 사이에 인자 같은 이가 발에 끌리는 옷을 입고 가슴에 금띠를 띠고 14. 그 머리와 털의 희기가 흰 양털 같고 눈 같으며 그의 눈은 불꽃 같고 15. 그의 발은 풀무에 단련한 빛난 주석 같고 그의 음성은 많은 물 소리와 같으며 16. 그 오른손에 일곱 별이 있고 그 입에서 좌우에 날선 검이 나오고 그 얼굴은 해가 힘 있게 비취는것 같더라 17. 내가 볼 때에 그 발 앞에 엎드러져 죽은 자 같이 되매 그가 오른손을 내게 얹고 가라사대 두려워 말라 나는 처음이요 나중이니 18. 곧 산 자라 내가 전에 죽었었노라 볼찌어다 이제 세세토록 살아 있어 사망과 음부의 열쇠를 가졌노니 19.그러므로 네 본 것과 이제 있는 일과 장차 될 일을 기록하라 20. 네 본 것은 내 오른손에 일곱 별의 비밀과 일곱 금 촛대라 일곱 별은 일곱 교회의 사자요 일곱 촛대는 일곱 교회니라

(계1:20)네 본 것은 내 오른손에 일곱 별의 비밀과 일곱 금 촛대라 일곱 별은 일곱 교회의 사자요 일곱 촛대는 일곱 교회니라

(계2:1~5)에베소 교회의 사자에게 편지하기를 오른손에 일곱 별을 붙잡고 일곱 금 촛대 사이에 다니시는 이가 가라사대 2. 내가 네 행위와 수고와 네 인내를 알고 또 악한 자들을 용납지 아니한 것과 5. 그러므로 어디서 떨어진 것을 생각하고 회개하여 처음 행위를 가지라 만일 그리하지 아니하고 회개치 아니하면 내가 네게 임하여 네 촛대를 그 자리에서 옮기리라

제47강
아마겟돈 전쟁의 의미

제47강
아마겟돈 전쟁의 의미

1. 아마겟돈 전쟁의 목적.

(계16:15-16)보라 내가 도적 같이 오리니 누구든지 깨어 자기 옷을 지켜 벌거벗고 다니지 아니하며 자기의 부끄러움을 보이지 아니하는 자가 복이 있도다 16. 세 영이 히브리 음으로 아마겟돈이라 하는 곳으로 왕들을 모으더라

(계6:12)또 여섯째가 그 대접을 큰 강 유브라데에 쏟으매 강물이 말라서 동방에서 오는 왕들의 길이 예비되더라

✣ 아마겟돈 전쟁은 제사장인 왕과 세상의 임금 **(요12:31 마귀)**이 사람 안에 한곳에 모여 하나님의 선과 의로 마귀의 악과 거짓으로 말미암아 전쟁하여 승리하는 사람이 하나님의 나라의 기업을 얻어 누리는 것입니다.

(벧전2:9-10)오직 너희는 택하신 족속이요 왕 같은 제사장들이요 거룩한 나라요 그의 소유된 백성이니 이는 너희를 어두운데서 불러내어 그의 기이한 빛에 들어가게 하신 자의 아름다운 덕을 선전하게 하려 하심이라 10. 너희가 전에는 백성이 아니더니 이제는 하나님의 백성이요 전에는 긍휼을 얻지 못하였더니 이제는 긍휼을 얻은 자니라

(시24:8-9)영광의 왕이 뉘시뇨 강하고 능한 여호와시요 전쟁에 능한 여

호와시로다 9. 문들아 너희 머리를 들찌어다 영원한 문들아 들릴찌어다 영광의 왕이 들어 가시리로다

(요1서2:20)너희는 거룩하신 자에게서 기름 부음을 받고 모든 것을 아느니라

(요1서2:27)너희는 주께 받은바 기름 부음이 너희 안에 거하나니 아무도 너희를 가르칠 필요가 없고 오직 그의 기름 부음이 모든 것을 너희에게 가르치며 또 참되고 거짓이 없으니 너희를 가르치신 그대로 주 안에 거하라

(계16:12~15)또 여섯째가 그 대접을 큰 강 유브라데에 쏟으매 강물이 말라서 동방에서 오는 왕들의 길이 예비되더라 13. 또 내가 보매 개구리 같은 세 더러운 영이 용의 입과 짐승의 입과 거짓 선지자의 입에서 나오니 14. 저희는 귀신의 영이라 이적을 행하여 온 천하 임금들에게 가서 하나님 곧 전능하신이의 큰 날에 전쟁을 위하여 그들을 모으더라 15. 보라 내가 도적 같이 오리니 누구든지 깨어 자기 옷을 지켜 벌거벗고 다니지 아니하며 자기의 부끄러움을 보이지 아니하는 자가 복이 있도다

(요12:31-32)이제 이 세상의 심판이 이르렀으니 이 세상 임금이 쫓겨나리라 32. 내가 땅에서 들리면 모든 사람을 내게로 이끌겠노라 하시니

(벧전3:18)그리스도께서도 한번 죄를 위하여 죽으사 의인으로서 불의한 자를 대신하셨으니 이는 우리를 하나님 앞으로 인도하려 하심이라 육체로는 죽임을 당하시고 영으로는 살리심을 받으셨으니

(벧전4:6)이를 위하여 죽은 자들에게도 복음이 전파되었으니 이는 육체로는 사람처럼 심판을 받으나 영으로는 하나님처럼 살게 하려 함이니라

(시33:12~15)여호와로 자기 하나님을 삼은 나라 곧 하나님의 기업으로 빼신바 된 백성은 복이 있도다 13. 여호와께서 하늘에서 감찰하사 모든 인

생을 보심이여 14. 곧 그 거하신 곳에서 세상의 모든 거민을 하감하시도다 15. 저는 일반의 마음을 지으시며 저희 모든 행사를 감찰하시는 자로다

　(시34:15)여호와의 눈은 의인을 향하시고 그 귀는 저희 부르짖음에 기울이시는도다

　(시62:8-9)백성들아 시시로 저를 의지하고 그 앞에 마음을 토하라 하나님은 우리의 피난처시로다 (셀라) 9. 진실로 천한 자도 헛되고 높은 자도 거짓되니 저울에 달면 들려 입김보다 경하리로다

2. 봉함된 말씀이 열리는 신자의 상태.

　(단12:2~4)땅의 티끌 가운데서 자는 자 중에 많이 깨어 영생을 얻는 자도 있겠고 수욕을 받아서 무궁히 부끄러움을 입을 자도 있을 것이며 3. 지혜 있는 자는 궁창의 빛과 같이 빛날 것이요 많은 사람을 옳은 데로 돌아오게 한 자는 별과 같이 영원토록 비취리라 4. 다니엘아 마지막 때까지 이 말을 간수하고 이 글을 봉함하라 많은 사람이 빨리 왕래하며 지식이 더하리라

　(계5:5~7)장로 중에 하나가 내게 말하되 울지 말라 유대 지파의 사자 다윗의 뿌리가 이기었으니 이 책과 그 일곱 인을 떼시리라 하더라 6. 내가 또 보니 보좌와 네 생물과 장로들 사이에 어린 양이 섰는데 일찍 죽임을 당한 것 같더라 일곱 뿔과 일곱 눈이 있으니 이 눈은 온 땅에 보내심을 입은 하나님의 일곱 영이더라 7. 어린 양이 나아와서 보좌에 앉으신 이의 오른손에서 책을 취하시니라

　(호6:2)여호와께서 이틀 후에 우리를 살리시며 제 삼일에 우리를 일으키시리니 우리가 그 앞에서 살리라

　(눅13:32)가라사대 가서 저 여우에게 이르되 오늘과 내일 내가 귀신을 쫓

아내며 병을 낫게 하다가 제 삼일에는 완전하여지리라 하라

(계19:6) 또 내가 들으니 허다한 무리의 음성도 같고 많은 물 소리도 같고 큰 뇌성도 같아서 가로되 할렐루야 주 우리 하나님 곧 전능하신 이가 통치하시도다.

3. 전쟁의 장소. (내 몸 안에서 하나님의 선과 첫사람 아담의 악과 거짓으로 더불어)

(계12:1~7) 하늘에 큰 이적이 보이니 해를 입은 한 여자가 있는데 그 발 아래는 달이 있고 그 머리에는 열 두 별의 면류관을 썼더라 2. 이 여자가 아이를 배어 해산하게 되매 아파서 애써 부르짖더라 3. 하늘에 또 다른 이적이 보이니 보라 한 큰 붉은 용이 있어 머리가 일곱이요 뿔이 열이라 그 여러 머리에 일곱 면류관이 있는데 4. 그 꼬리가 하늘 별 삼분의 일을 끌어다가 땅에 던지더라 용이 해산하려는 여자 앞에서 그가 해산하면 그 아이를 삼키고자 하더니 5. 여자가 아들을 낳으니 이는 장차 철장으로 만국을 다스릴 남자라 그 아이를 하나님 앞과 그 보좌 앞으로 올려가더라 6. 그 여자가 광야로 도망하매 거기서 일천 이백 육십일 동안 저를 양육하기 위하여 하나님의 예비하신 곳이 있더라 7. 하늘에 전쟁이 있으니 미가엘과 그의 사자들이 용으로 더불어 싸울쌔 용과 그의 사자들도 싸우나 8. 이기지 못하여 다시 하늘에서 저희의 있을 곳을 얻지 못한지라 9. 큰 용이 내어 쫓기니 옛 뱀 곧 마귀라고도 하고 사단이라고도 하는 온 천하를 꾀는 자라 땅으로 내어 쫓기니 그의 사자들도 저와 함께 내어 쫓기니라

4. 결제 받는 시기와 약속의 성취.

(합3:17-18) 비록 무화과나무가 무성치 못하며 포도나무에 열매가 없으며 감람나무에 소출이 없으며 밭에 식물이 없으며 우리에 양이 없으며 외양간에 소가 없을찌라도 18. 나는 여호와를 인하여 즐거워하며 나의 구원의 하나님을 인하여 기뻐하리로다

(계22:16~21) 나 예수는 교회들을 위하여 내 사자를 보내어 이것들을 너희에게 증거하게 하였노라 나는 다윗의 뿌리요 자손이니 곧 광명한 새벽 별이라 하시더라 17. 성령과 신부가 말씀하시기를 오라 하시는도다 듣는 자도 오라 할 것이요 목마른 자도 올 것이요 또 원하는 자는 값없이 생명수를 받으라 하시더라 18. 내가 이 책의 예언의 말씀을 듣는 각인에게 증거하노니 만일 누구든지 이것들 외에 더하면 하나님이 이 책에 기록된 재앙들을 그에게 더하실 터이요 19. 만일 누구든지 이 책의 예언의 말씀에서 제하여 버리면 하나님이 이 책에 기록된 생명 나무와 및 거룩한 성에 참예함을 제하여 버리시리라 20. 이것들을 증거하신 이가 가라사대 내가 진실로 속히 오리라 하시거늘 아멘 주 예수여 오시옵소서 21. 예수의 은혜가 모든 자들에게 있을찌어다 아멘

제48강
천국복음은 살아서 내 안에서 이룬다

제48강

천국복음은 살아서 내 안에서 이룬다

(마4:17, 23)이때부터 예수께서 비로소 전파하여 가라사대 회개하라 천국이 가까왔느니라 하시더라
23. 예수께서 온 갈릴리에 두루 다니사 저희 회당에서 가르치시며 천국 복음을 전파하시며 백성 중에 모든 병과 모든 약한 것을 고치시니
(마9:35)예수께서 모든 성과 촌에 두루 다니사 저희 회당에서 가르치시며 천국 복음을 전파하시며 모든 병과 모든 약한 것을 고치시니

(마5:3, 10)심령이 가난한 자는 복이 있나니 천국이 저희 것임이요
10. 의를 위하여 핍박을 받은 자는 복이 있나니 천국이 저희 것임이라

(마5:19-20)그러므로 누구든지 이 계명 중에 지극히 작은 것 하나라도 버리고 또 그같이 사람을 가르치는 자는 천국에서 지극히 작다 일컬음을 받을 것이요 누구든지 이를 행하며 가르치는 자는 천국에서 크다 일컬음을 받으리라 20. 내가 너희에게 이르노니 너희 의가 서기관과 바리새인보다 더 낫지 못하면 결단코 천국에 들어가지 못하리라
(마7:21~23)나더러 주여 주여 하는 자마다 천국에 다 들어갈 것이 아니요 다만 하늘에 계신 내 아버지의 뜻대로 행하는 자라야 들어가리라 22. 그 날에 많은 사람이 나더러 이르되 주여 주여 우리가 주의 이름으로 선지자 노릇하며 주의 이름으로 귀신을 쫓아 내며 주의 이름으로 많은 권능을

행치 아니하였나이까 하리니 23. 그때에 내가 저희에게 밝히 말하되 내가 너희를 도무지 알지 못하니 불법을 행하는 자들아 내게서 떠나가라 하리라

(마11:11-12) 내가 진실로 너희에게 말하노니 여자가 낳은 자 중에 세례 요한보다 큰 이가 일어남이 없도다 그러나 천국에서는 극히 작은 자라도 저보다 크니라 12. 세례 요한의 때부터 지금까지 천국은 침노를 당하나니 침노하는 자는 빼앗느니라

(마13:11, 19) 대답하여 가라사대 천국의 비밀을 아는 것이 너희에게는 허락되었으나 저희에게는 아니되었나니

19. 아무나 천국 말씀을 듣고 깨닫지 못할 때는 악한 자가 와서 그 마음에 뿌리운 것을 빼앗나니 이는 곧 길가에 뿌리운 자요

(마13:24, 31, 33, 38, 44, 45) 예수께서 그들 앞에 또 비유를 베풀어 가라사대 천국은 좋은 씨를 제 밭에 뿌린 사람과 같으니

31. 또 비유를 베풀어 가라사대 천국은 마치 사람이 자기 밭에 갖다 심은 겨자씨 한 알 같으니

33. 또 비유로 말씀하시되 천국은 마치 여자가 가루 서 말 속에 갖다 넣어 전부 부풀게 한 누룩과 같으니라

38. 밭은 세상이요 좋은 씨는 천국의 아들들이요 가라지는 악한 자의 아들들이요

44. 천국은 마치 밭에 감추인 보화와 같으니 사람이 이를 발견한 후 숨겨 두고 기뻐하여 돌아가서 자기의 소유를 다 팔아 그 밭을 샀느니라

45. 또 천국은 마치 좋은 진주를 구하는 장사와 같으니

(마13:52) 예수께서 가라사대 그러므로 천국의 제자된 서기관마다 마치 새것과 옛것을 그 곳간에서 내어오는 집주인과 같으니라

(마16:19-20)내가 천국 열쇠를 네게 주리니 네가 땅에서 무엇이든지 매면 하늘에서도 매일 것이요 네가 땅에서 무엇이든지 풀면 하늘에서도 풀리리라 하시고 20. 이에 제자들을 경계하사 자기가 그리스도인 것을 아무에게도 이르지 말라 하시니라

(마18:1~4)그때에 제자들이 예수께 나아와 가로되 천국에서는 누가 크니이까 2. 예수께서 한 어린 아이를 불러 저희 가운데 세우시고 3. 가라사대 진실로 너희에게 이르노니 너희가 돌이켜 어린 아이들과 같이 되지 아니하면 결단코 천국에 들어가지 못하리라 4. 그러므로 누구든지 이 어린아이와 같이 자기를 낮추는 그이가 천국에서 큰 자니라

(마23:13)화 있을찐저 외식하는 서기관들과 바리새인들이여 너희는 천국 문을 사람들 앞에서 닫고 너희도 들어가지 않고 들어가려 하는 자도 들어가지 못하게 하는도다

(눅17:20-21)바리새인들이 하나님의 나라가 어느 때에 임하나이까 묻거늘 예수께서 대답하여 가라사대 하나님의 나라는 볼 수 있게 임하는 것이 아니요 21. 또 여기 있다 저기 있다고도 못하리니 하나님의 나라는 너희 안에 있느니라

(롬14:7)하나님의 나라는 먹는 것과 마시는 것이 아니요 오직 성령 안에서 의와 평강과 희락이라

(딤후4:18)주께서 나를 모든 악한 일에서 건져내시고 또 그의 천국에 들어가도록 구원하시리니 그에게 영광이 세세 무궁토록 있을찌어다 아멘

(행20:24)나의 달려갈 길과 주 예수께 받은 사명 곧 하나님의 은혜의 복음 증거하는 일을 마치려 함에는 나의 생명을 조금도 귀한 것으로 여기지 아니하노라

(눅16:19~28)한 부자가 있어 자색 옷과 고운 베옷을 입고 날마다 호화로이 연락하는데 20. 나사로라 이름한 한 거지가 헌데를 앓으며 그 부자의 대문에 누워 21. 부자의 상에서 떨어지는 것으로 배불리려 하매 심지어 개들이 와서 그 헌데를 핥더라 22. 이에 그 거지가 죽어 천사들에게 받들려 아브라함의 품에 들어가고 부자도 죽어 장사되매 23. 저가 음부에서 고통 중에 눈을 들어 멀리 아브라함과 그의 품에 있는 나사로를 보고 24. 불러 가로되 아버지 아브라함이여 나를 긍휼히 여기사 나사로를 보내어 그 손가락 끝에 물을 찍어 내 혀를 서늘하게 하소서 내가 이 불꽃 가운데서 고민하나이다 25. 아브라함이 가로되 얘 너는 살았을 때에 네 좋은 것을 받았고 나사로는 고난을 받았으니 이것을 기억하라 이제 저는 여기서 위로를 받고 너는 고민을 받느니라 26. 이뿐 아니라 너희와 우리 사이에 큰 구렁이 끼어 있어 여기서 너희에게 건너가고자 하되 할 수 없고 거기서 우리에게 건너 올 수도 없게 하였느니라 27. 가로되 그러면 구하노니 아버지여 나사로를 내 아버지의 집에 보내소서 28. 내 형제 다섯이 있으니 저희에게 증거하게 하여 저희로 이 고통 받는 곳에 오지 않게 하소서

제49강
네 생물의 교회

제49강
네 생물의 교회

(계4:5~8) 보좌로부터 번개와 음성과 뇌성이 나고 보좌 앞에 일곱 등불 켠 것이 있으니 이는 하나님의 일곱 영이라 6. 보좌 앞에 수정과 같은 유리 바다가 있고 보좌 가운데와 보좌 주위에 네 생물이 있는데 앞뒤에 눈이 가득하더라 7. 그 첫째 생물은 사자 같고 그 둘째 생물은 송아지 같고 그 세째 생물은 얼굴이 사람 같고 그 네째 생물은 날아가는 독수리 같은데 8. 네 생물이 각각 여섯 날개가 있고 그 안과 주위에 눈이 가득하더라 그들이 밤낮 쉬지 않고 이르기를 거룩하다 거룩하다 거룩하다 주 하나님 곧 전능하신 이여 전에도 계셨고 이제도 계시고 장차 오실 자라 하고

1. 첫째 생물인 사자(정글의 왕)같은 신앙 상태.

(행10:11~16) 하늘이 열리며 한 그릇이 내려오는 것을 보니 큰 보자기 같고 네 귀를 매어 땅에 드리웠더라 12. 그 안에는 땅에 있는 각색 네 발 가진 짐승과 기는 것과 공중에 나는 것들이 있는데 13. 또 소리가 있으되 베드로야 일어나 잡아 먹으라 하거늘 14. 베드로가 가로되 주여 그럴수 없나이다 속되고 깨끗지 아니한 물건을 내가 언제든지 먹지 아니하였삽나이다 한 대 15. 또 두 번째 소리 있으되 하나님께서 깨끗케 하신 것을 네가 속되다 하지 말라 하더라 16. 이런 일이 세 번 있은 후 그 그릇이 곧 하늘로 올리워 가니라

2. 둘째 생물 사랑과 인애의 상징 송아지 같은 신앙 상태.

(삼상6:7~10)그러므로 새 수레를 만들고 멍에 메어 보지 아니한 젖 나는 소 둘을 끌어다가 수레를 소에 메우고 그 송아지들은 떼어 집으로 돌려 보내고 8. 여호와의 궤를 가져다가 수레에 싣고 속건제 드릴 금 보물은 상자에 담아 궤 곁에 두고 그것을 보내어 가게하고 9. 보아서 궤가 그 본 지경 길로 올라가서 벧세메스로 가면 이 큰 재앙은 그가 우리에게 내린 것이요 그렇지 아니하면 우리를 친 것이 10. 그 손이 아니요 우연히 만난 것인 줄 알리라 그 사람들이 그 같이 하여 젖 나는 소 둘을 끌어다가 수레를 메우고 송아지들은 집에 가두고

(삼상6:12-14)암소가 벧세메스 길로 바로 행하여 대로로 가며 갈 때에 울고 좌우로 치우치지 아니하였고 블레셋 방백들은 벧세메스 경계까지 따라 가니라 13. 벧세메스 사람들이 골짜기에서 밀을 베다가 눈을 들어 궤를 보고 그것의 보임을 기뻐하더니 14. 수레가 벧세메스 사람 여호수아의 밭 큰 돌 있는 곳에 이르러 선지라 무리가 수레의 나무를 패고 그 소를 번제로 여호와께 드리고

3. 셋째 생물은 얼굴은 사람 같고.

(고전13:12)우리가 이제는 거울로 보는 것 같이 희미하나 그 때에는 얼굴과 얼굴을 대하여 볼 것이요 이제는 내가 부분적으로 아나 그 때에는 주께서 나를 아신 것 같이 내가 온전히 알리라

(고후4:6)어두운 데서 빛이 비취리라 하시던 그 하나님께서 예수 그리스도의 얼굴에 있는 하나님의 영광을 아는 빛을 우리 마음에 비취셨느니라

(계7:11)모든 천사가 보좌와 장로들과 네 생물의 주위에 섰다가 보좌 앞에 엎드려 얼굴을 대고 하나님께 경배하여

(계11:16-17)하나님 앞에 자기 보좌에 앉은 이십 사 장로들이 엎드려 얼굴을 대고 하나님께 경배하여 17. 가로되 감사하옵나니 옛적에도 계셨고 시방도 계신 주 하나님 곧 전능하신이여 친히 큰 권능을 잡으시고 왕노릇 하시도다

(계22:4-5)그의 얼굴을 볼 터이요 그의 이름도 저희 이마에 있으리라 5. 다시 밤이 없겠고 등불과 햇빛이 쓸데 없으니 이는 주 하나님이 저희에게 비취심이라 저희가 세세토록 왕노릇하리로다

4. 넷째 생물은 날아가는 독수리 같고(새 중의 왕).

(신32:11-12)마치 독수리가 그 보금자리를 어지럽게 하며 그 새끼 위에 너풀거리며 그 날개를 펴서 새끼를 받으며 그 날개 위에 그것을 업는 것 같이 12. 여호와께서 홀로 그들을 인도하셨고 함께한 다른 신이 없었도다

(출19:4-5)나의 애굽 사람에게 어떻게 행하였음과 내가 어떻게 독수리 날개로 너희를 업어 내게로 인도하였음을 너희가 보았느니라 5. 세계가 다 내게 속하였나니 너희가 내 말을 잘 듣고 내 언약을 지키면 너희는 열국 중에서 내 소유가 되고

(사40:31)오직 여호와를 앙망하는 자는 새 힘을 얻으리니 독수리의 날개 치며 올라감 같을 것이요 달음박질하여도 곤비치 아니하겠고 걸어가도 피곤치 아니하리로다

✞ **(계6:1~8)**내가 보매 어린 양이 일곱 인 중에 하나를 떼시는 그 때에 내가 들으니 네 생물 중에 하나가 우레소리 같이 말하되 오라 하기로 2. 내가 이에 보니 흰 말이 있는데 그 탄 자가 활을 가졌고 면류관을 받고 나가서 이기고 또 이기려고 하더라

1) **(계6:1)**첫째 인을 떼실 그때에 흰말을 탄 자가 되고자 하면 우뢰소리(천사장의 소리)같이 말하되, 우뢰소리를 듣는 자가 우레소리를 발할 수 있다.

(요12:28~32)아버지여 아버지의 이름을 영광스럽게 하옵소서 하시니 이에 하늘에서 소리가 나서 가로되 내가 이미 영광스럽게 하였고 또 다시 영광스럽게 하리라 하신대 29. 곁에 서서 들은 무리는 우뢰가 울었다고도 하며 또 어떤이들은 천사가 저에게 말하였다고도 하니 30. 예수께서 대답하여 가라사대 이 소리가 난 것은 나를 위한 것이 아니요 너희를 위한 것이니라 31. 이제 이 세상의 심판이 이르렀으니 이 세상 임금이 쫓겨나리라 32. 내가 땅에서 들리면 모든 사람을 내게로 이끌겠노라 하시니

(계10:3-4)사자의 부르짖는것 같이 큰 소리로 외치니 외칠 때에 일곱 우뢰가 그 소리를 발하더라 4. 일곱 우뢰가 발할 때에 내가 기록하려고 하다가 곧 들으니 하늘에서 소리나서 말하기를 일곱 우뢰가 발한 것을 인봉하고 기록하지 말라 하더라

2) **(계6:3)**둘째 인을 떼실 그때에 내가 들으니 둘째 생물이 말하되 오라 하더니 이에 붉은(예수 피를 가장하여 위화된 교리) 다른 말이 나오더라 그 탄 자가 허락을 받아 땅에서 화평을 제하여 버리며 서로 죽이게 하고 또 큰 칼을 받았더라

(계12:3-4)하늘에 또 다른 이적이 보이니 보라 한 큰 붉은 용이 있어 머리가 일곱이요 뿔이 열이라 그 여러 머리에 일곱 면류관이 있는데 4.그 꼬리가 하늘 별 삼분의 일을 끌어다가 땅에 던지더라 용이 해산하려는 여자 앞에서 그가 해산하면 그 아이를 삼키고자 하더니

3) **(계6:5)**세째 인을 떼실 그때에 내가 들으니 세째 생물이 말하되 오라

하기로 내가 보니 검은 말이 나오는데 그 탄 자가 손에 저울을 가졌더라

(계6:6) 내가 네 생물 사이로서 나는 듯하는 음성을 들으니 가로되 한 데나리온에 밀 한 되요 한 데나리온에 보리 석 되로다 또 감람유와 포도주는 해치 말라 하더라(기름 발리운 자만 해함을 당하지 않는다.)

(요1서2:20, 27) 20. 너희는 거룩하신 자에게서 기름 부음을 받고 모든 것을 아느니라

27. 너희는 주께 받은바 기름 부음이 너희 안에 거하나니 아무도 너희를 가르칠 필요가 없고 오직 그의 기름 부음이 모든 것을 너희에게 가르치며

(슥4:11~14) 내가 그에게 물어 가로되 등대 좌우의 두 감람나무는 무슨 뜻이니이까 하고 12. 다시 그에게 물어 가로되 금 기름을 흘려내는 두 금관 옆에 있는 이 감람나무 두 가지는 무슨 뜻이니이까 13. 그가 내게 대답하여 가로되 네가 이것이 무엇인지 알지 못하느냐 대답하되 내 주여 알지 못하나이다 14. 가로되 이는 기름 발리운 자 둘이니 온 세상의 주 앞에 모셔 섰는 자니라 하더라

(시62:9) 실로 천한 자도 헛되고 높은 자도 거짓되니 저울에 달면 들려 입김보다 경하리로다

(욥31:6) 그리하였으면 내가 공평한 저울에 달려서 하나님이 나의 정직함을 아시게 되기를 원하노라

(단5:24-27) 이러므로 그의 앞에서 이 손가락이 나와서 이 글을 기록하였나이다 25. 기록한 글자는 이것이니 곧 메네 메네 데겔 우바르신이라 26. 그 뜻을 해석하건대 메네는 하나님이 이미 왕의 나라의 시대를 세어서 그것을 끝나게 하셨다 함이요 27. 데겔은 왕이 저울에 달려서 부족함이 뵈었다 함이요

4) **(계6:7-8)** 네째 인을 떼실 그때에 내가 네째 생물의 음성을 들으니 가로되 오라 하기로 8. 내가 보매 청황색(섞인 말씀, 청색도, 황색도 맞다는 교리) 말이 나오는데 그 탄 자의 이름은 사망이니 음부가 그 뒤를 따르더라

저희가 땅 사분 일의 권세를 얻어 검과 흉년과 사망과 땅의 짐승으로써 죽이더라

(계13:15~18) 저가 권세를 받아 그 짐승의 우상에게 생기를 주어 그 짐승의 우상으로 말하게 하고 또 짐승의 우상에게 경배하지 아니하는 자는 몇이든지 다 죽이게 하더라 16. 저가 모든 자 곧 작은 자나 큰 자나 부자나 빈궁한 자나 자유한 자나 종들로 그 오른손에나 이마에 표를 받게 하고 17. 누구든지 이 표를 가진 자 외에는 매매를 못하게 하니 이 표는 곧 짐승의 이름이나 그 이름의 수라 18. 지혜가 여기 있으니 총명 있는 자는 그 짐승의 수를 세어 보라 그 수는 사람의 수니 육백 육십육이니라

♧ 짐승의 수에서 이을 떼고 벗어나서 하나님의 인**(계14:1-6)**을 맞지 못하면 다 죽임을 당하고 죄에서**(롬6:23 죄의 삯은 사망)** 벗어나지 못한다.

제50강
교회란? 3번 창조된 자. 어린양, 예수

제50강

교회란? 3번 창조된 자. 어린양, 예수

⋮

1. 교회란? 하나님의 인격의 성분으로 채워지는 것입니다.

(계22:16-17)나 예수는 교회들을 위하여 내 사자를 보내어 이것들을 너희에게 증거하게 하였노라 나는 다윗의 뿌리요 자손이니 곧 광명한 새벽별이라 히시더라 17. 성령과 신부가 말씀히시기를 오리 히시는도다 듣는 자도 오라 할 것이요 목마른 자도 올 것이요 또 원하는 자는 값없이 생명수를 받으라 하시더라

(계7:10~14)큰 소리로 외쳐 가로되 구원하심이 보좌에 앉으신 우리 하나님과 어린 양에게 있도다 하니 11. 모든 천사가 보좌와 장로들과 네 생물의 주위에 섰다가 보좌 앞에 엎드려 얼굴을 대고 하나님께 경배하여 12. 가로되 아멘 찬송과 영광과 지혜와 감사와 존귀와 능력과 힘이 우리 하나님께 세세토록 있을찌로다 아멘 하더라 13. 장로 중에 하나가 응답하여 내게 이르되 이 흰옷 입은 자들이 누구며 또 어디서 왔느뇨 14. 내가 가로되 내 주여 당신이 알리이다 하니 그가 나더러 이르되 이는 큰 환난에서 나오는 자들인데 어린양의 피에 그 옷을 씻어 희게 하였느니라

2. 우리 안에서 물로 씻어 말씀으로 거룩하게 교훈하신다.

(벧전1:3~5)찬송하리로다 우리 주 예수 그리스도의 아버지 하나님이 그 많으신 긍휼대로 예수 그리스도의 죽은 자 가운데서 부활하심으로 말미암아 우리를 거듭나게 하사 산 소망이 있게 하시며 4. 썩지 않고 더럽지 않고 쇠하지 아니하는 기업을 잇게 하시나니 곧 너희를 위하여 하늘에 간직하신 것이라 5. 너희가 말세에 나타내기로 예비하신 구원을 얻기 위하여 믿음으로 말미암아 하나님의 능력으로 보호하심을 입었나니

(벧전3:21)물은 예수 그리스도의 부활하심으로 말미암아 이제 너희를 구원하는 표니 곧 세례라 육체의 더러운 것을 제하여 버림이 아니요 오직 선한 양심이 하나님을 향하여 찾아가는 것이라

(엡5:26-27)이는 곧 물로 씻어 말씀으로 깨끗하게 하사 거룩하게 하시고 27. 자기 앞에 영광스러운 교회로 세우사 티나 주름잡힌 것이나 이런 것들이 없이 거룩하고 흠이 없게 하려 하심이니라

(사54:13)네 모든 자녀는 여호와의 교훈을 받을 것이니 네 자녀는 크게 평강할 것이며

(요6:44~46)나를 보내신 아버지께서 이끌지 아니하면 아무라도 내게 올 수 없으니 오는 그를 내가 마지막 날에 다시 살리리라 45. 선지자의 글에 저희가 다 하나님의 가르치심을 받으리라 기록되었은즉 아버지께 듣고 배운 사람마다 내게로 오느니라 46. 이는 아버지를 본 자가 있다는 것이 아니라 오직 하나님에게서 온 자만 아버지를 보았느니라

(갈1:12)이는 내가 사람에게서 받은 것도 아니요 배운 것도 아니요 오직 예수 그리스도의 계시로 말미암은 것이라.

3. 하나님의 성전은 하나님이 거룩하게 관리하신다.

(고전3:16-17) 너희가 하나님의 성전인 것과 하나님의 성령이 너희 안에 거하시는 것을 알지 못하느뇨 17. 누구든지 하나님의 성전을 더럽히면 하나님이 그 사람을 멸하시리라 하나님의 성전은 거룩하니 너희도 그러하니라

(고전6:19-20) 너희 몸은 너희가 하나님께로부터 받은바 너희 가운데 계신 성령의 전인 줄을 알지 못하느냐 너희는 너희의 것이 아니라 20. 값으로 산 것이 되었으니 그런즉 너희 몸으로 하나님께 영광을 돌리라

(벧전1:15-16) 오직 너희를 부르신 거룩한 자처럼 너희도 모든 행실에 거룩한 자가 되라 16. 기록하였으되 내가 거룩하니 너희도 거룩할찌어다 하셨느니라

4. 세 번 창조 받은 사람이 어린양, 주 예수다.

(요21:15~17) 3번 창조 받은 사람이 어린양, 주 예수.

15. 저희가 조반 먹은 후에 예수께서 시몬 베드로에게 이르시되 요한의 아들 시몬아 네가 이 사람들보다 나를 더 사랑하느냐 하시니 가로되 주여 그러하외다 내가 주를 사랑하는 줄 주께서 아시나이다 가라사대 내 어린양을 먹이라 하시고 16. 또 두 번째 가라사대 요한의 아들 시몬아 네가 나를 사랑하느냐 하시니 가로되 주여 그러하외다 내가 주를 사랑하는 줄 주께서 아시나이다 가라사대 내 양을 치라 하시고 17. 세 번째 가라사대 요한의 아들 시몬아 네가 나를 사랑하느냐 하시니 주께서 세 번째 네가 나를 사랑하느냐 하시므로 베드로가 근심하여 가로되 주여 모든 것을 아시오매 내가 주를 사랑하는 줄을 주께서 아시나이다 예수께서 가라사대 내 양을 먹이라

✝ 교회는? 예수로 말미암아 주 예수들이 모인 곳입니다.

(사28:11)그러므로 생소한 입술과 방언으로 말씀하시리라

(사28:13)여호와께서 그들에게 말씀하시되 경계에 경계를 더하며 경계에 경계를 더하며 교훈에 교훈을 더하며 교훈에 교훈을 더하고 여기서도 조금, 저기서도 조금 하사 그들로 가다가 뒤로 넘어져 부러지며 걸리며 잡히게 하시리라

1) 첫 번째 창조

(창2:7~8)여호와 하나님이 흙으로 사람을 지으시고 생기를 그 코에 불어 넣으시니 사람이 생령이 된지라 8. 여호와 하나님이 동방의 에덴에 동산을 창설하시고 그 지으신 사람을 거기 두시고

(요14:20)그날에는 내가 아버지 안에 너희가 내 안에 내가 너희 안에 있는 것을 너희가 알리라

(마1:18~21)예수 그리스도의 나심은 이러하니라 그 모친 마리아가 요셉과 정혼하고 동거하기 전에 성령으로 잉태된 것이 나타났더니 19. 그 남편 요셉은 의로운 사람이라 저를 드러내지 아니하고 가만히 끊고자하여 20. 이 일을 생각할 때에 주의 사자가 현몽하여 가로되 다윗의 자손 요셉아 네 아내 마리아 데려오기를 무서워 말라 저에게 잉태된 자는 성령으로 된 것이라 21. 아들을 낳으리니 이름을 예수라 하라 이는 그가 자기 백성을 저희 죄에서 구원할 자이심이라 하니라

(요1:29)세상 죄를 지고 가는 어린양이로다

(슥11:17)화 있을진저 양떼를 버린 못된 목자여 칼이 그 팔에, 우편 눈에 임하리니 그 팔이 아주 마르고 그 우편 눈이 아주 어두우리라

(마25:32-33)모든 민족을 그 앞에 모으고 각각 분별하기를 목자가 양과

염소를 분별하는것 같이 하여 33. 양은 그 오른편에, 염소는 왼편에 두리라
(마25:46)저희는 영벌에, 의인들은 영생에 들어가리라 하시니라

✞ **목사를 세운 이유? (엡4:11-12)**그가 혹은 사도로, 혹은 선지자로, 혹은 복음 전하는 자로, 혹은 목사와 교사로 주셨으니 12. 이는 성도를 온전케 하며 봉사의 일을 하게 하며 그리스도의 몸을 세우려 하심이라
(요21:15)시몬 갈대를 반석 베드로. 목사 양을 치라 한 예수는 아버지께로… 양을 치라(가르치라) 먹이라(깨닫게 하라)

2) 두 번째 창조.

(골1:26-27)이 비밀은 만세와 만대로부터 옴으로 감취었던 것인데 이제는 그의 성도들에게 나타났고 27. 하나님이 그들로 하여금 이 비밀의 영광이 이방인 가운데 어떻게 풍성한 것을 알게 하려하심이라 이 비밀은 너희 안에 계신 그리스도시니 곧 영광의 소망이니라

(렘3:14)배역한 자식들아 돌아오라 내가 네 남편이라

(렘31:22)패역한 딸아 네가 어느 때까지 방황하겠느냐 여호와가 새 일을 세상에 창조하였나니 곧 여자가 남자를 안으리라

(고후11:2)내가 너를 정결한 처녀로 한 남편인 그리스도께 드리려고 중매함이로다

(엡1:22-23)또 만물을 그 발 아래 복종하게 하시고 그를 만물 위에 교회의 머리로 주셨느니라 교회는 그의 몸이니 만물 안에서 만물을 충만케 하시는 자의 충만이니라

(고전2:7)오직 비밀한 가운데 있는 하나님의 지혜를 말하는 것이니 곧 감취었던 것인데 하나님이 우리의 영광을 위하사 만세 전에 미리 정하신 것이라

(롬8:9~11)만일 너희 속에 하나님의 영이 거하시면 너희가 육신에 있지 아니하고 영에 있나니 누구든지 그리스도의 영이 없으면 그리스도의 사람이 아니라 10. 또 그리스도께서 너희 안에 계시면 몸은 죄로 인하여 죽은 것이나 영은 의를 인하여 산 것이니라 11. 예수를 죽은 자 가운데서 살리신 이의 영이 너희 안에 거하시면 그리스도 예수를 죽은 자 가운데서 살리신 이가 너희 안에 거하시는 그의 영으로 말미암아 너희 죽을 몸도 살리시리라

3) 세 번째 창조.

(계21:1~4)또 내가 새 하늘과 새 땅을 보니 처음 하늘과 처음 땅이 없어졌고 바다도 다시 있지 않더라 2. 또 내가 보매 거룩한 성 새 예루살렘이 하나님께로부터 하늘에서 내려오니 그 예비한 것이 신부가 남편을 위하여 단장한 것 같더라

(마24:37~39)노아의 때와 같이 인자의 임함도 그러하리라 38. 홍수 전에 노아가 방주에 들어가던 날까지 사람들이 먹고 마시고 장가 들고 시집가고 있으면서 39. 홍수가 나서 저희를 다 멸하기까지 깨닫지 못하였으니 인자의 임함도 이와 같으리라

(히9:27-28)한번 죽는 것은 사람에게 정하신 것이요 그 후에는 심판이 있으리니 28. 이와 같이 그리스도도 많은 사람의 죄를 담당하시려고 단번에 드리신바 되셨고 구원에 이르게 하기 위하여 죄와 상관 없이 자기를 바라는 자들에게 두번째 나타나시리라

(고후5:17)그런즉 누구든지 그리스도 안에 있으면 새로운 피조물이라 이전 것은 지나갔으니 보라 새것이 되었도다

(요10:34-35)예수께서 가라사대 너희 율법에 기록한바 내가 너희를 신이라 하였노라 하지 아니하였느냐 35. 성경은 폐하지 못하나니 하나님의 말씀을 받은 사람들을 신이라 하셨거든

(고전8:5-6)비록 하늘에나 땅에나 신이라 칭하는 자가 있어 많은 신과 많은 주가 있으나 6. 그러나 우리에게는 한 하나님 곧 아버지가 계시니 만물이 그에게서 났고 우리도 그를 위하며 또한 한 주 예수 그리스도께서 계시니 만물이 그로 말미암고 우리도 그로 말미암았느니라

제51강
하늘과 하늘들과 하늘 위의 하늘

제51강
하늘과 하늘들과 하늘 위의 하늘

⋮

(엡4:9-10)올라가셨다 하였은즉 땅 아랫곳으로 내리셨던 것이 아니면 무엇이냐 19. 내리셨던 그가 곧 "모든 하늘"위에 오르신 자니 이는 만물을 충만케 하려 하심이니라 (원리 원 예수 그리스도는 단수 하늘을 불로 멸해 없애고 모든 하늘을 세우기 위함.)

(왕상8:27)하나님이 참으로 땅에 거하시리이까 하늘과 하늘들의 하늘이라도 주를 용납지 못하겠거든 하물며 내가 건축한 이 전이오리이까
 (행3:20)또 주께서 너희를 위하여 예정하신 그리스도 곧 예수를 보내시리니
 (대하2:6)누가 능히 하나님을 위하여 전을 건축하리요 하늘과 하늘들의 하늘이라도 주를 용납지 못하겠거든 내가 누구관대 어찌 능히 위하여 전을 건축하리요 그 앞에 분향하려 할 따름이니이다
 (느9:6)오직 주는 여호와시라 하늘과 하늘들의 하늘과 일월 성신과 땅과 땅 위의 만물과 바다와 그 가운데 모든 것을 지으시고 다 보존하시오니 모든 천군이 주께 경배하나이다(하늘 위의 하늘은? 아버지께서 가르치고 다스려서 아버지의 생명에 의해 구성된 상태.)

(사66:1)여호와께서 이같이 말씀하시되 하늘은 나의 보좌요 땅은 나의 발등상이니 너희가 나를 위하여 무슨 집을 지을꼬 나의 안식할 처소가 어디랴
 (행7:49-50)주께서 가라사대 하늘은 나의 보좌요 땅은 나의 발등상이니

너희가 나를 위하여 무슨 집을 짓겠으며 나의 안식할 처소가 어디뇨 50. 이 모든 것이 다 내 손으로 지은 것이 아니냐 함과 같으니라

(벧후3:7~13) 이제 하늘과 땅은 그 동일한 말씀으로 불사르기 위하여 간수하신바 되어 경건치 아니한 사람들의 심판과 멸망의 날까지 보존하여 두신 것이니라 8.사랑하는 자들아 주께는 하루가 천년 같고 천년이 하루 같은 이 한 가지를 잊지 말라 9. 주의 약속은 어떤 이의 더디다고 생각하는 것 같이 더딘 것이 아니라 오직 너희를 대하여 오래 참으사 아무도 멸망치 않고 다 회개하기에 이르기를 원하시느니라 10. 그러나 주의 날이 도적 같이 오리니 그 날에는 하늘이 큰 소리로 떠나 가고 체질이 뜨거운 불에 풀어지고 땅과 그 중에 있는 모든 일이 드러나리로다 11. 이 모든 것이 이렇게 풀어지리니 너희가 어떠한 사람이 되어야 마땅하뇨 거룩한 행실과 경건함으로 12. 하나님의 날이 임하기를 바라보고 간절히 사모하라 그 날에 하늘이 불에 타서 풀어지고 체질이 뜨거운 불에 녹아지려니와 13. 우리는 그의 약속대로 의의 거하는바 새 하늘과 새 땅을 바라보도다

(행1:9~11) 이 말씀을 마치시고 저희 보는 데서 올리워 가시니 구름이 저를 가리워 보이지 않게 하더라 (사람 안으로 들어오시면 양육이 되어 하나님께 배워야 하나님 인격이 나온다.) 10. 올라가실 때에 제자들이 자세히 하늘을 쳐다 보고 있는데 흰옷 입은 두 사람이 저희 곁에 서서 11. 가로되 갈릴리 사람들아 어찌하여 서서 하늘을 쳐다 보느냐 너희 가운데서 하늘로 올리우신 이 예수는 하늘로 가심을 본 그대로 오시리라 하였느니라

(막16:7) 가서 그의 제자들과 베드로에게 이르기를 예수께서 너희보다 먼저 갈릴리로 가시나니 전에 너희에게 말씀하신대로 너희가 거기서 뵈오리라 하라 하는지라

(막16:12) 그 후에 저희 중 두 사람이 걸어서 시골로 갈때에 예수께서 다른 모양으로 저희에게 나타나시니

(말2:15)여호와는 영이 유여하실찌라도 오직 하나를 짓지 아니하셨느냐 어찌하여 하나만 지으셨느냐 이는 경건한 자손을 얻고자 하심이니라

제52강
봉함된 말씀이 열리는 시기와 때

제52강
봉함된 말씀이 열리는 시기와 때

1. 영생의 말씀과 계시의 말씀은 봉함되어 있다.

(사8:16)너는 증거의 말씀을 싸매며 율법을 나의 제자 중에 봉함하라

(사29:11-12)그러므로 모든 묵시가 너희에게는 마치 봉한 책의 말이라 그것을 유식한 자에게 주며 이르기를 그대에게 청하노니 이를 읽으라 하면 대답하기를 봉하였으니 못하겠노라 할 것이요 12. 또 무식한 자에게 주며 이르기를 그대에게 청하노니 이를 읽으라 하면 대답하기를 나는 무식하다 할 것이니라

(호13:2)에브라임의 불의가 봉함되었고 그 죄가 저장되었나니

✚ 영적 전쟁(아마겟돈)에 승리한 자만이 인을 뗄 수 있고 봉함된 말씀을 열 수가 있다. (유대 지파의 사자 다윗의 뿌리가 이길 수 있는 자격자입니다.)

(계5:1~7)내가 보매 보좌에 앉으신 이의 오른손에 책이 있으니 안팎으로 썼고 일곱 인으로 봉하였더라 2. 또 보매 힘 있는 천사가 큰 음성으로 외치기를 누가 책을 펴며 그 인을 떼기에 합당하냐 하니 3. 하늘 위에나 땅 위에나 땅 아래에 능히 책을 펴거나 보거나 할 이가 없더라 4. 이 책을 펴거나 보거나 하기에 합당한 자가 보이지 않기로 내가 크게 울었더니 5. 장로 중에 하나가 내게 말하되 울지 말라 유대 지파의 사자 다윗의 뿌리가 이기었으니

이 책과 그 일곱 인을 떼시리라 하더라 6. 내가 또 보니 보좌와 네 생물과 장로들 사이에 어린 양이 섰는데 일찍 죽임을 당한 것 같더라 일곱 뿔과 일곱 눈이 있으니 이 눈은 온 땅에 보내심을 입은 하나님의 일곱 영이더라 7. 어린 양이 나아와서 보좌에 앉으신 이의 오른손에서 책을 취하시니라

2. 봉함된 말씀은 마지막 날 될 때 인자가 임한다.

(마24:37~39)그러나 그 날과 그 때는 아무도 모르나니 하늘의 천사들도, 아들도 모르고 오직 아버지만 아시느니라 37. 노아의 때와 같이 인자의 임함도 그러하리라 38. 홍수 전에 노아가 방주에 들어가던 날까지 사람들이 먹고 마시고 장가 들고 시집 가고 있으면서 39. 홍수가 나서 저희를 다 멸하기까지 깨닫지 못하였으니 인자의 임함도 이와 같으리라 (인자의 임함은 첫 사람 아담이 다 멸하기까지 깨닫지 못한다.)

(마24:29~35)그 날 환난 후에 즉시 해가 어두워지며 달이 빛을 내지 아니하며 별들이 하늘에서 떨어지며 하늘의 권능들이 흔들리리라

30. 그 때에 인자의 징조가 하늘에서 보이겠고 그 때에 땅의 모든 족속들이 통곡하며 그들이 인자가 구름을 타고 능력과 큰 영광으로 오는 것을 보리라 31. 저가 큰 나팔소리와 함께 천사들을 보내리니 저희가 그 택하신 자들을 하늘 이 끝에서 저 끝까지 사방에서 모으리라

32. 무화과나무의 비유를 배우라 그 가지가 연하여지고 잎사귀를 내면 여름이 가까운 줄을 아나니 33. 이와 같이 너희도 이 모든 일을 보거든 인자가 가까이 곧 문앞에 이른줄 알라 34. 내가 진실로 너희에게 말하노니 이 세대가 지나가기 전에 이 일이 다 이루리라

35. 천지는 없어지겠으나 내 말은 없어지지 아니하리라

(갈3:23~27)믿음이 오기 전에 우리가 율법 아래 매인바 되고 계시될 믿음의 때까지 갇혔느니라 24. 이같이 율법이 우리를 그리스도에게로 인도하는 몽학선생이 되어 우리로 하여금 믿음으로 말미암아 의롭다 함을 얻게 하려 함이니라 25. 믿음이 온 후로는 우리가 몽학선생 아래 있지 아니하도다 26. 너희가 다 믿음으로 말미암아 그리스도 예수 안에서 하나님의 아들이 되었으니 27. 누구든지 그리스도와 합하여 세례를 받은 자는 그리스도로 옷 입었느니라

(마11:27)내 아버지께서 모든 것을 내게 주셨으니 아버지 외에는 아들을 아는 자가 없고 아들과 또 아들의 소원대로 계시를 받는 자 외에는 아버지를 아는 자가 없느니라

(눅24:44~49)또 이르시되 내가 너희와 함께 있을 때에 너희에게 말한바 곧 모세의 율법과 선지자의 글과 시편에 나를 가리켜 기록된 모든 것이 이루어져야 하리라 한 말이 이것이라 하시고 45. 이에 저희 마음을 열어 성경을 깨닫게 하시고 46. 이르시되 이같이 그리스도가 고난을 받고 제 삼일에 죽은 자 가운데서 살아날 것과 47. 또 그의 이름으로 죄 사함을 얻게 하는 회개가 예루살렘으로부터 시작하여 모든 족속에게 전파될 것이 기록되었으니 48. 너희는 이 모든 일의 증인이라 49. 볼찌어다 내가 내 아버지의 약속하신 것을 너희에게 보내리니 너희는 위로부터 능력을 입히울 때까지 이 성에 유하라 하시니라

(빌3:8~12)또한 모든 것을 해로 여김은 내 주 그리스도 예수를 아는 지식이 가장 고상함을 인함이라 내가 그를 위하여 모든 것을 잃어버리고 배설물로 여김은 그리스도를 얻고 9. 그 안에서 발견되려 함이니 내가 가진 의는 율법에서 난 것이 아니요 오직 그리스도를 믿음으로 말미암은 것이니 곧 믿음으로 하나님께로서 난 의라 10. 내가 그리스도와 그 부활의 권능과 그 고난에 참예함을 알려하여 그의 죽으심을 본받아 11. 어찌하든지 죽은

자 가운데서 부활에 이르려 하노니

 (계19:11~14)또 내가 하늘이 열린 것을 보니 보라 백마와 탄 자가 있으니 그 이름은 충신과 진실이라 그가 공의로 심판하며 싸우더라 12. 눈이 불꽃 같고 그 머리에 많은 면류관이 있고 또 이름 쓴 것이 하나가 있으니 자기 밖에 아는 자가 없고 13. 또 그가 피 뿌린 옷을 입었는데 그 이름은 하나님의 말씀이라 칭하더라 14. 하늘에 있는 군대들이 희고 깨끗한 세마포를 입고 백마를 타고 그를 따르더라 15. 그의 입에서 이한 검이 나오니 그것으로 만국을 치겠고 친히 저희를 철장으로 다스리며 또 친히 하나님 곧 전능하신 이의 맹렬한 진노의 포도주 틀을 밟겠고 16. 그 옷과 그 다리에 이름 쓴 것이 있으니 만왕의 왕이요 만주의 주라 하였더라

3. (봉함된)예언의 말씀이 열리는 시기와 때.

 (단9:24)네 백성과 네 거룩한 성을 위하여 칠십 이레로 기한을 정하였나니 허물이 마치며 죄가 끝나며 죄악이 영속되며 영원한 의가 드러나며 이상과 예언이 응하며 또 지극히 거룩한 자가 기름부음을 받으리라

 (요1서2:20)너희는 거룩하신 자에게서 기름 부음을 받고 모든 것을 아느니라

 (요1서2:27)너희는 주께 받은바 기름 부음이 너희 안에 거하나니 아무도 너희를 가르칠 필요가 없고 오직 그의 기름 부음이 모든 것을 너희에게 가르치며 또 참되고 거짓이 없으니 너희를 가르치신 그대로 주 안에 거하라

 (계22:10)또 내게 말하되 이 책의 예언의 말씀을 인봉하지 말라 때가 가까우니라

 (계22:12~14)보라 내가 속히 오리니 내가 줄 상이 내게 있어 각 사람에

게 그의 일한대로 갚아 주리라 13. 나는 알파와 오메가요 처음과 나중이요 시작과 끝이라 14. 그 두루마기를 빠는 자들은 복이 있으니 이는 저희가 생명 나무에 나아가며 문들을 통하여 성에 들어갈 권세를 얻으려 함이로다

(계22:7)보라 내가 속히 오리니 이 책의 예언의 말씀을 지키는 자가 복이 있으리라 하더라

(계14:6)또 보니 다른 천사가 공중에 날아가는데 땅에 거하는 자들 곧 여러 나라와 족속과 방언과 백성에게 전할 영원한 복음을 가졌더라

(단12:2~4)땅의 티끌 가운데서 자는 자 중에 많이 깨어 영생을 얻는 자도 있겠고 수욕을 받아서 무궁히 부끄러움을 입을 자도 있을 것이며 3. 지혜 있는 자는 궁창의 빛과 같이 빛날 것이요 많은 사람을 옳은 데로 돌아오게 한 자는 별과 같이 영원토록 비취리라 4. 다니엘아 마지막 때까지 이 말을 간수하고 이 글을 봉함하라 많은 사람이 빨리 왕래하며 지식이 더하리라

(단12:7~9)내가 들은즉 그 세마포 옷을 입고 강물 위에 있는 자가 그 좌우 손을 들어 하늘을 향하여 영생하시는 자를 가리켜 맹세하여 가로되 반드시 한때 두때 반때를 지나서 성도의 권세가 다 깨어지기까지니 그렇게 되면 이 모든 일이 다 끝나리라 하더라 8. 내가 듣고도 깨닫지 못한지라 내가 가로되 내 주여 이 모든 일의 결국이 어떠하겠삽나이까 9. 그가 가로되 다니엘아 갈찌어다 대저 이 말은 마지막 때까지 간수하고 봉함할 것임이니라

(마6:33)너희는 먼저 그의 나라와 그의 의를 구하라 그리하면 이 모든 것을 너희에게 더하시리라

(단12:10~12)많은 사람이 연단을 받아 스스로 정결케 하며 희게 할 것이나 악한 사람은 악을 행하리니 악한 자는 아무도 깨닫지 못하되 오직 지혜 있는 자는 깨달으리라 11. 매일 드리는 제사를 폐하며 멸망케 할 미운 물건을 세울 때부터 일천 이백 구십일을 지낼 것이요 12. 기다려서 일천 삼백 삼십 오일까지 이르는 그 사람은 복이 있으리라

제53강
예수 그리스도의 계시의 말씀
(계시록 강해)

제53강

예수 그리스도의 계시의 말씀(계시록 강해)

⁂

✞ **(계1:1~3)**예수 그리스도의 계시라.
1. 이는 하나님이 그에게 주사 반드시 속히 될 일을 그 종들에게 보이시려고 그 천사를 그 종 요한에게 보내어 지시하신 것이라 2. 요한은 하나님의 말씀과 예수 그리스도의 증거 곧 자기의 본 것을 다 증거하였느니라 3. 이 예언의 말씀을 읽는 자와 듣는 자들과 그 가운데 기록한 것을 지키는 자들이 복이 있나니 때가 가까움이라

(엡1:17)우리 주 예수 그리스도의 하나님, 영광의 아버지께서 지혜와 계시의 정신을 너희에게 주사 하나님을 알게 하시고

(눅10:21-22)이 때에 예수께서 성령으로 기뻐하사 가라사대 천지의 주재이신 아버지여 이것을 지혜롭고 슬기있는 자들에게는 숨기시고 어린 아이들에게는 나타내심을 감사하나이다 옳소이다 이렇게 된 것이 아버지의 뜻이니이다 22. 내 아버지께서 모든 것을 내게 주셨으니 아버지 외에는 아들이 누군지 아는 자가 없고 아들과 또 아들의 소원대로 계시를 받는 자 외에는 아버지가 누군지 아는 자가 없나이다 하시고

(갈1:12)이는 내가 사람에게서 받은 것도 아니요 배운 것도 아니요 오직 예수 그리스도의 계시로 말미암은 것이라

(계1:7-9)볼찌어다 구름을 타고 오시리라 각인의 눈이 그를 보겠고 그를 찌른 자들도 볼 터이요 땅에 있는 모든 족속이 그를 인하여 애곡하리니 그

러하리라 아멘 8. 주 하나님이 가라사대 나는 알파와 오메가라 이제도 있고 전에도 있었고 장차 올 자요 전능한 자라 하시더라 9. 나 요한은 너희 형제요 예수의 환난과 나라와 참음에 동참하는 자라 하나님의 말씀과 예수의 증거를 인하여 밧모라 하는 섬에 있었더니

(계1:12~18) 12. 몸을 돌이켜 나더러 말한 음성을 알아 보려고 하여 돌이킬 때에 일곱 금 촛대를 보았는데 13. 촛대 사이에 인자 같은 이가 발에 끌리는 옷을 입고 가슴에 금띠를 띠고 14. 그 머리와 털의 희기가 흰 양털 같고 눈 같으며 그의 눈은 불꽃 같고 15. 그의 발은 풀무에 단련한 빛난 주석 같고 그의 음성은 많은 물 소리와 같으며 16. 그 오른손에 일곱 별이 있고 그 입에서 좌우에 날선 검이 나오고 그 얼굴은 해가 힘있게 비취는것 같더라 17. 내가 볼때에 그 발앞에 엎드러져 죽은 자 같이 되매 그가 오른손을 내게 얹고 가라사대 두려워 말라 나는 처음이요 나중이니 18. 곧 산 자라 내가 전에 죽었었노라 볼찌어다 이제 세세토록 살아 있어 사망과 음부의 열쇠를 가졌노니 19. 그러므로 네 본 것과 이제 있는 일과 장차 될 일을 기록하라

✞ 요한은 밧모(송진)라 하는 섬에 정배 가서 계시받고 그 발 앞에 엎드려져 죽은 자 같이 되매 그 어깨에 오른손을 얹고(천사의 대행) 두려워 말라 나는 처음이요 나중이니 곧 산자라 내가 전에 죽었었노라.

(계1:10-11) 주의 날에 내가 성령에 감동하여 내 뒤에서 나는 나팔 소리 같은 큰 음성을 들으니 11. 가로되 너 보는 것을 책에 써서 에베소, 서머나, 버가모, 두아디라, 사데, 빌라델비아, 라오디게아 일곱 교회에 보내라 하시기로

⇧ 소아시아 일곱 교회 전부가 잘못된 교리와 신앙에서 내 안에 일곱 교회를 다시 세워야 합니다.

1. 에베소 교회.

(계2:1~7)에베소 교회의 사자에게 편지하기를 오른손에 일곱 별을 붙잡고 일곱 금 촛대 사이에 다니시는 이가 가라사대 2. 내가 네 행위와 수고와 네 인내를 알고 또 악한 자들을 용납지 아니한 것과 자칭 사도라 하되 아닌 자들을 시험하여 그 거짓된 것을 네가 드러낸 것과 3. 또 네가 참고 내 이름을 위하여 견디고 게으르지 아니한 것을 아노라 4. 그러나 너를 책망할 것이 있나니 너의 처음 사랑을 버렸느니라

⇧ 처음 사랑을 회복하지 못하면 하나님께 책망을 받게 됩니다.
5절 말씀과 같이 회개하여 돌이키지 아니하면 하나님의 진노가 임하여 네 촛대를 그 자리에서 옮기리라고 말씀합니다.

5. 그러므로 어디서 떨어진 것을 생각하고 회개하여 처음 행위를 가지라 만일 그리하지 아니하고 회개치 아니하면 내가 네게 임하여 네 촛대를 그 자리에서 옮기리라 6. 오직 네게 이것이 있으니 네가 니골라당 일곱 집사 중 하나 니골라 집사)의 행위를 미워하는도다 나도 이것을 미워하노라 7. 귀 있는 자는 성령이 교회들에게 하시는 말씀을 들을찌어다 이기는 그에게는 내가 하나님의 낙원에 있는 생명나무의 과실을 주어 먹게 하리라

2. 서머나 교회.

(계2:8~10)서머나 교회의 사자에게 편지하기를 처음이요 나중이요 죽었다가 살아나신 이가 가라사대 9. 내가 네 환난과 궁핍을 아노니 실상은 네가 부요한 자니라 자칭 유대인이라 하는 자들의 훼방도 아노니 실상은 유대인이 아니요 사단의 회라 10. 네가 장차 받을 고난을 두려워 말라 볼찌어다 마귀가 장차 너희 가운데서 몇 사람을 옥에 던져 시험을 받게 하리니 너희가 십일 동안 환난을 받으리라 네가 죽도록 충성하라 그리하면 내가 생명의 면류관을 네게 주리라

✞ 환란과 궁핍에서 떠나 부요한 신자가 되려면 하나님의 훼방에서 또 사단의 회에서 떠나 하나님의 생영을 얻어 죽도록 충성해야 됩니다. 그렇지 못하면 옥에 던져 십 일 동안 환란을 받게 됩니다.

3. 버가모 교회.

(계2:12-16)버가모 교회의 사자에게 편지하기를 좌우에 날선 검을 가진 이가 가라사대 13. 네가 어디 사는 것을 내가 아노니 거기는 사단의 위가 있는 데라 네가 내 이름을 굳게 잡아서 내 충성된 증인 안디바가 너희 가운데 곧 사단의 거하는 곳에서 죽임을 당할 때에도 나를 믿는 믿음을 저버리지 아니하였도다 14. 그러나 네게 두어 가지 책망할 것이 있나니 거기 네게 발람의 교훈을 지키는 자들이 있도다 발람이 발락을 가르쳐 이스라엘 앞에 올무를 놓아 우상의 제물을 먹게 하였고 또 행음하게 하였느니라 15. 이와 같이 네게도 니골라당의 교훈을 지키는 자들이 있도다 16. 그러므로 회개하라 그리하지 아니하면 내가 네게 속히 임하여 내 입의 검으로 그들과 싸우리라

☦ 신앙은 핍박 속에서도 신앙을 지킨 순교자 안디바 같은 충성된 신자들이 있는 반면에 발람의 교훈을 쫓는 자들이 있었습니다. 발람의 교훈은 무엇인가? 요한은 발람이 발락을 가르쳐 이스라엘 앞에 올무를 놓아 우상의 제물을 먹게 하였고 또 행음하게 하였느니라, 라고 했습니다. 버가모 교인 중에는 우상숭배와 혼음에 빠뜨린 발람의 교훈을 따르는 자들이 있었습니다.

민22장에도 발락에게 유혹받는 발람을 볼 수 있습니다.

(민22:9~20) 하나님이 발람에게 임하여 가라사대 너와 함께한 이 사람들이 누구냐 10. 발람이 하나님께 고하되 모압 왕 십볼의 아들 발락이 내게 보낸 자라 이르기를 11. 보라 애굽에서 나온 민족이 있어 지면에 덮였으니 이제 와서 나를 위하여 그들을 저주하라 내가 혹 그들을 쳐서 몰아 낼 수 있으리라 하나이다 12. 하나님이 발람에게 이르시되 너는 그들과 함께 가지도 말고 그 백성을 저주하지도 말라 그들은 복을 받은 자니라 13. 발람이 아침에 일어나서 발락의 귀족들에게 이르되 너희는 너희의 땅으로 돌아가라 내가 너희와 함께 가기를 여호와께서 허락지 아니하시느니라 14. 모압 귀족들이 일어나 발락에게로 가서 고하되 발람이 우리와 함께 오기를 거절하더이다 15. 발락이 다시 그들보다 더 높은 귀족들을 더 많이 보내매 16. 그들이 발람에게로 나아가서 그에게 이르되 십볼의 아들 발락의 말씀에 청컨대 아무것에도 거리끼지 말고 내게로 오라 17. 내가 그대를 높여 크게 존귀케 하고 그대가 내게 말하는 것은 무엇이든지 시행하리니 청컨대 와서 나를 위하여 이 백성을 저주하라 하시더이다 18. 발람이 발락의 신하들에게 대답하여 가로되 발락이 그 집에 은, 금을 가득히 채워서 내게 줄찌라도 내가 능히 여호와 내 하나님의 말씀을 어기어 덜하거나 더하지 못하겠노라 19. 그런즉 이제 너희도 이 밤에 여기서 유하라 여호와께서 내게

무슨 말씀을 더하실는지 알아 보리라 20. 밤에 하나님이 발람에게 임하여 이르시되 그 사람들이 너를 부르러 왔거든 일어나 함께 가라 그러나 내가 네게 이르는 말만 준행할찌니라

4. 두아디라 교회.

(계2:18~20) 두아디라 교회의 사자에게 편지하기를 그 눈이 불꽃 같고 그 발이 빛난 주석과 같은 하나님의 아들이 가라사대 19. 내가 네 사업과 사랑과 믿음과 섬김과 인내를 아노니 네 나중 행위가 처음것보다 많도다 20. 그러나 네게 책망할 일이 있노라 자칭 선지자라 하는 여자 이세벨을 네가 용납함이니 그가 내 종들을 가르쳐 꾀어 행음하게 하고 우상의 제물을 먹게 하는도다

✞ 이세벨(고상한이라는 뜻)을 용납하여 우상의 재물을 먹게 했습니다.

(왕상16:31~33) 느밧의 아들 여로보암의 죄를 따라 행하는 것을 오히려 가볍게 여기며 시돈 사람의 왕 엣바알의 딸 이세벨로 아내를 삼고 가서 바알을 섬겨 숭배하고 32. 사마리아에 건축한 바알의 사당 속에 바알을 위하여 단을 쌓으며 33. 또 아세라 목상을 만들었으니 저는 그 전의 모든 이스라엘 왕보다 심히 이스라엘 하나님 여호와의 노를 격발하였더라

✞ 이세벨의 음모로 인해 아합왕을 꾀어 나봇의 포도원을 빼앗는다**(왕상 21:5~16)**

(계2:21~28)또 내가 그에게 회개할 기회를 주었으되 그 음행을 회개하고자 아니하는도다 22. 볼찌어다 내가 그를 침상에 던질 터이요 또 그로 더불어 간음하는 자들도 만일 그의 행위를 회개치 아니하면 큰 환난 가운데 던지고 23. 또 내가 사망으로 그의 자녀를 죽이리니 모든 교회가 나는 사람의 뜻과 마음을 살피는 자인 줄 알찌라 내가 너희 각 사람의 행위대로 갚아 주리라 24. 두아디라에 남아 있어 이 교훈을 받지 아니하고 소위 사단의 깊은 것을 알지 못하는 너희에게 말하노니 다른 짐으로 너희에게 지울 것이 없노라 25. 다만 너희에게 있는 것을 내가 올 때까지 굳게 잡으라 26. 이기는 자와 끝까지 내 일을 지키는 그에게 만국을 다스리는 권세를 주리니 27. 그가 철장을 가지고 저희를 다스려 질그릇 깨뜨리는 것과 같이 하리라 나도 내 아버지께 받은 것이 그러하니라 28. 내가 또 그에게 새벽별을 주리라

5. 사데교회.

(계3:1~5)사데 교회의 사자에게 편지하기를 하나님의 일곱 영과 일곱 별을 가진 이가 가라사대 내가 네 행위를 아노니 네가 살았다 하는 이름은 가졌으나 죽은 자로다 2. 너는 일깨워 그 남은바 죽게 된 것을 굳게 하라 내 하나님 앞에 네 행위의 온전한 것을 찾지 못하였노니 3. 그러므로 네가 어떻게 받았으며 어떻게 들었는지 생각하고 지키어 회개하라 만일 일깨지 아니하면 내가 도적 같이 이르리니 어느 시에 네게 임할는지 네가 알지 못하리라 4. 그러나 사데에 그 옷을 더럽히지 아니한 자 몇 명이 네게 있어 흰 옷을 입고 나와 함께 다니리니 그들은 합당한 자인 연고라

(슥3:1~5)대제사장 여호수아는 여호와의 사자 앞에 섰고 사단은 그의 우

편에 서서 그를 대적하는 것을 여호와께서 내게 보이시니라 2. 여호와께서 사단에게 이르시되 사단아 여호와가 너를 책망하노라 예루살렘을 택한 여호와가 너를 책망하노라 이는 불에서 꺼낸 그슬린 나무가 아니냐 하실 때에 3. 여호수아가 더러운 옷을 입고 천사 앞에 섰는지라 4.여호와께서 자기 앞에 선 자들에게 명하사 그 더러운 옷을 벗기라 하시고 또 여호수아에게 이르시되 내가 네 죄과를 제하여 버렸으니 네게 아름다운 옷을 입히리라 하시기로 5. 내가 말하되 정한 관을 그 머리에 씌우소서 하매 곧 정한 관을 그 머리에 씌우며 옷을 입히고 여호와의 사자는 곁에 섰더라

✞ **(계7:13~14)**장로 중에 하나가 응답하여 내게 이르되 이 흰옷 입은 자들이 누구며 또 어디서 왔느뇨 14. 내가 가로되 내 주여 당신이 알리이다 하니 그가 나더러 이르되 이는 큰 환난에서 나오는 자들인데 어린양의 피에 그 옷을 씻어 희게 하였느니라 15. 그러므로 그들이 하나님의 보좌 앞에 있고 또 그의 성전에서 밤낮 하나님을 섬기매 보좌에 앉으신 이가 그들 위에 장막을 치시리니

(계3:5)이기는 자는 이와 같이 흰 옷을 입을 것이요 내가 그 이름을 생명책에서 반드시 흐리지 아니하고 그 이름을 내 아버지 앞과 그 천사들 앞에서 시인하리라

6. 빌라델비아 교회.

(계3:7~12)빌라델비아 교회의 사자에게 편지하기를 거룩하고 진실하사 다윗의 열쇠를 가지신 이 곧 열면 닫을 사람이 없고 닫으면 열 사람이 없는 그이가 가라사대 8. 볼찌어다 내가 네 앞에 열린 문을 두었으되 능히 닫을

사람이 없으리라 내가 네 행위를 아노니 네가 적은 능력을 가지고도 내 말을 지키며 내 이름을 배반치 아니하였도다

(요20:23)너희가 뉘 죄든지 사하면 사하여질 것이요 (죄인이 내가 예수와 연합하여 죽음에 넘기우고 내 죄는 예수님이 죽으심으로 예수가 담당했다고 믿고 나는 죄에서 해방되었다 믿으면) 뉘 죄든지 그대로 두면 그대로 있으리라 하시니라

(신28:12)여호와께서 너를 위하여 하늘의 아름다운 보고를 열으사 네 땅에 때를 따라 비를 내리시고 네 손으로 하는 모든 일에 복을 주시리니 네가 많은 민족에게 꾸어줄찌라도 너는 꾸지 아니할 것이요

(계3:9~12)보라 사단의 회 곧 자칭 유대인이라 하나 그렇지 않고 거짓말하는 자들 중에서 몇을 네게 주어 저희로 와서 네 발 앞에 절하게 하고 내가 너를 사랑하는 줄을 알게 하리라 10. 네가 나의 인내의 말씀을 지켰은즉 내가 또한 너를 지키어 시험의 때를 면하게 하리니 이는 장차 온 세상에 임하여 땅에 거하는 자들을 시험할 때라 11. 내가 속히 임하리니 네가 가진 것을 굳게 잡아 아무나 네 면류관을 빼앗지 못하게 하라 12. 이기는 자는 내 하나님 성전에 기둥이 되게 하리니 그가 결코 다시 나가지 아니하리라 내가 하나님의 이름과 하나님의 성 곧 하늘에서 내 하나님께로부터 내려오는 새 예루살렘의 이름과 나의 새 이름을 그이 위에 기록하리라

7. 라오디게아 교회.

(계3:14~21)라오디게아 교회의 사자에게 편지하기를 아멘이시요 충성되고 참된 증인이시요 하나님의 창조의 근본이신 이가 가라사대 15. 내가 네 행위를 아노니 네가 차지도 아니하고 더웁지도 아니하도다 네가 차든지 더웁든지 하기를 원하노라

(벧후3:10)그러나 주의 날이 도적 같이 오리니 그 날에는 하늘이 큰 소리로 떠나가고 체질이 뜨거운 불에 풀어지고 땅과 그 중에 있는 모든 일이 드러나리로다 11. 이 모든 것이 이렇게 풀어지리니 너희가 어떠한 사람이 되어야 마땅하뇨 거룩한 행실과 경건함으로 12. 하나님의 날이 임하기를 바라보고 간절히 사모하라 그 날에 하늘이 불에 타서 풀어지고 체질이 뜨거운 불에 녹아지려니와 13. 우리는 그의 약속대로 의의 거하는바 새 하늘과 새 땅을 바라보도다

(계3:16~21)네가 이같이 미지근하여 더웁지도 아니하고 차지도 아니하니 내 입에서 너를 토하여 내치리라 17. 네가 말하기를 나는 부자라 부요하여 부족한 것이 없다 하나 네 곤고한 것과 가련한 것과 가난한 것과 눈먼것과 벌거벗은 것을 알지 못하도다 18. 내가 너를 권하노니 내게서 불로 연단한 금(하나님의 신성)을 사서 부요하게 하고 흰 옷(하나님께 교훈받아 옳은 행실)을 사서 입어 벌거벗은 수치를 보이지 않게 하고 안약을 사서 눈에 발라 보게 하라 19. 무릇 내가 사랑하는 자를 책망하여 징계하노니 그러므로 네가 열심을 내라 회개하라 20. 볼찌어다 내가 문밖에 서서 두드리노니 누구든지 내 음성을 듣고 문을 열면 내가 그에게로 들어가 그로 더불어 먹고 그는 나로 더불어 먹으리라 21. 이기는 그에게는 내가 내 보좌에 함께 앉게 하여주기를 내가 이기고 아버지 보좌에 함께 앉은 것과 같이 하리라